蔣介石、毛澤東

的談打與決戰（增修版）

蔣永敬 著

臺灣商務印書館

蔣介石與毛澤東舉杯照
（1945 年 9 月 2 日晚宴）
提供者：中國國民黨黨史館

赫爾利、蔣介石、毛澤東等六人合影
（前排右起赫爾利、蔣介石、毛澤東，後排右起蔣經國、
張群、王世杰，1945 年 9 月 17 日）
提供者：中國國民黨黨史館

蔣介石伉儷於機場親迎美國駐華特使馬歇爾
（1945 年 12 月 21 日）
提供者：國史館

蔣介石、毛澤東重慶會談
（1945 年 8-10 月）

緒言

　　1945 年 8 月，日本投降，中國抗戰勝利，中共領導人毛澤東就一口咬定國民黨總裁蔣介石要發動「內戰」，且以最狠的話語，說蔣是「中國法西斯頭子獨夫民賊」。「按照蔣介石的方針，是要打內戰的。」因此：「我們的方針是針鋒相對」。[1] 所以指示軍事部屬：「你們回到前方去，放手打就是了」。[2]

　　蔣對毛也沒有好話，說「共毛」是「惡貫滿盈，死有餘辜。」[3]「何能革命，怕死取巧，實不值一笑。」[4]「昨夜共毛談話。……乃覺共黨不僅無信義，且無人格。誠禽獸之不若矣。」[5] 這是把毛比作「禽獸之不若」，也是最狠的話語。蔣也指示東北保安司令長官杜聿

---

[1] 中共中央文獻研究室編，《毛澤東年譜》（1893-1949）（北京：人民出版社、中央文獻出版社，1993 年），1945 年 8 月 13 日。下卷，頁 4-5。以下簡稱《毛澤東年譜》。

[2] 《毛澤東年譜》，1945 年 8 月 24 日。下卷，頁 13。

[3] 蔣中正總統檔案，《事略稿本》（62）（臺北：國史館，2011 年），民國 34 年 9 月 20 日。頁 618-619。以下簡稱《事略稿本》。

[4] 《事略稿本》（63）（臺北：國史館，2012 年），民國 34 年 10 月 1 日。頁 8。

[5] 《事略稿本》（63），民國 34 年 10 月 11 日。頁 113。

明，說「在共軍根基未固之前，一舉剷除。」[6]

　　戰後國共雖有和談，也是邊打邊談，雙方各不讓步，當然談不攏，只有打而不談了。最後必求完全打敗對方，取得全面勝利為止。但就國民黨方面而言，無論為勝為敗，戰是絕對不利，敗則固敗，勝亦非勝。這是因為經過八年抗戰，國力消耗至鉅，民窮財盡，民心厭戰，無不渴望和平，休養生息。如繼以長期內戰，真是不堪負荷！此一不幸之後果，早在當時各方人士預料之中。毛澤東看準了蔣介石這一「死角」，抓緊不放。雖與國方談和，卻是談而不和，是把談判作為準備決戰；作為宣傳，教育人民，目的是把談判不成和內戰的責任，歸諸蔣氏。[7]致蔣在被動的形勢下，以戰逼和，但又戰而不決，和則無成，戰爭持續拖延，以至拖垮為止。

　　從國共重慶會談，毛澤東於1945年8月30日，提出「擁護蔣先生，承認蔣先生在全國的領導地位」。[8]其代表周恩來、王若飛則於9月3日向重慶會談正式提出「擁護蔣主席之領導地位」。[9]到1946年11月21日，毛澤東在延安提出「打倒蔣介石的工作」。[10]而至1949年1月21日，蔣氏「引退」。[11]其間過程，曲折變化，殊值探討。此

---

6 《事略稿本》（64）（臺北：國史館，2012年），民國35年1月4日。頁317。

7 中共中央文獻研究室編，《周恩來年譜》（1898-1949）（北京：中央文獻出版社、人民出版社，1989年），1946年11月21日。頁706。以下簡稱《周恩來年譜》。

8 《毛澤東年譜》，1945年8月30日。頁18。

9 〈中共代表團周恩來王若飛提出之談判要點〉，民國34年9月3日。秦孝儀主編，《中華民國重要史料初編——對日抗戰時期，第七編，戰後中國》（二）（臺北：中國國民黨中央委員會黨史委員會），頁39。以下簡稱《戰後中國》。

10 《毛澤東年譜》，1946年11月21日。下卷，頁151。

11 秦孝儀主編，《總統蔣公大事長編初稿》，民國38年1月21日。卷七，下冊，頁239。以下簡稱《大事長編》。

為本著之目的也。

　　本著《蔣介石、毛澤東的談打與決戰》，其過程與變化，分為以下八章探討之：

一、重慶會談，蔣毛握手

　　日本投降，抗戰結束，國共兩軍為爭奪日軍受降，內戰有一觸即發之勢，此非國人所能承受。蔣介石因於日本宣布投降之日（1945年8月14日），電邀延安毛澤東來渝會談，二氏雖然握手言歡，惜未能化干戈為玉帛。毛氏之志，在與蔣氏平分天下；蔣則堅持政令、軍令的統一。談判雖無結果，但願繼續商談。

二、先安關內，再圖關外

　　重慶會談未能獲致協議，國共兩軍大動干戈，關外東北問題，尤為嚴重。進據中國滿蒙的蘇聯紅軍，扶植共軍，控制東北，阻止國軍的接收。蔣氏決定「先安關內，再圖關外」之策，即關內對共攤牌，關外停止接收。蘇聯及中共態度，迅有改變，由硬變軟，國共和解，呈現轉機。惟因美國總統杜魯門（Harry S. Truman）發表對華政策，情勢為之改變。

三、美馬調停，三大協議

　　杜魯門為執行其對華政策，以馬歇爾（George C. Marshall）將軍

為特使，來華調停國共問題，從1945年12月底到1946年2月下旬，僅近兩個月的時間，達成國共和解三大協議：軍事停戰、政治協商、整軍方案。但也不到一個月的時間，這三大協議便告失效。主要原因是三大協議中的軍事停戰，助蔣先圖關外，把蔣的「先安關內，再圖關外」之策，倒轉過來，名為助蔣恢復東北主權，實際則是將美國勢力，介入東北。同時拉攏中共，免為蘇聯之傀儡。此皆犯了蘇聯之大忌。蘇方最有效的報復方法，就是加緊扶助中共，鼓勵中共放手大打，使馬之調處任務，為之落空，三大協議，為之失效。

四、協議無效，以戰逼和

馬氏主導的三大協議，既告失效，蔣氏唯有自行其道，採行以戰逼和之策。1946年5月19日，四平街之戰，擊敗共軍林彪部隊，繼於23日進據長春。蔣介石告知馬歇爾，國軍進入長春，實於和平統一，只有效益，而毫無阻礙；則關內之軍事，必易處理。這就是說：他的以戰逼和之策成功了。毛澤東則指示林彪，爭取時間，休整補充，恢復元氣，再行作戰。蘇軍代表建議中共開闢關內戰場，紓解關外軍事壓力，並由蘇方充分供應武器。毛氏即令共軍實施報復作戰。從此關內關外，均成戰場。蔣氏關外既未圖成，關內更是不安，被動走上戰爭之路，這是最不利的途徑。

五、邊打邊談，談判決裂

蔣在被動形勢下，繼續以戰逼和。毛則戰而不和，周恩來則扮演

談而不和的角色。迨國軍於1946年10月11日進據張家口，這是蔣氏到達軍事勝利的最高峰，打的方面，雖占優勢，談則無成。馬歇爾奔走其間，以周恩來之斥責，退出調停地位。而由第三方面人士調解，終無所成，談判決裂。蔣氏以戰逼和之策，再度失效。解決了毛氏打與不打的問題，提出「打倒蔣介石的工作」。

六、只打不談，挫折頻仍

1946年，是邊打邊談的一年。到了1947這年，只打不談了。只打不談這年，打的方面，國方則由優勢降為劣勢矣。雖欲談和，籌碼不再。這一年，國方不僅在軍事上，連遭挫敗，復以政治腐化、通貨膨脹與經濟恐慌，以及學潮洶湧而至士氣低落、軍紀敗壞。這個仗實在打不下去了。因此，即有人以為過去如不與共黨決裂，或者和平有望；即不然，亦不致經濟、事事敗壞至此。似在追悔莫及。

七、內外夾攻，全面崩潰

進至1948年，內戰已達三年，國方已是精疲力竭，士氣消沉，每戰皆北，尤其遼瀋、淮海、平津三大戰役之敗，精銳盡失，不堪再戰。而共方以戰勝之威，士氣旺盛，窮追猛打，不使國軍有喘息時間。國方更以金融崩潰，物價飛漲，人民痛苦，已達極限。以為只要蔣氏下野，和平立可實現。反蔣、倒蔣之聲，為之升高。共黨與黨外人士倡之於先，黨內一些同志應之於後。毛澤東完成打倒蔣介石和國民黨的工作，便指日可待了。

八、蔣毛功過，蓋棺暫定

　　本章為增訂部分，是探討蔣、毛二氏自1920年代中期到1970年代中期將近半個世紀兩人之鬥爭，其間經過前後兩次內戰及八年抗戰，為時二十二年，是在大陸時期，以及1949年以後的二十六年隔海對抗，各有成敗得失。如今兩人蓋棺將屆四十年，功過迄難論定。本章試以抗戰、內戰、兩岸三項指標，來衡量兩人功過是非。結論暫定為：蔣氏功大於過，毛氏過大於功。

　　此外，本著除上述八章外，另增附錄〈從「抗日反蔣」到「擁蔣抗日」〉一篇。探討抗戰前至抗戰發生時中共統戰方針的變化，國共由戰而和，兩得其利。與本著由和而戰，恰恰相反。兩者對照，以供思考與參考焉。

目次

第一章

重慶會談，蔣毛握手

一、戰不利和為貴

對日抗戰八年（1937-1945），國共合力抗戰，但亦不斷發生摩擦。戰後為爭奪日軍受降，內戰一觸即發。此一問題，如何解決，實為當時中外人士最關切的問題。實際言之，不外和、戰兩途。惟以經過長期抗戰，國力消耗至鉅，民窮財盡，人民流離失所，無不渴望和平，厭懼戰爭。因此，戰，對中國及執政的國民黨絕對不利。唯一途徑，只有和而已矣。論者至多，舉其要者如下：

1. 毛澤東之言曰：

　　蔣介石要放手發動內戰，也有許多困難。第一，解放區有一萬萬人民、一百萬軍隊、二百多萬民兵。第二，國民黨統治地區的覺悟的人民，是反對內戰的，這對蔣介石是一種牽制。第三，

國民黨內部，也有一部分人不大贊成內戰。[1]

2. 史達林（Joseph Stalin）以俄共中央的名義致電毛澤東說：

日本投降，國共應言歸于好，共商建國大計。如果繼續打內戰，中華民族有毀滅的危險。[2]

3. 蔣介石在其《日記》中記曰：

審察俄共與東北形勢，及國際大局，再三考慮，未得和平妥協之道。如有萬一轉機，絕不願冒此艱危，使人民再受戰亂苦痛；而國內經濟與幣制狀況，如再兵連禍結，社會將起不安，共匪更可乘機煽亂矣。[3]

4. 張治中致蔣〈反對內戰萬言書〉最為肯切，其中略云：

現在國際關係，雖然複雜，但無論何國，似均不願於此時發生戰爭。我國如欲憑借任何一國（按：應指美國）之力量，企圖促使國內問題之解決，自非任何友邦所希望。我國經歷八年餘之苦鬥，始獲得今日之國際地位，如於抗戰甫告勝利結束之今日，內部再有戰爭；且為一時不易結束之戰爭，國際友人對我國之觀

1 毛澤東，〈抗日戰爭勝利後的時局和我們的方針〉，1945年8月13日。《毛澤東軍事文集》（北京：軍事科學出版社、中共文獻出版社，1993年），第三卷，頁15。

2 《毛澤東年譜》，下卷，頁13。

3 蔣介石，《蔣介石日記》（未刊稿，存美國史丹佛大學胡佛研究所），民國34年11月9日。以下簡稱《蔣介石日記》。

感如何，不難想像。

我國經八年之長期抗戰，民窮財盡。今戰爭結束，舉國人民所歡欣仰望日夜祈求者，休養生息，恢復元氣；倘戰爭再度爆發，必益增人民之痛苦，違反人民之願望。今日人民之厭惡戰爭，渴望和平，將匯為不可遏止之時代巨流。

以今日之國軍士氣與態度而論，亦不能繼續作戰，以職（張自稱）所接觸之若干將領中，其不願戰爭之心理，甚為普遍；且今日多數之國軍，實亦不能作戰。[4]

5. 國民黨重慶《中央日報》社論：

假如中國真的發生內戰，那就是悲劇的演出。這一來，不止望和平建設如凶年望歲的四萬五千萬同胞，將陷於絕望的深淵，中國本身的安定，固將無法確保，同時全世界也將蒙其惡劣的影響。我們過去五十年的革命流血，和八年餘的抗戰犧牲，也就換不到任何代價了。[5]

6. 馬歇爾向蔣介石的建議：

政府在軍事上有確切而嚴重的弱點，共軍則占戰略之軍事優勢；且中國人民渴望和平，而世界各國人士亦均渴望和平。……余（馬）謹提供此一意見；即某種妥協，必須獲得；且應迅速獲

4　張治中，《張治中回憶錄》（北京：文史資料出版社，1985年），下冊，頁735-736。

5　重慶《中央日報》社論，1945年10月12日。中共重慶市委黨史工作委員會等編，《重慶談判紀實》（重慶：重慶出版社，1984年），頁263。

得。否則，中國無論在軍事上、財政上及經濟上，將陷於混亂之狀況。[6]

7. 毛澤東在重慶各界歡送會中的談話：

> 中國今天只有一條路：就是和，和為貴。其他一切打算，都是錯的。[7]

因此，就國民黨而言，戰是絕對的不利。唯有和，才是國民黨的迫切需求。但就中共而言，並非如此。國方如欲求取和平，得其所需，必須付出重大的代價。即如毛氏所言：「不能否認，困難是有的」。[8]

二、毛澤東志在華北與東北

（一）國共各有「盤算」

1945年8月9日，日本決定投降之前一日，蘇聯對日宣戰，其數十萬紅軍，迅即進據中國之滿蒙。毛澤東通告所屬：「蘇聯參戰，日本投降，內戰迫近，……準備對付內戰。」[9] 蔣介石則曰：「今日接俄國已對日宣戰之消息，憂慮叢集，而對國家存亡之前途，與外蒙今後禍福之關係，以及東方民族之盛衰強弱，皆繫於一身。能不戰慄恐

6　馬歇爾，〈馬歇爾特使上蔣委員長陳述對於停止東北衝突協定之可能原則備忘錄〉，1946年5月10日。《戰後中國》（三），頁123-124。
7　《毛澤東年譜》，1945年10月8日。下卷，頁31-32。
8　《毛澤東年譜》，1945年10月8日。下卷，頁32。
9　《毛澤東年譜》，1945年8月10日。下卷，頁1。

懼乎哉！」[10]於此可見毛、蔣二氏對蘇聯參戰，進兵中國滿蒙的心情，完全不同，一則以喜，一則以憂。此乃蔣、毛二氏立場與性格之不同也。

　　為應付蘇聯對日參戰，及其進兵中國東北，中國根據是年2月美、英、蘇三國《雅爾達密約》，於8月14日與蘇聯簽訂《中蘇友好同盟條約》。這天，蔣介石亦電邀延安毛澤東來渝，商討各種重要問題。[11]顯然認為此約擺平了蘇聯，毛亦不難就範。但毛的直接反應，則斥之為「完全欺騙」。[12]且於8月16日由朱德致一長電給蔣，提出六項要求。同日，毛亦電蔣，要蔣對朱的電文先表示意見，彼始「考慮會見的問題」。六項要求中之五項，皆要求共軍參加受降，第六項是要求成立聯合政府。8月20日、23日，蔣再電邀毛來渝。[13]直到24日，毛始復電應邀赴渝，說：「鄙人（毛自稱）極願與先生（蔣）會見，商討和平建國大計。俟飛機到，恩來（周）同志立即赴渝晉謁。弟（毛）亦準備隨時赴渝。」[14]

　　這中間相持十天，毛為何轉變由拒而諾？這是因為史達林以俄共中央名義給毛一通電報，要他與蔣合作，毛則大發雷霆，說莫斯科為什麼不許他革命！[15]經過再次研究，反復權衡利弊，始決定應蔣之

10　蔣中正總統檔案，《事略稿本》（62），民國34年8月9日。頁61。

11　秦孝儀主編，《總統蔣公大事長編初稿》（臺北：中正文教基金會，民國92年），民國34年8月14日。卷五，下冊，頁799。以下簡稱《大事長編》。

12　楊奎松，《中共與莫斯科的關係》（1920-1960）（臺北：東大圖書公司，民國86年），頁524。

13　《事略稿本》（64），民國34年12月16日。頁164-165。

14　《毛澤東年譜》，1945年8月24日。下卷，頁12。

15　楊奎松，《中共與莫斯科的關係》（1920-1960），頁524。

邀。[16] 在美國駐華大使赫爾利（Patrick J. Hurley）的奔走陪同下，毛氏終於8月28日到了重慶，進行四十二天的重慶會談，到10月10日簽訂《國民政府與中共代表會談紀要》（簡稱《雙十協定》或《會談紀要》）。

蔣則認為毛之來渝，乃因中蘇「盟約發表，共毛落膽，幾乎無所措手足。而俄史（大林）亦令其來渝談商。故其不得不有此一行。」[17]

重慶會談之前，雙方各有「盤算」，毛的盤算在其離開延安前，告知劉伯承及鄧小平說：承認解放區和軍隊為最中心的一條；要向日軍占領地區進軍，擴大解放區，取得在談判中的有利地位。中共中央政治局會議決定：充分估計到蔣介石逼城下之盟的可能，但簽字之手在我。必須作出一定的讓步，在不傷害雙方根本利益條件下，才能得到妥協。讓步的第一批是廣東至河南；第二批是江南；第三批是江北。隴海路以北迄外蒙，一定要由中共占優勢。東北行政大員由國民黨派，中共去幹部。如果這些還不行，那麼城下就不盟，準備坐班房（按：監牢）。[18]

依毛及中共此時的底限，隴海路以北到外蒙邊界，是其控制的地區，東北則派行政幹部，這是考慮到《中蘇友好同盟條約》的蘇聯態度，是要交給國民政府接收的。但其如能控制華北，東北也就不難成其囊中之物了。因此，中共中央認為：「我黨我軍在東三省之各種活動，只要他不直接影響蘇聯在外交條約上之義務，蘇聯會採取放任的

16 《毛澤東年譜》，1945年8月25日。下卷，頁13。
17 《事略稿本》（64），民國34年12月31日「記三十四年大事表」。頁275。
18 《毛澤東年譜》，1945年8月26日。下卷，頁14。

態度，並寄予偉大之同情。」而蘇聯「紅軍將於三個月內全部撤退，這樣我黨還有很好的機會，爭取東三省和熱、察。」為了造成既成事實，中共中央即指示晉察冀和山東方面的負責人，迅速派遣幹部和部隊到東三省，以控制廣大鄉村及中小城市，建立地方政權及地方部隊。[19]遂即提出「東北為我勢必所爭，熱、察兩省必須完全控制」。確定了「向北推進，向南防禦」的戰略方針。[20]

國方情治機構對毛氏在渝動態及其對和談的態度，亦作充分的監控，憲兵司令張鎮報告毛於8月29日在重慶化龍橋的中共辦事處高級幹部談話內容，大要如下：

1. 今後中共對蘇聯之希望與援助，在中蘇條約內雖明定蘇聯之援助為國民政府，似對共黨為不利，其實蘇聯今後將更積極支持中共，扶持建立民主之新中國。此次本人（毛自稱）來渝與國民黨商討，亦為蘇聯之暗示。

2. 與國民黨談判之預測：國共兩方面均確具相當誠意，談判前途比較樂觀，但亦不可理想太高。觀測蔣主席此次之談判目的有二：一是希望本（共）黨能接納其條件，彼以全國領袖自居，俟國內安定，逐漸趨獨裁之路。二是如談判無結果，內戰不免發生，此時兩方犧牲必相當重大。

此次本人與蔣主席商討，一方面可以說蘇聯之暗示；一方面為打

---

19 中共〈中央關於迅速進入東北控制廣大鄉村和中小城市的指示〉，1945年8月29日。中共中央檔案館編，《中共中央文件選集》（北京：中共中央黨校出版社，1991年），第十五冊，頁257。以下簡稱《中共文件》。

20 中共〈中央關於確定向北推進向南防禦的戰略方針致中共赴渝談判代表團電〉，1945年9月17日。《中共文件》，第十五冊，頁278-279。

破蔣之企圖，以爭取國際、國內之輿論。但此次本黨所擬條件，願作相當讓步，如聯合政府之提議，可以取消；但其他重要談判原則，將不予更改。[21]

軍統錢大鈞、戴笠的報告：毛澤東在此次談判中之主要問題，即希望國民政府能承認現狀，對中共軍隊所占領之地區，不予攻擊；中共軍隊對國民黨軍隊已占之地區，亦不搶奪。雙方各就其軍事力量，盡量發展擴占地區。至於中共占領地區今後如何辦法，可交政治會議（後稱政治協商會議）商定之。[22]

重慶會談正式開始之前一日（9月3日），由中共代表周恩來、王若飛提出書面《談話要點》十一項，政府代表亦以書面逐項答覆之。[23]其中成為談判基礎而爭執較大的，則為第九、第十兩項。

第九項：

1. 政治民主化必要辦法。召開黨派協商會議，討論：

　(1)和平建國大計，

　(2)民主實施綱領，

　(3)各黨派參加政府問題，

　(4)重選國民大會等。

2. 省縣自治，實行普選。

21　〈張鎮呈蔣委員長有關毛澤東於重慶第十八集團軍辦事處談話內容報告〉，民國34年9月1日。《戰後中國》（二），頁35。

22　〈錢大鈞、戴笠呈蔣委員長有關毛澤東來渝態度報告〉，民國34年9月1日。《戰後中國》（二），頁36。

23　中共代表之《談判要點》及政府代表之答覆，民國34年9月3日。見《戰後中國》（二），頁41-44。

3. 解放區解決辦法：

　　⑴山西、山東、河北、熱河、察哈爾五省主席及委員，由中共推薦。

　　⑵綏遠、河南、安徽、江蘇、湖北、廣東六省，由中共推薦副主席。

　　⑶北平、天津、青島、上海四直轄市，由中共推薦副市長。

　　⑷參加東北行政組織。

第十項：軍隊國家化必要辦法：

1. 中共部隊改編為十六個軍，四十八個師。

2. 中共軍集中淮河流域（蘇北、皖北）及隴海路以北地區（即中共現駐地區）。[24]

蔣介石的「盤算」，在毛澤東抵渝之日（8月28日），其自記曰：

　　　　正午會談，對毛澤東應召來渝後之方針，決以誠摯待之。政治與軍事應整個解決，但政治之要求，予以極度之寬容，而對軍事則嚴格之統一，不稍遷就。

次日，又自記其考慮與中共談判方針云：

　　　　第一，不得於現在政府法統之外，來談改組政府問題。第二，不得分期或局部解決，必須現時整個解決一切問題。第三，歸結於政令、軍令之統一，一切問題，必須以此為中心。[25]

24　〈中共代表周恩來、王若飛提出之談判要點〉，民國34年9月3日。《戰後中國》（二），頁39-41。

25　《大事長編》，民國34年8月28日、29日。卷五，下冊，頁815-816。

又記：「此時對共黨應以主動與之妥洽，准予整編共軍為十二個師，如其真能接受政令、軍令，則政治上當準備委派共黨二人，並予以一省之主席，以觀後效。」[26]

看來蔣之期望過高，條件亦較苛嚴，與共方差距至大。「妥洽」難矣！

（二）讓虛取實與拒實納虛

會談開始之前，於9月2日由政府代表王世杰與毛澤東商談，共方代表周恩來、王若飛同時在座，談話完全由毛主持，未作筆錄，談後由王世杰自行記錄，呈報蔣介石。雙方代表正式會談，自9月4日開始到10月5日，共進行十二次談判。政府代表為張群、邵力子、張治中。共方代表為周恩來、王若飛。另蔣、毛的直接會談，則有八次。[27]

雙方代表在談判中，各有長篇大論，更有針鋒相對的爭論。一般而言，共方之論，較重實際，志在維持現狀，求其合法化。在談判方式上，表示有讓有取；實際則為讓虛取實。而國方有納有拒；實際則為納虛拒實。

說到「讓」，周恩來說：「我等在延安時，即預先考慮此次談判，我等究竟可能讓步至何種程度？第一、認為聯合政府既不能作到，故此次並不提出，而只要求各黨派參加政府。第二、召開黨派會議產生聯合政府之方式，國民黨既認為有推翻政府之顧慮，故我等此

26　《大事長編》，民國34年9月2日。卷五，下冊，頁820。

27　蔣、毛直接會談八次，據《毛澤東年譜》記載，為8月29日、9月2日、9月4日、9月12日、9月17日、10月9日、10月10日、10月11日。

次根本未提黨派會議。第三、國民大會之代表，中共主張普選，但王雪艇（世杰）先生與毛先生（澤東）談話時，既認為不可能，中共雖不能放棄主張，亦不反對參加。現在亦未打算在北方另行召開會議。」[28]

講到「取」，周恩來說：「我們提出解放區解決辦法的四點（見前），有兩個原因：其一是我黨對國民大會之選舉現已讓步，我黨僅為少數黨。其二是國民大會以後無論在政府在議會，我黨亦必仍為少數黨之地位。如此，我黨幹部之安插與黨的政治地位之保持，俱發生問題。所以我黨主張凡一省一市我黨占多數者，其省主席與直轄市市長由我黨推薦，占少數者，由我黨推薦副主席或副市長。」[29]

政府代表邵力子認為周恩來「以此方式提出要求，無怪乎社會評論將形成南北朝」。張治中更譏諷周恩來說：「吾人一切措施，決不可再蹈軍閥時代的覆轍。」[30]

講到「納」，對共方提出的「擁護蔣主席之領導地位」，國方代表答覆說：「承明白表示，甚佩。」[31]

講到「拒」，政府代表邵力子答覆周恩來提出的解放區問題說：「關於解放區問題，我認為此為戰時之狀態，現在戰時已經結束，此事不應再提出。」[32]

28　會談經過紀錄，第一次談話紀錄，民國34年9月4日。《戰後中國》（二），頁47。

29　會談經過紀錄，第一次談話紀錄，《戰後中國》（二），頁50。

30　會談經過紀錄，第一次談話紀錄，《戰後中國》（二），頁51-53。

31　〈政府代表對中共代表所提談判要點之答覆〉，民國34年9月3日。《戰後中國》（二），頁42。

32　會談經過紀錄，第一次談話紀錄，《戰後中國》（二），頁52。

　　由於雙方的條件相距過遠，談判之不能順利，自非意外，共方則認為國方沒有誠意，中共中央於9月13日通知其各地黨委說：

1. 我們與國民黨初步交換意見的談判，已告一段落，國黨毫無誠意，雙方意見相距甚遠，談判將拖延一時。

2. 蔣對具體問題表示：政府法統不容紊亂，軍令、政令必須統一，國大要速開，舊代表有效，但可增加名額，容納各方，容納各黨派參加政府。

3. 關於兩黨關係的重要問題：對軍隊只允編十二個師，需完全服從命令，按指定地區集中。對解放區民主政府，則表示含糊。[33]

（三）共方的底牌

　　共方為配合其「向北推進、向南防禦」方針，毛與周恩來、王若飛研究談判新方案，表示對國方的讓步，於9月19日向國方代表提出，要點是：

1. 國、共軍隊的比例為六與一之比。

2. 關於軍隊駐地和解放區，第一步，撤退海南島、廣東、浙江、蘇南、皖南、湖北、湖南、河南等八個地區之共軍，集中於蘇北、皖北及隴海路以北地區。第二步，再將蘇北、皖北、豫北地區之軍隊撤退。所有共軍集中於山東、河北、察哈爾、熱河

---

33 中共〈中央書記處關於和國民黨談判情況的通知〉，1945年9月13日。《中共文件》，第十五冊，頁276。《毛澤東年譜》，1945年9月13日。下卷，頁23。

與山西之大部分，綏遠之小部分，及陝甘寧邊區等七個地區。
解放區亦隨軍隊駐地之調整而合併。

3. 山東、河北、察哈爾、熱河與陝甘寧邊區之主席，山西、綏遠
兩省之副主席，天津、北平、青島三個特別市之副市長，由共
方推薦。北平行營由中共主持，並仿東北行營例，設政治委員
會，由中共負責。[34]

共方讓出上項八個地區的原因，毛澤東的說明是：

　　因為國民黨不安心。人家（似指蔣）要回南京，南方的一些
解放區，在他的床旁邊，或者他的過道上，我們在那裡，人家
就不能安心睡覺。所以無論如何也要來爭。在這一點上，我們採
取讓步，就有利於擊破國民黨的內戰陰謀，取得國內外廣大中間
分子的同情。[35]

毛氏之言，對國民黨及蔣頗有輕蔑之意味。意思是說：「臥榻之
側，豈容他人鼾睡乎？」

國方代表張治中對共方上項新方案，首作長篇大論，最後的結
論，可以說是點出了中共的意圖。結論說：

　　此何異乎割據地盤，是否中共欲由此四省以北聯外蒙，東北
聯東三省；果如此，則兄等（按：指共方代表周恩來等）究係作

---

34 《毛澤東年譜》，1945年9月19日。下卷，頁27-28。會談第七次談話紀錄，民
國34年9月19日。《戰後中國》（二），頁86-87。
35 〈毛澤東關於重慶談判的說明〉，1945年10月17日。《戰後中國》（二），頁
108。

何打算，作何準備？[36]

談判陷於僵局，休會五天。赫爾利找毛澤東談話，要求中共交出軍隊，要麼破裂。毛說還要討論。[37]

其後，9月27日、28日，及10月2日、5日，先後進行四次會談。10月8日，雙方代表就周恩來起草的《會談紀要》交換意見，10日，雙方代表簽字，12日公布之。《紀要》規定：和平建國的基本方針，「在蔣主席領導之下，長期合作，堅決避免內戰」，「由國民政府召開政治協商會議」；關於雙方軍隊整編問題，「中共願將其所領導的抗日軍隊，由現有數目縮編至二十四個師；至少二十個師」；關於解放區政權和國民大會問題，「提交政治協商會議解決」。[38]

《紀要》冠冕堂皇，但實際問題並未解決。毛澤東回到延安的當日（10月11日），在主持中共中央政治局會議時，報告重慶談判的經過說：

　　國民大會與解放區問題未解決，對我們重要的是和平與解放區問題。蔣介石不給解放區幾個省主席，省以下可以給。我們乃提出維持現狀，將來解決。[39]

另據國方情治機構的情報，毛返延安後即召集中央政治局委員集會，報告其在重慶談判情形，略謂：

36　會談第八次談話紀錄，民國34年9月21日。《戰後中國》（二），頁91。
37　《毛澤東年譜》，1945年9月21日。下卷，頁28-29。
38　《周恩來年譜》，1945年10月10日。頁622-623。
39　《毛澤東年譜》，1945年10月11日。下卷，頁33。

　　此次談判，涉及問題很多，均以黨中央所提之十二條原則為依據。我們認為爭取我黨的合法地位很重要，國民黨則注重於我黨的軍隊和政權兩項，所以一再堅持軍令、政令的統一，以求達到取消我黨的軍權和政權。史大林（史達林）同志的話很正確：「中國的革命，是革命的武裝，反對武裝的反革命。」如果我黨的軍隊和政權被取消，即使黨能合法存在，又有什麼力量呢？所以軍隊和政權，是絕對不能放棄的。[40]

　　第二天，毛為中共中央起草給各地黨委的指示說：「解放區問題，未能在此次談判中解決，還須經過嚴重鬥爭，方可解決。……解放區軍隊一槍一彈均必須保持，這是確定不移的原則。」至於「東北問題，未在此次談判中提出，我黨一切既定計劃，照樣執行。」[41]

　　這是說，縱然談不攏，還是要按照本身的需要去幹。

三、爭執的焦點：解放區與軍隊問題

　　會談中雙方爭執的焦點，為解放區與軍隊問題。共方提出的解放區，即前述9月3日提出的山西等五省的主席和綏遠等五省副主席，由共方推薦。軍隊為四十八個師。9月19日讓出山西，改為副主席，增加陝甘寧邊區主席，軍隊為國共六與一之比。

---

40 《事略稿本》（64），民國34年12月6日。頁54-55。
41 《毛澤東年譜》，1945年10月12日。下卷，頁34-35。並見《中共文件》，第十五冊，頁324-325。

國方對於解放區問題，不能同意。理由是：

1. 如認解放區為國家內部另外一種政權，致將國家領土分割，人民分裂。[42]

2. 解放區作風不同，全國各省都奉行保甲制度，而解放區獨異，因而要求劃出五省歸中共。此種辦法，實在違反現代國家之要求。[43]

3. 中共要求分割省區，殊與國家之統一原則不符。[44]

4. 如依中共之辦法（分割省區），則非為謀軍令、政令之統一，而完全為分裂。所謂民主，乃分裂之民主；所謂統一，乃分裂之統一。……兄等（指周恩來）試思中共軍隊，悉數撤退至黃河以北，而據有黃河以北之地區，是無異分疆而治，欲分天下三分有其一。[45]

共方堅持解放區之理由：

1. 我黨對國民大會之選舉，現已讓步，我黨僅為少數黨。……如此，我黨幹部之安插與黨的政治地位之保持，俱發生問題。所以我黨主張凡一省一市我黨占多數者，其省主席與直轄市長由我黨推薦。……此係為讓步合作設想，在使兩黨不致對立。[46]

---

42 會談第一次談話紀錄，民國34年9月4日。張群發言。《戰後中國》（二），頁49。

43 會談第二次談話紀錄，民國34年9月8日。張治中發言。《戰後中國》（二），頁58。

44 會談第二次談話紀錄，邵力子發言。《戰後中國》（二），頁59。

45 會談第七次談話紀錄，民國34年9月19日。張治中發言。《戰後中國》（二），頁88。

46 會談第一次談話紀錄，周恩來發言。《戰後中國》（二），頁50。

2. 兩黨皆有軍隊（中共有軍隊一百二十萬人），皆有政權（中共有十九個解放區），而且做法不同，此事實擺在面前，人所共知。……要求政府承認我黨解放區與軍隊，彼此互相承認，正視現實，始能求得問題之解決。[47]

3. 關於解放區問題，我等（周恩來）本來有一民主的方案，與我黨主張的聯合政府的精神，是一貫的；但因聯合政府之議，不為中央（國民黨）所採納。而且蔣主席一再指示：我等應以革命者精誠坦白之精神，切實解決問題，故直率的提出有關解放區之幾點。[48]

關於中共軍隊問題，兩方爭執雖甚激烈，尚可討價還價。國方代表在會中表示：

1. 就軍隊之數字而言，26年（1937）中共要求編為三個師，以後到32年（1943）要求增為十二個師，去年（1944）增至十六個師，事隔一年，現在復要求增至四十八個師。較之抗戰初起之三個師，已增加十六倍。……兄等去年尚只說所有官兵不過四十餘萬人，今則忽增至一百二十餘萬人。未及一年時間，而中共之軍隊，何來如許官兵。[49]

2. 中共要求如此多的軍隊，所需軍費必多，軍費多，即人民之負擔重。尤其中共以一在野黨之地位，將來參加政府，亦係以政

47 會談第二次談話紀錄，王若飛發言。《戰後中國》（二），頁57-58。

48 會談第五次談話紀錄，民國34年9月12日。周恩來發言。《戰後中國》（二），頁77。

49 會談第七次談話紀錄，張治中發言。《戰後中國》（二），頁88-89。

黨之地位，而須擁有軍隊，且要求多量軍隊。其予國民與國際人士之觀感，實至為不智。[50]

3. 我們談到軍隊問題，不可將軍隊駐地與省區和省之行政混連一起。過去我們為要改革各省軍隊防區制度，不知費了多少努力。到了現在，我們只能有國軍，不能有省軍；只能有國防，不能有省防。……中共軍隊經此次協商，由政府整編之後，可以決定幾個駐防地點，但不可專劃省區。否則，如將軍隊與省區及省地方行政混而為一，則對外間割據之譏，將何以自解。[51]

共方之意見：

1. 兄等（指張治中）以封建軍閥來比擬中共，我不能承認。我們兩黨之擁有武裝，且有十八年之鬥爭歷史，此乃革命事實發展之結果。[52]

2. 以軍隊而論，現在國民黨有二六三個師，而中共只要求四十八個師，尚不及六分之一。…故國民黨亦必須為我黨打算，方能使我兩黨各得其所。我方一百二十萬軍隊，若要一旦即裁減為十二個師，實不可能，故必須分期實施。[53]

3. 關於軍隊數目，赫爾利大使擬議中央與中共軍隊之比數為五分之一，我方依此比例考慮，願讓步至七分之一，即中央現有二

---

50 會談第八次談話紀錄，民國34年9月21日。張治中發言。《戰後中國》（二），頁90。

51 會談第八次談話紀錄，張群發言。《戰後中國》（二），頁94。

52 會談第一次談話紀錄，周恩來發言。《戰後中國》（二），頁55。

53 會談第六次談話紀錄，民國34年9月15日。周恩來發言。《戰後中國》（二），頁82-83。

百六十三個師，我方應編有四十三個師，較9月3日所提方案，讓步五個師，以後中央軍隊裁減縮編，中共亦依此比例裁編，如中央軍隊縮編為六十個師，中共應為十個師，中央軍隊如縮編為一百二十個師，中共應有二十個師。[54]

至此，張治中以為中共「要求太過，不必討價還價」。共方代表王若飛發言曰：

> 現在我方官兵都極憤慨，漢奸軍隊都已獲得中央之委任，而中共抗日部隊，反不能得到中央之承認。須知中共軍隊即令不獲中央之承認，不獲中央之接濟，亦必能生存發展。[55]
>
> 軍隊國家化，所謂「國家」，乃人民的國家，而非一黨的國家。……國民黨所謂「統一」，乃是服從。
>
> 你們國民黨作了些什麼？今日的問題，要看全國的民主實行到何程度；如能實行民主，問題即易解決。[56]

至此，張群問：「你（指王若飛）的意思，你們中共解放區一切都不能改動，中央一切法令規章都不能進去？！」

王若飛此時血脈賁張，握拳擊椅有聲說：「你們國民黨政府。是什麼政府？是墨索里尼政府，是希特勒政府。」

邵力子勸曰：「兄等（指王）以為你們纔是民主，而我們政府與國民黨乃非民主。這個觀念我勸兄等必須改變。」[57]

---

54 會談第七次談話紀錄，周恩來發言。《戰後中國》（二），頁86。
55 會談第七次談話紀錄，王若飛發言。《戰後中國》（二），頁89。
56 會談第八次談話紀錄，王若飛發言。《戰後中國》（二），頁93-95。
57 會談第八次談話紀錄，邵力子發言。《戰後中國》（二），頁94-95。

雙方代表之爭，至第八次會談終了。國方據理，似不免高調。共方憑勢，似不免情緒化。解放區問題未能解決，軍隊問題獲致協議。實際上，最後決定者，則為蔣介石與毛澤東二氏。

四、蔣毛八次面談未能化異為同

重慶會談未能解決實際問題，蔣介石與毛澤東的態度與堅持，至關重要。兩人的態度與堅持為何？這從兩人八次直接面談情形，可見梗概。茲就雙方記述，整理如下：

第一次，8月29日。毛方記曰：

> 下午，同蔣介石第一次直接面談。蔣介石表示一切問題，願聽取中共方面意見，並重提所謂中國無內戰的說法。毛澤東列舉十年內戰和抗日戰爭中的大量事實指出，說中國沒有內戰是欺騙。最後蔣介石提出談判三原則：第一，所有問題整個解決；第二，一切問題之解決，均須不違背政令、軍令之統一；第三，政府之改組，不得超越現有法統之外。[58]

蔣方記曰：

> 七時（下午），再赴蓮屋親訪毛澤東，約談一小時，普通應酬也。[59]考慮與中共談判方針，公自記曰：第一，不得於現在政

---

58 《毛澤東年譜》，1945年8月29日。下卷，頁17。
59 《事略稿本》（62），民國34年8月29日。頁378。

府法統之外，來談改組政府問題。第二，不得分期或局部解決，必須現時整個解決一切問題。第三，歸結於政令、軍令之統一，一切問題，必須以此為中心也。回訪毛澤東於蓮屋，與談約一小時而別。公自記曰：「普通應酬也」。[60]

蔣方之記，略去毛之意見。毛之反駁蔣不承認內戰。意在指蔣「昧於事實」。蔣記「普通應酬」，似有「避重就輕」之意。

第二次，9月2日。毛方記曰：

晚八時半，與周恩來、王若飛去林園赴蔣介石的晚宴，在座的有孫科、吳鐵城、張群、王雲五、張伯苓、傅斯年等。宴會後，同蔣介石就中共領導下的軍隊編組數目和駐地、解放區、政治會議、國民大會代表等問題，直接商談。[61]

蔣方記曰：

晚宴毛澤東後，並與之單獨談話。[62]

余日前（9月2日）與毛談話要點如下：

1. 軍隊問題：關於中共軍隊之編組，去年張文白（治中）、王雪艇（世杰）兩氏與中共代表林伯渠（祖涵）在西安商談時，已

---

60 《大事長編》，民國34年8月29日。卷五，下冊，頁816。
61 《毛澤東年譜》，1945年9月2日。下卷，頁20。
62 《事略稿本》（62），民國34年9月2日。頁423。

允予整編為八個師至十個師。嗣後余因顧念事實，復於去年冬國民參政會議席上，允予整編為十個至十二個師。現在抗戰結束，全國軍隊均須縮編，情勢已不相同。但予之諾言仍為有效。不過此十二個師之數，乃中央所能允許之最高限度。至於軍隊駐地問題，可由中共方面提出具體方案，經雙方商討決定。

2. 解放區問題：中共方面所提解放區，為事實所絕對行不通者。吾人應本精誠坦白之精神與態度，來解決這一問題。只要中共對於軍令、政令之統一，能真誠作到，則不僅各縣行政人員，中央經過考核，可酌予留任，即省行政人員如主席，中央亦必本「用人唯才」之旨，延引中共人士參加。

3. 政治問題：日前談話中，毛澤東詢余對此一問題如何解決，余答以現在戰事完結，擬改組國防最高委員會為政治會議，由各黨派人士參加，共同參與政治。至於中央政府之組織與人事，刻因國民大會即將召開，擬暫不變動，俟國民大會集議，新政府產生之時，各黨派與無黨派人士，均可依法參加中央政府。但中共方面，如現在即欲參加中央政府，中央亦可予以考慮。

4. 國民大會問題：毛澤東詢及國民大會將如何召開。余答以已經當選之國民大會代表，仍應有效。中共方面如欲增加代表，則除已當選者外，可以酌量增加名額。[63]

第三次，9月4日。毛方記曰：

---

63 《事略稿本》（62），民國34年9月4日。頁463-466。

下午五時，應蔣介石邀請，參加在軍委會舉行的慶祝抗戰勝利茶會。會後，毛澤東和蔣介石直接商談。

同日，蔣介石將其自擬的《對中共談判要點》交張群、王世杰、張治中、邵力子，正式指定他們四人為談判代表，要他們擬具對中共9月3日所提方案的復案。[64]

蔣方記曰：

約見共黨毛澤東在辦公室談話片刻，直告其周恩來所提方案（按：指中共9月3日之方案）與態度，皆應根本改變也。彼諾之。[65]

按毛氏之「諾」，不過敷衍蔣氏耳。並非真正接受蔣之所謂「根本改變也」。因為共方的「底牌」，非9月3日之方案也。

第四次，9月12日。毛方記曰：

同周恩來應蔣介石之邀，去林園共進午餐，餐後與蔣介石直接商談。[66]

未記商談內容，可能對蔣之言，不感興趣或非重要。

蔣方記曰：

---

64 《毛澤東年譜》，1945年9月4日。下卷，頁20-21。
65 《事略稿本》（62），民國34年9月4日。頁467。
66 《毛澤東年譜》，1945年9月12日。下卷，頁23。

　　正午，約毛澤東談話，約半小時，余示以至誠與大公，允其所有困難，無不為之解決。而彼要求編其二十八（個）師之兵數耳。[67]

第五次，9月17日，毛方記曰：

　　應邀赴林園同蔣介石共進午餐，張群、吳國楨、赫爾利在座。餐後，同蔣介石直接商談，雙方的爭執仍在軍隊和政權問題。[68]

蔣方記曰：

　　正午，約毛澤東、赫爾利談話，並攝影。據岳軍（張群）言：（周）恩來向其表示者，前次毛所對余言可減少其提軍額之半數者，實乃指其四十八（個）師之數，已照共匪總數減少一半之意也。果爾，則共匪誠不可與言矣。以當時彼明言減少半數為二十八（個）師之數字也。其無信不誠，有如此也。[69]

蔣在此稱共曰「匪」，對共方討價還價及反覆，顯有厭惡之意。

第六次，10月9日。毛方記曰：

　　同周恩來、王若飛應蔣介石夫婦邀請，赴林園共進午餐，宋子文、王世杰、張群、張治中、邵力子等在座。餐後，毛澤東與蔣介石直接商談。蔣介石仍然提出要中共放棄軍隊和解放區，毛

---

67 《事略稿本》（62），1945年9月12日。頁531-532。
68 《毛澤東年譜》，1945年9月17日。下卷，頁25。
69 《事略稿本》（62），民國34年9月17日。頁588。

澤東表示不能同意。[70]

蔣方記曰：

> 毛澤東來辭行。公自記經過及所感曰：「毛澤東今日來作別，與之談約一小時。先問其國、共兩黨合作辦法及其意見如何？彼吞吐其詞，不作正面回答。余乃率直告他：國、共非徹底合作不可，否則不僅於國家不利，而且於共黨有害。余為共黨今日計，對國內政策應改變方針，即放棄軍隊與地盤觀念，而在政治與經濟上競爭，此為共黨今後唯一之出路。第一期建設計畫，如不能全國一致努力完成，則國家必不能生存於今日之世界，而世界第三次戰爭亦必由此而起。如此，吾人不僅對國家為罪人，而且對今後人類之禍福，亦應負其責也。彼口以為是。」[71]

蔣氏言畢，復自問「果能動其（毛）心於萬一否？但余之誠意，或為彼所知乎？」[72]

梟雄如毛氏者，未必「心悅誠服」也。

此時雙方談判，已告一段落。在此之前一日（10月8日），國共雙方代表就周恩來起草的《會談紀要》交換意見，並修改定稿，預定10月10日簽字。[73]

第七次，10月10日。毛方記曰：

---

70 《毛澤東年譜》，1945年10月9日。下卷，頁32。
71 《事略稿本》（63），民國34年10月9日。頁80-81。
72 《事略稿本》（63），日期同上。頁81。
73 《毛澤東年譜》，1945年10月8日。下卷，頁31。

晚上，同周恩來、王若飛赴林園蔣介石官邸辭行，毛澤東與蔣介石直接商談。當晚毛澤東宿林園。[74]

蔣方記曰：

翌（10）日午，親至其（毛）寓所話別時。毛忽要求准彼於當晚來宿林園。公料知其必另生枝節，但仍表示歡迎之意，略談辭出。當晚九時許，毛果來宿林園，又與談約半小時。[75]

昨夜（10）毛共談話，忽提政治協商會議以緩開為宜，並稱回延安準備召集其所謂「解放區民選代表會議」後，再定辦法。又稱國民大會提早至明年召開亦可。余聞之，殊為駭異。乃覺共黨不僅無信義，且無人格，誠禽獸之不若矣。余於此不能不和婉明告其果如所云而行，則國民大會無期延誤，我政府勢必因此失信於民；但如政治協商會議能在本月底開會協商，則國大會議，政府可遷就其意，改期召開，然至11月12日，不能不下召集明令，確定會期，示民以信也。余又明示其政協會即使不能如期開會，則政府不能不於11月12日下召集令也。余談至此告辭，約其明晨再談而別。[76]

這是毛氏企圖對《會談紀要》的翻案，蔣氏不以為然也。

第八次，10月11日。毛方記曰：

74 《毛澤東年譜》，1945年10月10日。下卷，頁32。
75 《大事長編》，民國34年10月11日。卷五，下冊，頁848。
76 《事略稿本》（63），民國34年10月11日。頁112-113。

晨同蔣介石作最後一次直接商談。蔣介石表示在解放區問題上不再讓步。毛澤東告訴蔣介石：周恩來、王若飛將在重慶繼續商談。[77]

蔣方記曰：

今晨八時，約毛澤東早餐後，余再與之懇切對談，闡明數次談話要旨，明告其所謂解放區問題，政府決不能再有所遷就；否則，不成其為國家之意，堅決表示望其了解也。客去後，……甚歎共黨之不可與同群也。[78]

從以上八次直接面談的情形看來，蔣、毛二氏歧見至人。兩人會見，在表面上客氣之至！但在內心上，亦必仇恨之至！「化異為同」，難矣！

這一會談，對中共而言，實質的問題雖未獲得解決，但據周恩來的分析，也有幾項重要的收穫：第一，承認了中共的地位。第二，承認了各黨派會議。第三，承認了共軍的地位與數目。[79]

毛澤東也認為這次談判是有收穫的，即是「國民黨承認了和平團結的方針，和人民的某些民主權利，承認了避免內戰，兩黨和平合作建設新中國。」但不過「只是紙上的東西。紙上的東西，並不等於現

---

77 《毛澤東年譜》，1945年10月11日。下卷，頁32。
78 《事略稿本》（63），民國34年10月11日。頁113。
79 周恩來，〈一年來的談判及前途〉，1946年12月18日。中共中央文獻研究室、中共南京市委員會編，《周恩來一九四六年談判文選》（北京：中央文獻出版社，1996年），頁702-703。以下簡稱《談判文選》。

實的東西。」[80]

　　對國方而言，也有其成就，據張治中的分析：第一，中共始終表示願意接受蔣的領導，實行三民主義，此為國民黨內多數人所滿意的。第二，政治協商會議終將召開，即可協商國是，討論和平建國方案。第三，軍隊數字始終是棘手的問題，但也有了結果，中共願意由四十八個師減到二十個師。第四，解放區問題雖未解決，但雙方都表示願意繼續商談的誠意。[81]

80　毛澤東關於重慶談判的說明，1945年10月17日。《戰後中國》（二），頁106。
81　張治中，《張治中回憶錄》，下冊，頁728-729。

第二章

先安關內，再圖關外

一、重慶會談後國共大動干戈

　　國共重慶會談不成，雙方乃大動干戈。國方的戰略目標是進取華北，接收東北。共方的戰略目標是控制華北，獨占東北，阻止國軍的進取和接收。因此發生軍事衝突。共方的準備和行動，顯然較國方為充分而迅速，在山西上黨和河北邯鄲兩次接觸中，國方吃了大虧。

　　上黨之戰，共方參戰的兵力為三萬一千五百人，並有五萬民兵助戰。國方部隊（屬閻錫山，第二戰區司令長官、山西省主席）十三個師，三萬八千人。從8月下旬到10月8日，經過四十天的戰鬥，國方除四千餘人逃走外，其餘全部被殲滅。被俘官兵一萬七千人，其中有軍長史澤波及副師長以上將領十餘名，並攻占縣城六座。共方傷亡四

千人。[1]

邯鄲戰役，為國方第十一戰區司令長官孫連仲指揮下的冀察戰區司令高樹勳（兼第十一戰區副司令長官、新八軍軍長），率領其新八軍和兩個縱隊及河北民兵萬餘人，於10月30日在河北磁縣馬頭鎮投共，成立民主建國軍，高為總司令。致在磁縣以東、漳河以北地區之第三十軍、第四十軍於10月30日至11月2日被殲，第十一戰區副司令長官兼第四十軍軍長馬法五，以及副軍長、四個師長以下官兵二萬餘人被俘。另傷斃第二十七師師長以下官兵二萬餘人。孫部之第三十軍三個師，均美式裝備，全被共軍繳械，副長官及五個師長無一逃脫者。[2]

惟據國府軍令部長徐永昌之記述：平漢路我軍新八軍、四十軍、三十軍，10月25日進至馬頭鎮（磁縣境內）之線，連日遭共軍百團之攻擊。30日，新八軍突變。四十軍、三十軍即夜後撤，11月3日，在三十二軍掩護下渡過漳河。該兩軍損失約五分之二。但高樹勳之新八軍（不及兩師）亦退回約三千人以上。高本人所部三、四千人，受共黨委為和平（民主）建國軍司令。四十軍軍長馬法五及其副軍長、參謀長均失蹤。[3]

---

1 中共〈軍委關於上黨戰役通報〉，1945年10月15日。並附劉伯承、鄧小平〈關於上黨戰役總結的報告〉，1945年10月13日。《中共文件》，第十五冊，頁341-343。毛澤東，〈關於重慶談判的說明〉，1945年10月17日。《戰後中國》（二），頁106。

2 中共〈中央轉發晉冀魯豫局關於邯鄲戰役的通報〉，1945年11月9日。《中共文件》，第十五冊，頁417-418。

3 徐永昌，《徐永昌日記》（臺北：中央研究院近代史研究所，民國80年），民國34年11月4日。第八冊，頁182。按馬法五當時被俘，次年2月被釋，去重慶。先後出任軍政高職。1992年在臺北病故。以下簡稱《徐永昌日記》。

蔣介石分析國軍在馬頭鎮失敗之原因，並非兵力不足，亦非共軍兵力之強大，而完全是由於我軍高級將領指揮的錯誤和疏忽。我軍自磁縣向北推進時，完全採取平時行軍的方式，不顧及後方，以六個師同時向馬頭鎮推進，磁縣竟不留重兵據守，一經共軍襲擊，前方所有的部隊為之動搖。而高部叛變者，只是一個團長，以致其他各團，亦為之懾伏。[4]

蔣認為高樹勳叛變，造成國方北上之三個軍，全被阻止，不得不向漳河以南撤退。窺共方之用意，乃為囊括熱察綏內蒙全境，及盤踞華北五省，與東北打成一片。[5]

共方對於此役影響的評估，與蔣之上述判斷略同。認為這一戰役的勝利，對於打破國民黨軍北進的戰略企圖，保障共黨「向北發展，向南防禦」戰略方針的貫徹與實施，起了十分重要的戰略作用。[6]

中共擴展的地區及軍隊，及國共衝突情況，據毛澤東10月25日在延安抗大七分校報告說：

> 我們解放區，華北、華中、東北、陝甘寧邊區共有一萬萬五千萬人口地方，一百三十萬軍隊，二百五十萬以上民兵。國民黨進攻解放區的軍隊共有八十萬，包圍陝甘寧邊區的還不算在內。已經打了好幾仗，頭幾仗他們都沒有爭到面子，仗還要打下去，恐怕半年還說不一定。[7]

---

4 《事略稿本》（63），民國34年11月16日。頁552-553。
5 《事略稿本》（64），民國34年12月31日「記三十四年大事表」。頁276-277。
6 李壯，〈影響全局的關鍵一戰〉。中共中央文獻研究室、中央檔案館編，《從延安到北京》（北京：中央文獻出版社，1993年），頁82。
7 《毛澤東年譜》，1945年10月25日。下卷，頁41。

二、蘇聯幫助中共控制東北

國方最大的困境，是東北接收問題，此不僅受阻於中共，而蘇聯的占據，益為重大。緣自蘇聯於1945年8月9日對日宣戰後，即以遠東軍外貝加爾方面軍司令馬林諾夫斯基（R. Y. Malinovsky）為統帥，指揮數十萬紅軍進入中國東北及外蒙。日軍毫無抵抗，8月21日，其關東軍在哈爾濱向蘇軍投降，五十九萬四千餘人悉被蘇軍俘走。[8]蘇軍分為三路進入滿蒙，右翼兵團攻向張家口，中央兵團進至承德及平地泉，左翼兵團沿中東路南下長春、瀋陽，一支入旅順，一支進抵山海關。[9]

在蘇軍出兵東北時，毛澤東就興奮地說：「現在同蘇聯紅軍配合作戰，是痛快的。」遂令靠近東北地區的呂正操、張學詩、萬毅、李運昌等部準備向熱河、遼寧及吉林等地進軍。[10]進入東北地區的中共軍，即與蘇軍取得聯絡。馬林諾夫斯基派貝魯羅索夫（Belousov）中校為代表到瀋陽，偕同中共瀋陽衛戍司令曾克林（冀察熱遼十六分區司令）於9月14日飛抵延安，向朱德轉達馬林諾夫斯基的通知，要他們已到瀋陽、平泉、長春、大連等地的中共軍退出。但朱德表示：該等地區在中日戰爭爆發時期，即為中共軍活動根據地，請允仍留原地。因此，中共中央為發展強大在東北的力量，決定組織東北局，以彭真為書記，陳雲、程子華、伍修權、林楓為委員。[11]同時提出「東

---

8 《事略稿本》（62），民國34年8月21日。頁286。

9 《大事長編》，民國34年11月5日。卷五，下冊，頁873。

10 楊奎松，《中共與莫斯科的關係》（1920-1960），頁521。

11 《毛澤東年譜》，1945年9月14、15日註文。頁24。

北為我勢必所爭，熱、察兩省必須完全控制。」確定了「向北推進，向南防禦」的戰略方針。[12]

　　據中共東北局向中共中央的報告：蘇軍將領於10月3日接見他們，明確表示關於中共「向北推進，向南防禦」，爭取控制全東北的戰略方針，十分正確。建議中共抽調主力二十五萬至三十萬人，分別部署在山海關一帶及瀋陽附近，把住東北大門，不讓國民黨軍隊進入東北。同時蘇方願將繳獲日本關東軍的武器，充分供給中共軍；如一時無力接收，可代為保留一個月。東北局電告中共中央說：「下最大決心，立即從各區抽調三十萬兵力，於一個月內趕到。」東北局更高興地說蘇軍「已下最後決心，大開大門，此間家務全部交我。」並轉述史達林的話，稱讚「中國共產黨是勇敢的，聰敏的，成熟了的。我們很有信心。」[13]

　　此時延安方面，即任命陳光遠為熱河軍區司令，張學詩為遼寧軍區司令，李運昌為冀熱遼邊區司令，呂正操為吉黑軍區司令。據蔣之侍從室軍務局簽註：張學詩原名張學思，係張學良之胞弟；李運昌係李大釗之子。[14]呂正操原係張學良東北軍之舊屬。

　　中共之用人，可謂因地制宜，較之國民黨的「空降」，殊不相同。故其發展，得以順勢而為，進展至速。據中共中央11月4日的指示，進兵東北情況及計劃如下：

12　中共〈中央關於確定向北推進向南防禦的戰略方針致中共赴渝代表團電〉，1945年9月17日。《中共文件》，第十五冊，頁531-533。

13　楊奎松，《中共與莫斯科的關係》，頁538。另據楊著《中間地帶的革命》（太原：山西人民出版社，2010年），頁475-746。原據資料：中共〈東北局關於蘇軍交涉經過給中共中央的報告〉，1945年10月4日、8日。

14　《事略稿本》（63），民國34年10月5日。頁50。

最先入東北之李運昌部，已由五千人擴充至八萬人，惟戰鬥力弱。正規軍入滿者約五萬人。在途中者尚有五萬人，11月中旬可到，約計十萬人。為內線作戰之主力。另外約十一萬人將於12月下半月可到熱河、遼寧、冀東地區，外線作戰。

任林彪為東北人民自治軍總司令，呂正操、蕭勁光、李運昌、周保中為第一、第二、第三、第四副司令。彭真、羅榮桓為第一、第二政委，程子華為副政委。統率東北全軍，部署作戰。一俟蘇軍撤退，即宣布東北人民自治。[15]

根據一項統計，從1945年8月到11月底，中共中央先後調派中央政治局委員四人，中央委員和候補委員十六人到東北工作，從各戰區調集的主力部隊達十一萬人，另外還從延安和各戰區抽調二萬多名幹部到東北。這些人員到達後，迅速擴大和整編二十個師，並建立十個軍區。[16]

重慶方面，依《中蘇友好同盟條約》之規定，在日本投降三個月內，即11月底以前，蘇軍應撤出東北，由中國政府接收。蔣介石對接收東北問題初具信心，其於9月10日記曰：「此時應以全力接收東北與各省市軍政為第一要務。」[17]但一週以後，即覺情況不妙。其於9月18日記曰：

---

15 中共〈中央關於增調兵力控制東北的指示〉，1945年11月4日。《中共文件》，第十五冊，頁401-402。

16 李壯，〈論東北在抗戰勝利後的戰略地位〉，《從延安到北京》，頁181。

17 《蔣介石日記》，民國34年9月10日。

東北被俄接收以後，到處宣傳，鼓動人心，組織民眾，以為其卵翼共匪，製造傀儡之張本。而且至今猶未許我政府派員前往東北，準備接收國土。俄國是否踐約守信，誰亦不能保證。[18]

但蘇聯駐重慶大使彼得洛夫（A. A. Petrov）的表示，似甚友善。彼於10月1日謁行政院長宋子文時聲稱：蘇軍現已開始撤退，大部分將於10月下旬撤退，11月底可全部撤完。蘇聯政府授權馬林諾夫斯基元帥與我方統帥部確實商洽東北軍政事宜。地點為長春，時間為10日至15日。[19]

這顯然是蘇方兩手策略，其在10月6日，蘇方通告重慶方面，可派代表往長春，與其軍事代表接洽接收事宜。惟不准我方運兵船舶由大連登陸，「其態度甚凶橫」。但蔣「仍照預定方針，忍氣吞聲，據理進行。料彼（俄）在此時不敢強橫到底，而冒天下之大不韙也。」[20]

10月12日，東北行營主任熊式輝與外交特派員蔣經國、經濟委員會主委張嘉璈等一行到達長春。是日，蔣經國向蔣函呈抵達長春情形：

1. 熊主任與兒（蔣經國）於今（12）日午後三時安抵長春，蘇軍曾派代表來機場迎接。

2. 定明日與馬林諾夫斯基正式會談，我方擬提出撤兵，恢復交通，接收行政，以及大連登陸四問題。

3. 東北行政系統尚完整，兒意我方必須在蘇軍撤退之前，將行政

18 《蔣介石日記》，民國34年9月18日。
19 《事略稿本》（63），民國34年10月1日。頁3。
20 《蔣介石日記》，民國34年10月6日。

接收完畢。

4. 蘇軍對本黨活動，最近公開表示不滿。……

5. 共黨力量，在東北尚未發生重大作用，但蘇軍在暗中確有支持
   共黨之行動。

6. 今年東北大豐收，各地尚安定，民心思漢，愛國之熱情，實高
   過於關內。[21]

依蔣經國之報告，東北接收問題，似甚樂觀。但甫經交涉，即告
觸礁。13日，蔣經國向蔣函呈：「第一，彼方不願我軍海運登陸。
……第二，強調反蘇之祕密組織，必有其他意思與作用。第三，對於
經濟問題，避開不談。」[22]

以後數日的交涉，迭受刁難。到了21日，蘇方態度突然變惡。
這天夜間，蘇聯長春電臺廣播反對美軍在華北登陸。[23]即在長春城郊
作大規模之軍事演習，限制行營活動，封閉國民黨長春黨部，並以共
黨人員張慶和接充長春警察局長，意在阻止國府之接收也。[24]與此同
時，接收東北之國軍第十三軍、第五十二軍登陸秦皇島抵達山海關附
近，亦受到共軍的阻撓。經向馬林諾夫斯基交涉，希在營口、葫蘆島
登陸。馬聲稱蘇軍已自該地撤退，十八集團軍（中共軍）入據矣，彼
概不負責，亦不干涉。[25]

---

21 《事略稿本》（63），民國34年10月12日。頁125-126。
22 《事略稿本》（63），民國34年10月13日。頁137。
23 《事略稿本》（63），民國34年10月22日。頁270。
24 《事略稿本》（63），民國34年10月26日。頁297。
25 《大事長編》，民國34年11月5日。卷五，下冊，頁875。

　　蔣經國分析蘇方態度突變之原因，認為係受美蘇關係及國共衝突之影響，因恐我軍進入東北之後，將支持美國在東北之利益；甚至未來戰爭中，我軍有被美國所用之可能，故不願我國大軍開入東北。但根據條約，蘇方不得不撤兵，同時亦無法禁止我軍開入東北，故決定造成混亂局面，使我中央一時不能接收東北。[26]

　　張嘉璈認為蘇方種種阻礙，其目的不外以下三點：

1. 東北今後成立之政權，不能有與蘇聯不友好之意旨與行動。

2. 阻止美國染指東北，斷絕中國以夷制夷之觀念。

3. 使中央不能在關外有雄厚之武力，至少使八路軍可在關外立足。[27]

　　其後馬歇爾調停所主導的國共停戰協議，助蔣先圖關外，適與蔣經國和張嘉璈的分析相牴觸。

三、蔣介石先安關內再圖關外

　　面臨上述情況，重慶中央方面至為憂慮。認為中共或可藉此機會，依蘇聯之助，奪取熱、察、綏三省，甚或東北三省，而成為一國。且一旦發生內戰，其勢恐難遏止。因此，希與中共謀求妥協。10月31日，蔣介石即命王世杰、張群、邵力子與中共駐渝代表周恩來、王若飛連日商談，希與中共訂立一個暫時避免衝突的辦法。為周所拒。王世杰認為：中共的目的，顯然打算於蘇軍自東北撤退前，進

---

26 《事略稿本》（63），民國34年11月6日。頁430-431。

27 《事略稿本》（63），民國34年11月9日。頁476。

占熱、察、綏及東北大部分區域。「形勢嚴重，實屬空前！」[28]

　　11月3日晚間，蔣介石再與王世杰、張群等談中共問題，頗為悲觀，認為黃河以北一時殆無法收拾，作為今後建國之清淨土。王意中共問題與蘇聯問題不可分開，今後蘇聯究將採取與美英合作路線，或仍分道而馳，不久可見分曉。在此一問題未解決前，政府於中共問題，亦只可儘力防範其擾亂之範圍，不能希望得到根本解決。[29]

　　但情勢愈來愈為嚴峻，11月9日，蔣與王等商談，王提「對中共作重大讓步，求取和平，在假統一之形式下，暫取分疆而治之策，自亦有許多困難與危險；但比較的其危險程度，似尚較少。」於是蔣決定先派蔣經國為其「私人代表」，赴莫斯科見史達林，商中蘇關係「根本問題」。[30]這天，蔣在《日記》中記道：

　　　審察俄共與東北形勢及國際大局，再三考慮，未得和平妥協之道。如有萬一轉機，決不願冒此艱危，使人民再受戰亂苦痛。而國內經濟與幣制狀況，如再兵連禍結，社會將起不安。共匪更可乘機煽亂矣。……下午再約雪艇（王世杰）來商對俄共策略，乃決定派經國赴俄往見史大林，作最後之一著，以卜成敗矣。[31]

　　蔣記較為含蓄，雖未明言「作更大讓步」及「分疆而治」。但與

28　王世杰，《王世杰日記》（手稿本）（臺北：中央研究院近代史研究所，民國79年），民國34年10月31日至11月2日。第五冊，頁204-206。以下簡稱《王世杰日記》。

29　《王世杰日記》，民國34年11月3日。第五冊，頁207。

30　《王世杰日記》，民國34年11月9日。第五冊，頁211-212。

31　《蔣介石日記》，民國34年11月9日。

王記可以互補。依蔣之性格，心有未甘也。據徐永昌《日記》記述：蔣在11月11日召集高級軍事將領講話時，「幾於痛哭」。[32]蔣的這天《日記》也記道：

> 自覺憤激異甚，有失體態。但至誠所發，情不自禁，毫無愧心耳。正午召見各高級將領十人聚餐。下午憤氣未息，故未到會。不勝為本黨與國家前途憂也。[33]

從11月11日到16日的六天，蔣召集高級軍事將領連續開會，商討中共問題。在13日的會議中，與會將領「皆知對共匪無論如何忍讓，其貪欲無止境為苦也。」[34]這是說：「重大讓步」，「分疆而治」，也不能解決問題了。因此定下「先安關內，再圖關外」之策。此策蔣在一週前，似有腹案。其在11月7日記道：

> 俄國之陰謀，毒辣極矣！彼既扼住吾人之咽喉，不使稍有呼吸之間隙。……所有約言，一概不認，始則大連，繼則葫蘆島，最後則營口，先諾而後背約。……今既於東北各海口不能登陸，只能由山海關陸路前進之一途。此後對東北，只可如俗語所謂「死馬當活馬醫」而已。必須先收復關內與內蒙，而後再圖東北也。[35]

---

32 《徐永昌日記》，民國34年11月11日。第八冊，頁186。

33 《蔣介石日記》，民國34年11月11日。

34 《蔣介石日記》，民國34年11月13日。

35 《事略稿本》（63），民國34年11月7日。頁435-436。

　　此策在11月15日及16日的「綏靖會議」中正式提出，並由蔣氏說明之。這兩天的會議情形，據《徐永昌日記》：

　　　　15日九時，在林園開綏靖會議，午前本（軍令）部報告匪情。午後各戰區、各方面軍報告。會後閻先生（錫山）約商援晉問題，余（徐）以為今國軍大量向北移動，津浦、平漢即取攻勢，匪此時必無暇進攻太原。

　　　　16日九時，仍在林園開會。上午，本部報告軍隊抽調及部署計劃。蔣先生訓話，斷言東北必為革命結束成功之地，不過現在正進入危險之時，要在吾人能打破。[36]

　　徐記「訓話」，即蔣之〈勦匪戰術之研究與高級將領應有之認識〉講詞。其中一段之說明：

　　　　統帥原定用三個軍接收東北，後來又加派二個軍，一共五個軍。現在蘇聯不負責任，藉口登陸的地點為共軍占領，給我們以種種阻礙，因此我們軍隊入境，事實上非常困難。而且我們即令將這五個軍開入了東北，仍不能確實掌握地方，東北的主權仍然不得完整，一切接收都不能進行，建設更無從談起。在這種情形之下，我們寧可將東北問題暫時擱置，留待將來解決。我決定將東北行營移駐山海關。而以原來準備開入東北的五個軍，加入華北方面，首先來肅清華北方面的土匪，先安關內，再圖關外。[37]

---

36 《徐永昌日記》，民國34年11月15日、16日。第八冊，頁188。
37 《事略稿本》（63），民國34年11月16日。頁555-556。

對於「先安關內，再圖關外」，當時駐華美軍最高指揮官兼蔣之參謀長魏德邁將軍（Albert C. Wedemeyer）也曾向蔣氏作類似的建議，他於1945年11月14日向華府的報告說：「中國國民政府面臨中共之反對，對於占領東北，毫無準備」，他曾向蔣建議：「中國應立即採取決策，在進入東北以前，鞏固長城以南、長江以北之地區，並穩定該區以內之陸上交通線。」[38]

其後魏德邁在致蔣的備忘錄中，對此計劃有完整的描述和表示支援。要點如下：

對於中央軍隊分配之基本原則，應視中國本部之政治及軍事情形而定。職（按：魏自稱）信鈞座（按：稱蔣）與職同意，吾人須穩定長城以南至越南邊界內整個中國的政治、經濟及軍事。

在長江以南地區，吾人已完成軍事安全與政治控制，所須努力者，為該地區工商業的復興。

在長江以北、長城以南地區，情形較為複雜，應及早堅決搶救，以穩定華北之軍事與政治的控制為第一要著。

鈞座曾表示：擬開五個軍入華北，即可完全控制該地區。當華北之戰略要地，完全歸中央軍隊控制時，即可進而建立政治控制，從事經濟建設。

職復相信，吾人須先穩固華北、華南，乃能進而從事東北。倘蘇俄真實與中國政府合作，則吾人可占領長春與瀋陽。

職深覺美國對華將繼續協助，譬如運輸中央軍隊及彈藥裝備

---

38 美國國務院編，中華民國外交部譯，《美國與中國的關係：特別著重1944年至1949年之一時期》（臺北：外交部，1949年），頁83。

等至華北，以及協助中國遣俘工作。

　　倘吾人能得到美國援助，應儘速選五個精銳的軍開入長城南之華北，或亦可利用葫蘆島，以一個軍開入東北，吾人保證對此等軍隊之彈藥及裝備，當源源接濟。

　　此外，自長江以北開動軍隊，一沿津浦路前進，一沿平漢路前進，須及早完成控制交通線、工業區、產業區及華北各大城市與港口。此點做到，即須任用最優秀之人，充任該地省主席、市長。縣長須人民選舉。[39]

四、毛澤東說：「蔣介石來勢很凶」

　　林園綏靖會議的決定，應是一項高度的軍事機密。但中共方面對此機密，似乎瞭如指掌。中共中央宣傳部部長陸定一於12月9日在延安指出：

　　　　國民黨當局在11月11日召開了軍事會議，名為「整軍復員會議」，開了四天，講些冠冕堂皇的話，接著又開了祕密會議（按：即指綏靖會議），決定傾全國兵力到華北「勦共」。會後，南方各地的軍隊即再度大舉北調，幾十個箭頭指著華北解放區。[40]

39 〈魏德邁參謀長上蔣委員長備忘錄〉，1945年12月5日。《戰後中國》（一），頁159-161。
40 陸定一，〈反對內戰反對武裝干涉〉，1945年12月9日。《中共文件》，第十五冊，頁597。

重慶中央要員包括蔣氏在內，均十分擔心「各部隊通信之不能保密，其危險實大，蔣先生訓話時，對此亦告誡備至」。[41]

中共中央軍委即根據其所獲之情報，指示所屬作為反制的準備。關於平漢路方面，軍委給劉伯承、鄧小平等的指示是：

> 11月中旬重慶軍事會議（按：依此語氣，中共情報似得自該會議）祕密決定沿平漢路北進，頑軍（按：稱政府軍）除原有各軍外，擬新增以下六個軍：計七十三軍（美械三個師）戍（按：11月）中旬駐湘潭。一百軍（美械兩師）戍中旬駐常德、邵陽各駐一師。八十八軍（川軍）戍下旬尚在浙東。二十八軍（湘軍）戍下旬在天目山（皖南）。七十一軍（美械三個師）戍上旬在全州，近有改開東北訊，待證。新一軍（美械三師）戍中旬似在芷江。估計在12月底能趕到新鄉者，只有七十三軍與一百軍。下次平漢路戰役，主力可能是該兩軍及原駐新鄉地區之八十五軍、三十二軍。根據各種情況判斷，平漢路更大戰役可能在12月底及來年1月上旬。[42]

關於津浦路方面，中共中央軍委給陳毅、饒漱石等的指示是：

> 沿津浦路北進頑軍除原有各軍外，戍中旬重慶軍事會議決定增調六十四軍（從廣州南之開平出動）、九十三軍（由海防出動）、五十八軍（從南昌出動）。以上三個軍均指向徐州出動。

---

41 《徐永昌日記》，民國34年11月16日。第八冊，頁188。
42 〈軍委關於準備粉碎國民黨沿平漢路進攻給劉伯承、鄧小平等的指示〉，1945年12月4日。《中共文件》，第十五冊，頁461。

現到何地不明，估計至快須12月底才能到達津浦路南段。五十九軍、七十七軍戌號左右由信陽一帶出動，向徐州前進，估計可能渡過新黃河或正在渡河中。第八軍到青島後，現已開始沿膠濟路西進。以上新增之六個軍，並原有之七個軍，共十三個軍。似此津浦路全線、山東、蘇北整個解放區戰局形勢，將嚴重緊張起來。這種局勢於月底（按：12月底）或來年1月初旬即可到來。[43]

關於關內整個戰局方面，中共中央軍委給其華北、華中各方負責人的指示是：

國民黨正以強大兵力布置進攻解放區，已到進攻準備位置者，計有四十四個軍，另有若干獨立師；尚在戰略開進中者，計有十個軍。除偽軍及獨立師外，共有五十四個軍。其中有三個軍對陝甘寧邊區，五個軍對東北，五個軍對豫鄂李先念區。實際進攻華北、蘇北者，還有四十一個軍及若干個獨立師，並準備空軍廣泛使用，企圖控制所有鐵道線和沿線城市，分別對我解放區，使我處於不利情況下，來逼迫我接受他的苛刻條件。[44]

國民黨方面，尚有來華美軍的支援。據中共方面所得訊息及評估：

今後半年內，將有六萬美國海軍陸戰隊及六、七千陸、空人

---

43 〈軍委關於目前軍事形勢與作戰任務給陳毅等的指示〉，1945年12月6日。《中共文件》，第十五冊，頁463。

44 〈中央、軍委關於粉粹國民黨大規模軍事進攻的指示〉，1945年12月12日。《中共文件》，第十五冊，頁480。

員留置於華北。此項美軍留置華北，其任務是幫助國民黨軍隊進入華北，占領各重要城市及交通線，以鞏固和增強國民黨在華北地位。國民黨將極力利用美軍為先鋒，以大城市為依據，企圖控制各交通線，向我解放區進攻，與我爭奪華北。[45]

駐華美軍最高指揮官魏德邁對國民黨支援的情況，將有以下各項：

1. 供應國民黨政府內戰的軍火。

2. 裝備和訓練國民黨的軍隊。

3. 幫助國民黨的船舶及飛機運兵。

4. 派大批美國軍事顧問到國民黨軍隊中。

5. 護路，北寧路天津秦皇島段和津浦路天津靜海段已由美軍護路。

6. 戴笠的特務由美國人幫助訓練。

7. 直接參加內戰，如進攻山海關（名之曰「觀光」）等。[46]

中共以上對國民黨實力和情況的了解，可謂詳確。對雙方兵力作戰，作如下之評估及比較：

1. 國民黨方面：

　⑴有利條件：地形平坦，大村落多，有利蔣軍作戰。

　⑵蔣軍素質：火力強，戰鬥力弱（但非一戰即潰）。平原利於偵察、警戒、聯絡及發揮火力，便於大兵團行動。

　⑶不利條件：後方不固，須大的兵力擔任守備。待遇不公，雜

---

45 〈中央關於對待在華美軍的方針和應注意事項的指示〉，1945年10月29日。《中共文件》，第十五冊，頁390。

46 陸定一，〈反對內戰反對武裝干涉〉，1945年12月9日。《中共文件》，第十五冊，頁601。

牌軍隊不滿。紀律敗壞，人民反對。補給困難，兵心不固。南人北地，地理民情不熟。

2. 中共方面：

(1)有利條件：有民眾依靠，以逸待勞。民兵協助，補給方便。

(2)不利條件：裝備差，火力弱，不大熟習大兵團正規戰。戰術素養不強。[47]

中共根據以上情況和比較，採取對策如下：

平漢路方面：國民黨軍可能採取步步為營、穩紮穩打的謹慎戰法，且兵力強大，使共軍難以尋找機動各個擊破頑軍機會。決定先發制人，在蔣軍集結完成之前，先擊破蔣軍第三十二軍及第八十五軍。[48]

津浦路方面：乘蔣軍主力未全部集中時，先機各個擊滅其有力部分。原計劃進入東北的葉飛、賴傳珠縱隊，駐留山東，參加戰鬥。華中其他地方兵團破壞津浦路南段鐵路，阻止蔣軍北進。[49]另一方面，爭取西北軍系的孫良誠反正，打擊北進之第二十五軍。[50]

總的方面（含平漢、平綏、同蒲各線）：有效配合各方面工

---

47 〈中央、軍委關於粉碎國民黨軍大規模軍事進攻的指示〉，1945年12月12日。《中共文件》，第十五冊，頁482-483。

48 〈軍委關於準備粉碎國民黨軍沿平漢路進攻給劉伯承、鄧小平的指示〉，1945年12月4日。《中共文件》，第十五冊，頁461-462。

49 〈軍委關於目前軍事形勢作戰任務給陳毅等的指示〉，1945年12月6日。《中共文件》，第十五冊，頁463-464。

50 〈軍委關於阻止蔣軍北上的戰略任務給陳毅等的指示〉，1945年12月10日。《中共文件》，第十五冊，頁464。

作，尤其是地方民兵、游擊隊、武工隊等密切配合，進行統一的、全面的、有組織、有計劃的大破壞，將所有鐵道、公路、橋樑、電線、倉庫、飛機場，均加以摧毀，使一切交通動脈，在同一時間斷絕。

　　動員群眾幫助運輸糧食、彈藥、救護、埋地雷等，提高民眾的政治覺悟。[51]

中共最重要的工作，還是組成強大的野戰軍。其兵力及戰區部署如下：

聶榮臻：晉察冀第一野戰軍區，七萬。

賀龍：晉綏野戰軍區，三萬。

劉伯承：晉冀魯豫軍區，七萬。

陳毅：山東軍區，七萬。

李先念：豫鄂軍區，三萬。

粟裕：蘇浙軍區，五萬。

林彪：東北軍區，二十萬。

以上關內六大軍區，計野戰軍三十二萬，關外二十萬，總計五十二萬。1945年11、12月編組完成。[52]

　　毛澤東在其中央中央政治局擴大會議中說：「我們承認蔣介石來勢很凶，但除了抵抗以外，別無辦法。」[53]

---

51 〈中央、軍委關於粉碎國民黨軍大規模軍事進攻的指示〉，1945年12月12日。《中共文件》，第十五冊，頁482-483。

52 《毛澤東年譜》，1945年11月12日。下卷，頁47。

53 《毛澤東年譜》，1945年11月12日。下卷，頁48。

五、蘇聯、中共態度由硬而軟

　　蔣介石在極度「悲觀」及「幾於痛哭」心情下，制訂「先安關內，再圖關外」之策，不惜放手一搏，與中共作認真之攤牌。關外方面，將長春東北行營之接收人員四百餘人撤至山海關，僅留軍事代表董彥平為聯絡員，與蘇軍保持聯絡。關內方面，蔣介石於12月13日出巡北平，布置進取察、熱兩省，命第十六軍於20日前完成進攻宣化、張垣準備。[54]立即向南口、居庸關集中。[55]入錦州之杜聿明部亦西進指向熱河，於1946年1月上旬進抵阜新、朝陽、平泉等地。[56]

　　面臨以上情勢，蘇聯與中共態度，迅有轉變，由強硬轉為和緩。

　　蘇聯方面：重慶中央決定撤退長春行營時，即於11月15日晚間九時通知蘇方，蘇方在17日下午四時即覆，表示：「必履行中俄同盟協定，助我便利接收東北，且稱將待中國軍隊接收，故其撤兵亦願延遲一、二月亦可。」[57]

　　蔣在這天（17日）記其所感曰：

　　　　據此，則彼俄過去之逼迫行動出於其威脅，使我為求東北之收復，不能不與共匪之妥協，而且允許其特權也。後以我寧放棄

---

54 〈軍委關於保衛熱察兩省的軍事部署給賀龍、李井泉、聶榮臻的指示〉，1945年12月15日。《中共文件》，第十五冊，頁490。

55 〈軍委關於張垣戰役的勝利給聶榮臻等的指示〉，1945年12月17日。《中共文件》，第十五冊，頁492。

56 〈軍事委員會副參謀總長白崇禧有關東北接收情形報告〉，民國35年4月1日。《戰後中國》（一），頁217。

57 《蔣介石日記》，民國34年11月17日。

東北，不願作俄共之傀儡，決心撤退行營之態度表示以後，知其不可為威脅所屈服，故有此態度之轉變。可知其此時對國際尚有顧忌，而尤不敢冒天下之大不韙。故我亦不能不再作周旋。移轉行營之公告暫不發表，以觀其後也。[58]

蔣以為此舉乃其對俄外交一大成功，其在11月〈反省錄〉記曰：

> 本月以撤退東北行營之舉動，為我對俄外交成敗最大之關鍵，實為安危和戰之所繫。……行營實行遷移而不公開發表，僅以正式照會，祕而不宣，使俄留有迴旋之餘地，實為東北交涉成敗之樞機。……使俄國表示遷就謙和。前以中俄同盟條約延緩不交換者，最後且亦約期交換矣。[59]

11月25日，張嘉璈由長春回到重慶，向蔣面報行營撤退之後，俄軍謙遜態度與其行動甚詳。蔣於是對東北方針「不能不再加考慮矣。」[60]

重慶中央重新決定接收東北辦法，表示如蘇方同意，我方亦同意蘇軍之撤退延期一個月，即1946年1月3日。辦法要點如下：

1. 允對長春、瀋陽之非政府武裝人員，解除其武裝；並允中國空軍送工作人員至長春、瀋陽機場，指揮飛機起降工作。
2. 北寧鐵路及東北港口，允中國軍隊運輸之便利。

---

58 《蔣介石日記》，民國34年11月17日。
59 《事略稿本》（63），民國34年11月「反省錄」。頁712-713。
60 《蔣介石日記》，民國34年11月25日。

3. 蘇方對中國接收人員允予協助；對其編配地方團警給予協助。[61]

蘇方對此三點覆文同意。中國亦同意蘇軍延期撤退。[62]

重慶中央即照會蘇方，中國軍隊將自山海關向錦州推進（11月26日進入錦州），並派蔣經國、張嘉璈回長春，與蘇軍統帥馬林諾夫斯基接洽。蘇方有善意之回應外，惟希望再延期撤兵至1月底，並提出「經濟合作」問題。外長王世杰向蔣建議：同意蘇方要求延期撤兵；經濟合作允在東北接收完成後商談。蔣贊同。[63]此外，亦對蘇聯作出一項善意的回應，根據《中蘇友好同盟條約》外蒙之獨立，重慶中央準備於1946年1月中旬完成承認手續；但外蒙入內蒙之軍隊須於本年（1945）底內撤回外蒙。[64]

12月25日，蔣經國即以蔣主席私人代表身分赴莫斯科。行前向蘇聯駐重慶官員透露了一個重要消息：「中方在全盤解決方案中，預備做一重大讓步，將來不准美國到東北做資本投資，美國在中國若享有任何經濟權利，蘇聯一體適用，一樣不少。」[65]

在莫斯科，蔣經國和史達林有兩次會談，第一次在1945年12月30日，第二次在1946年1月3日。參加會談的還有蘇聯外長莫洛托夫

<hr>

61 〈中國政府接收東北諸省辦法要點〉，民國34年11月19日。《戰後中國》（一），頁184。

62 〈蘇聯駐華大使彼得洛夫覆外交部長王世杰照會譯文〉，1945年11月24日。《戰後中國》（一），頁154-155。王世杰同意蘇軍延期撤退照會。見同上書，頁157。

63 《王世杰日記》，民國34年12月6日。第五冊，頁226。

64 《王世杰日記》，民國34年12月7日。第五冊，頁227。

65 茅家琦，《蔣經國的一生和他的思想演變》（臺北：臺灣商務印書館，2003年），頁125。

（V. M. Molotov）和中國駐蘇大使傅秉常。在兩次會談中，大致坦誠相對。事後，史達林給蔣介石的信，肯定這次會談，說：

> 在我（史）與他（蔣經國）的會談中，觸及至少一系列中蘇關係問題和牽扯中蘇兩國利益的某些其他問題。我希望，我們兩國間的關係，將按照中蘇條約而得到發展。對此，我今後將非常地關注。[66]

12月30日，蔣經國與史達林會談詳情，據駐蘇大使傅秉常這天《日記》：

> 晚九時，蔣經國赴克姆林宮謁史大林，莫洛托夫亦在座。蔣經國與史用俄語直接交談。蔣寒暄數語即將蔣主席（中正）函交史後，提出多項問題，其中有關中共、中蘇及中美關係者，大要如下：
>
> 關於中共問題，經國轉達蔣主席之意，謂先主中國統一，但對於中共可准其保留現在之區域，中央不消滅之，並准其編成十六個師，但必須受中央統一之指揮，最高國防委員會准其參加，但不得擴充地盤。蔣主席詢史對此之意見，並請勸告中共方面。史答：「蔣主席所擬之對中共之政策，異常贊同，蘇聯在延安本有代表三人，現均已撤退。彼對中共之行動，亦不贊同，以為過火。苟第三國際存在，彼必不許其如此。中共對於蘇聯亦有所不滿，尤以最近不許其到東三省為尤甚。」史詢經國：毛在渝談判

---

66 茅家琦，《蔣經國的一生和他的思想演變》，頁148。

決裂之原因。經國答：「因中共方面要求華北五省完全交與中共，平分南北兩政權，如此使中國分裂，中央安能接受。」史亦言：「此確難怪中央之拒絕，如此分裂，於中國前途確為不利。彼曾力勸中共讓步，與中央合作。此時彼在延安已無代表，無法自動勸告。」「但如中共詢彼意見時，彼將直白告之。」

關於中蘇目前應解決之事件，在東三省日人所建設之工業共有六十四個。馬元帥視為蘇聯之戰利品，祇允分半與華，提議組織一中蘇大企業公司，各占半股。且馬元帥欲先解決此問題，然後撤兵。華方不欲作為戰利品之解釋，是以蔣主席提議願送一半與蘇聯，由六十四個工業單位分組合作公司，分別經營。此種辦法於蘇軍完全撤退後詳商。史以為此尚屬可行，答應照辦。

關於中美關係，蔣主席意中國將來建國，於軍事、經濟上雖借助於美國之處不少，但中國絕不放棄其獨立自主外交立場，彼可保證中國絕不作別人反蘇之工具，苟不幸有何戰爭，中國必不對蘇作戰。史云所謂世界第三次大戰，均係無稽之言，蓋英、美亦自知無力量擊敗蘇聯，是以十年之內必無戰爭。蔣主席此意彼甚感謝，實則為中國利益起見，苟持反蘇態度，於中國亦極不利。蘇聯絕不許美軍進入東三省，是以反對美艦運輸華軍在大連登陸。蔣主席苟利用美軍在華擔任工作，必無良好結果。

關於東三省門戶開放，蔣主席意中國方面，亦承認蘇聯在此有特別關係，故經濟合作，亦應以蘇聯為要。史謂東三省係中國領土，何必採取門戶開放。

據傅秉常之記述，會談於十時三刻結束。史對談論各問題時，態度神情均甚好。總之，史不能答應勸告中共，自係不能直

接承認與中共有密切之關係。但傅與經國均相信其必勸告之，經
國表示十分滿意。[67]

1月14日，蔣經國自莫斯科返抵重慶，即向蔣介石面陳與史達林
兩次晤談情形，陳明史達林「藐視」對中蘇兩國及國共兩黨和平共存
之願望；但亦聲稱贊成中、美、蘇三國合作；惟反對中國採取門戶開
放政策，更反對第三者（按：實指美國）進入東北；力勸中國採取獨
立政策；史達林並擬邀請蔣介石訪莫斯科，或在中蘇邊界適當地點相
晤之意。蔣自記曰：「史大林邀經國訪蘇（按：係中方要求），其目
的全在於此；乃決定婉謝蘇聯邀請。」[68]蔣在其〈反省錄〉則記：

> 經兒方自俄歸來，詳報史大林之意見與態度，彼（史）對余
> （蔣）所提東北門戶開放主義，與中、美、蘇三國合作問題，口
> 頭當不能拒絕而勉強應之；但其內心裡之不樂意，概可想見。[69]

與此同時，東北的接收工作，亦進入順利階段，雙方洽定蘇軍延
至1946年2月1日前自東北撤退，中國接收人員即於12月22日接收
長春市，27日接收瀋陽市，1946年元旦起，相繼接收了哈爾濱市、
遼北、松江、嫩江等省市。瀋、長、哈三市之中央銀行分行，並於接
收市政府同日開業。在軍事方面，1月12日接防新民，15日進駐瀋陽
鐵西區。[70]

---

67 傅秉常，《傅秉常日記》（臺北：中央研究院近代史研究所，民國103年），民
　　國34年12月30日。第三冊，頁243-245。
68 《大事長編》，民國35年1月14日。卷六，上冊，頁14-15。
69 《蔣介石日記》，民國35年1月19日「上星期反省錄」。
70 〈我駐蘇軍軍事代表團團長董彥平報告書〉，民國35年7月12日。《戰後中國》
　　（一），頁220。

軍事方面，蔣以為自東北行營撤退以後，如期攻占山海關，而錦州要點與葫蘆島要港，亦同時收復。北平日軍亦已如期繳械。共軍毀路襲擊之行動益形激進，但其歸綏、包頭受挫，氣勢已衰，不能復為我大害矣。[71]

中共方面的態度，亦非如過去之強硬，迨政府代表王世杰等與周恩來等續商停止軍事衝突時，周等即提議無條件停戰。蓋中共此時軍事迭受挫折，政府軍又正向熱河前進，彼等亟需停戰故也。[72] 對其在東北方面的軍事部署，亦作改變，放棄了「獨占東北」的企圖。中共中央於1945年12月7日指示其東北局說：

> 我們企圖獨占東北，特別是獨占東北一切大城市，已經是肯定的不可能。因為蘇聯為了照顧與美國的關係，不能完全拒絕蔣軍進入東北，和接收大城市；我們亦不能完全阻止蔣軍進入東北。……因此，我們目前不應以爭奪瀋陽、長春為目標，來布置一切工作，而應以控制長春兩側地區，建立根據地。

對國民黨方面之談判，中共的態度是：

> 東北問題或許有和平解決的可能，國民黨已知它接收東北的困難，表示願與我談判東北問題。如蘇聯能加以幫助，長春、瀋陽、哈爾濱或有我、蔣共同駐兵之可能；如蔣能再答應省、縣政府民選，東北工業和資源不用於內戰等條件，我亦可與蔣妥協。[73]

---

71 《事略稿本》（63），民國34年11月30日「本月反省錄」。頁714-715。
72 《王世杰日記》，民國34年12月28日及35年1月1日。第五冊，頁236、239。
73 〈中央關於東北工作方針與任務給東北局的指示〉，1945年12月7日。《中共文件》，第十五冊，頁465-466。

東北行營經委會主委張嘉璈，亦在重慶與中共代表董必武談東北問題，中共中央得知後，即指示董及王若飛說：蘇軍拒美軍入東北，有利我方談判，張找董老是必然的結果。我應就此時機，再開談判，並開政協會議。望復張嘉璈並告王世杰、邵力子，同意就國民黨軍駐長春、瀋陽問題，進行協商。[74]

蘇聯及中共的態度由硬變軟，而國方及蔣之態度，則似由軟變硬。據軍令部長徐永昌於12月16日向蔣簽呈，說杜聿明（東北保安司令長官）11月28日的來電，請調十個軍進入東北，於一個半月內控制全面，三個月肅清散匪。完成綏靖後，再由東北抽出三至五個軍，轉用於熱、察等情。經中美小組研究，認為收復東北，必先鞏固熱、察兩省。可能用於東北九省之兵力，最大限度為五個軍（第十三、五十二、九十四、五、新一軍）。擬以第十三軍、第五十二軍、第九十四軍，先控制長春以南各交通線。俟第五軍、新一軍全部到達後，再向前延伸接收。東北範圍至廣，全面接收以後，勢將不能兼顧熱、察。蔣的批示是：

> 照原擬計劃，應以新六軍改任新一軍原任務，待新六軍運到葫蘆島後，即以該軍全部向瀋陽、四平街、長春、哈爾濱推進。而現駐錦州及其以西地區三個軍，應以一個軍任天津經錦州至瀋陽交通線護路，其他二個軍先用全力收復承德、多倫、赤峰可也。[75]

與此同時，延安方面即組成中共代表團，派出周恩來、董必武、

74 《周恩來年譜》，1945年12月1日。頁628。
75 《事略稿本》（64），民國34年12月16日。頁154-156。

王若飛、陸定一、葉劍英、吳玉章、鄧穎超為代表，負責談判和出席政治協商會議，以重慶會談之《雙十紀要》共方提案為基本價碼，進行「邊打邊談」的談判。目前應以政治協商會議為主要講壇，輔以國共的幕後商談。周等於12月16日抵達重慶，18日，周向記者表示：「國民政府代表中國去接收東北主權，這是應當的；但是如何建設東北，卻是內政問題，不能混為一談。」國共談判即於12月27日恢復，國方代表為王世杰、張群、邵力子。共方代表為周恩來、王若飛。周等即提出無條件全面停戰的議案。[76]

　　據王世杰記述：「與周恩來等續商停止衝突事，彼等提議無條件停戰。蓋近來軍事於彼不利，故其態度稍轉變。予（王）與岳軍（張群）今（28）日力請蔣先生，決定以同意停止軍事衝突及恢復交通之語復之。」[77]

　　看此情勢，國共和解，似有轉機。此為「先安關內，再圖關外」之策，漸趨效果也。就整體而言，由於此策之實施，關外緩和了中蘇關係，東北接收問題，已漸好轉有望。關內亦趨安定，包頭、歸綏完全解圍，大同亦得確保，此為轉危為安之一大關鍵。[78]

　　由此觀之，蔣之「先安關內，再圖關外」之策，不失為「一盤好棋」。但由於美國之干預，馬歇爾來華調停，助蔣「先圖關外」，放棄了「先安關內」。結果關外既未圖成，關內更不能安。這盤「好棋」，卻攪成「歹棋」了。

76　《周恩來年譜》，1945年12月5日、18日、27日。頁629、631、632。
77　《王世杰日記》，民國34年12月28日。第五冊，頁236。
78　《事略稿本》（64），民國34年12月31日「本月反省錄」。頁268。

第三章

美馬調停，三大協議

一、美國馬歇爾來華調停

美國之出面干預國共問題，是其總統杜魯門於 1945 年 12 月 15 日發表對華政策聲明，要點為：

1. 中國國民政府與中共及其他部隊之間，應協商停止敵對行動。
2. 召開全國政黨代表會議，以解決內爭，促成中國之統一。
3. 當此種方針向和平前進之際，則美國政府在合理條件下，對中國所提出之貸款，予以考慮。[1]

為執行上項政策，特派馬歇爾將軍為特使，赴華調停國共爭端。馬是接替原駐華大使赫爾利之職務。此一變動，早在 11 月 28 日

---

1 〈杜魯門總統關於美國對中國政策之聲明〉，1945 年 12 月 15 日。《戰後中國》（三），頁 48-50。

蔣閱報得悉赫氏突然辭職，而由馬氏繼任。蔣至失望，認為「赫爾利突然辭職，如失左右手，其繼任者為馬歇爾將軍，將來結果如何，尚不可知。」[2]足證美之此一措施，事先並未告知中國，徵求中國之意見也。

杜魯門之聲明，顯然有干涉中國內政之嫌。據駐美大使魏道明之了解，謂杜之聲明，原擬力求明朗；但其初稿經國務院簽註時，頗有增改，故其措詞不少含糊之處，語氣亦嫌有未當，所以應付內部也。至杜指示馬歇爾之方針，為支持國民政府，安定內部，中共武力，應併入國軍，調解黨的糾紛，中共參政，援助中國復興等。[3]

馬之使華，其對中國影響如何？此為蔣所深切關注之問題。據加拿大駐華大使歐德倫將軍（Victor W. Odlum）在美宣告馬之使華當日，密告陶希聖，陶即轉告蔣說：

> 馬歇爾將軍為史迪威將軍至友，赫爾利將軍於史氏被撤後使華，及魏德邁將軍繼任中國戰區參謀長，皆違馬氏之願。此次使華，其對國府與中共問題，必一變赫氏作法。[4]

駐美大使魏道明的報告，則甚樂觀，認為對政府有利。報告云：

> 昨（28）日杜總統召馬歇爾及國務卿（貝爾納斯〔James F.

<hr />

2　《事略稿本》（63），民國34年11月28日。頁674。

3　《事略稿本》（64），民國34年12月16日「華盛頓魏大使道明刪電」。頁151-152。

4　《事略稿本》（63），民國34年11月28日。頁675。梁敬錞，《馬歇爾奉使來華》，氏著《馬歇爾使華報告書箋註》（臺北：中央研究院近代史研究所編印，民國83年），附錄，頁652。

Byrnes〕）會談對我政策，並有李海上將在座，內容如下：杜總統對馬歇爾指示，謂美對我政策，須為百分之百支持鈞座（蔣）及我政府。國務卿表示：恐此立場難得輿論擁護，不易維持。總統謂：輿論有為製造者，君（貝）其指製造之輿論乎（指袒共宣傳）。今日美在世界，只有中國為最忠實之友，蘇俄現在威脅世界和平，而英則惟求自利，已改變合作態度。惟鈞座對美未違背諾言，在戰爭困難時期，且能拒絕敵人謀和引誘，尤為難得。總統謂：伊為單純平民出身，當可了解美人民之真情維護云。總統並以局勢嚴重，囑馬歇爾將軍即速啟程。[5]

蘇既袒共亂華，杜則表示「百分之百」支持蔣氏，蔣之唯美是從，乃為最有利之途徑也。因即電馬表示歡迎。[6]蔣對於美總統對華政策之聲明，認為「尚持大體，其不為共黨之妄念陰謀所算，自於我國有益也。乃約馬歇爾在南京相晤。」[7]

馬氏於12月18日到達上海，21日到南京與蔣會晤。蔣記兩人談話的結論如下：

1. 杜魯門總統援助我中央之意甚切，但其必須聽取議會與民眾之輿情。

2. 望我中央對中共愈謙，即於中央愈為有利，即杜之政策亦易實現。

---

5 《事略稿本》（63），民國34年11月29日。頁702-703。
6 《事略稿本》（63），民國34年11月30日。頁706。
7 《事略稿本》（64），民國34年12月18日。頁189。

3. 彼須先到渝，聽取中共意見後，方肯表示意見。極力採取客觀
　 態度，甚恐被人包圍。對中共不易就範之一點。特具戒心。[8]

國民黨CC首領陳立夫在此之前，認為：「國共間問題，宜直接
商諸蘇聯，反易解決。若由美國出面居間，使蘇面子過不去，徒增阻
礙。」[9]鑒於後來事實之印證，陳氏之言，不無先見之明。蔣之親美
而遠蘇的心理，似乎牢不可破。其對蔣經國赴莫斯科見史達林的任
務，由原來規定的商談中蘇關係之「根本問題」，[10]因馬歇爾之到
來，一變而為「在疏通感情，減少蘇聯對國民黨之疑慮，不作具體談
判。對於中共問題，說明蔣先生之政策與態度。」[11]

中共方面，對於杜魯門聲明的對華政策，亦認為對其有利。中共
中央指示各地區黨委說：

　　　美國已決定不直接參加中國內戰，不援助蔣介石武力統一中
　　國，而援助中國和平統一。所有美國政策的這些變動，對中國人
　　民要求和平民主的當前鬥爭，是有利的。[12]

此時周恩來等到重慶本來是準備參加政治協商會議的，正好「利
用杜魯門的聲明，在政治協商會議上，向國民黨展開和平攻勢，以配

---

8 《事略稿本》（64），民國34年12月23日「上星期反省錄」。頁221
9 陳立夫，《成敗之鑑》（臺北：正中書局，民國83年），頁343。並見〈我與馬
　 歇爾將軍〉，《戰後中國》（三），頁277。
10 《王世杰日記》，民國34年11月3日。第五冊，頁207。
11 《王世杰日記》，民國34年12月24日。第五冊，頁234。
12 中共〈中央關於美國對華政策的變動和我黨對策的指示〉，1945年12月19日。
　 《中共文件》，第十五冊，頁494。

合解放區的自衛鬥爭。」[13]這是說：中共要以美馬制蔣了。

在馬歇爾於12月23日於重慶接見中共代表周恩來等人時，周對馬氏的態度，可謂極盡迎合之能事，說美國有許多地方，值得他們學習：1.華盛頓時代的民族獨立精神。2.林肯的民有、民治、民享和羅斯福的四大自由（言論、宗教、擺脫貧困、擺脫恐懼的自由）。3.美國的農業改革和國家工業化。[14]其後，周更向馬表示：「中共有親美而疏俄之意」。蔣以為「此中必有陰謀也」。[15]

據馬歇爾說：他和幕僚見到態度輕鬆、風度翩翩、世故而又謙虛的周恩來，周一如往常，立刻與這群美國人打成一片。周猛灌老美迷湯，表示中國應向美國學習民主、農業改革和工業化。馬歇爾對周這套說詞，毫無懷疑之意。[16]

二、停戰協議馬助蔣介石先圖關外

由於美之對華政策及馬氏的來華，受到國共雙方歡迎，故其調解工作至為順利，僅及兩個月的時間，即達成三大協議：軍事停戰、政治協商、整軍方案。但亦不到一個月的時間，這三大協議，也就形同具文。而且軍事停戰和政治協商兩個協議，更造成國民黨不利的影響。

馬氏調處的首先工作，即為軍事停戰，12月27日，提出實現停

13 中共〈中央關於美國對華政策的變動和我黨對策的指示〉。《中共文件》，第十五冊，頁494。

14 《周恩來年譜》，1945年12月22日。頁632。

15 《大事長編》，民國35年2月2日。卷六，上冊，頁38。

16 陶涵（Jay Taylor）著，林添貴譯，《蔣介石與現代中國的奮鬥》（臺北：時報文化出版公司，2010年），下卷，頁439。

戰之軍事調處方案，其首要兩項是：「第一，一切敵對行動之安排，立即停止。第二，中國內部及東北境內所有軍隊，立即停止調動；但為收復東北主權，政府軍向東北之調動，不在此限。」為協商細節，國方代表張群、共方代表周恩來與馬歇爾，隨即組成三人小組，負責進行商討。[17]

由此提案，可見馬氏有意插手東北問題。周恩來對馬氏的提案表示同意，認為我們承認東北問題的特殊性，因為它關係到政府接收東北的主權，牽連到美國協助中國經海路運兵到東北境內，應由國民政府直接與美國辦理，中共不參與其事。馬表示：將可以運兵去東北的內容，從命令和聲明的正文中刪去，而作為「會議記錄」單列。[18]

停戰協議雖已達成原則，然停戰命令之內容，尚待續商，其爭執之點在熱河，時國軍距赤峰、多倫甚近，數日後可占領。中共亦以此故，而亟願停戰。蔣囑王世杰向馬歇爾力述熱河之重要，必須與滿洲同等辦法。馬亦諒解，惟關鍵在中共之接受與否。[19]周恩來說：現在赤峰、多倫已由中共接收。馬提議暫時不討論這個問題。[20]王世杰勸蔣讓步，以示政府之寬大，且以堅定中共對馬之信任。最後，蔣接受馬歇爾之請，與中共成立停戰命令之協議（赤峰、多倫兩城留待以後解決）。[21]

依此情況看來，蔣與馬歇爾對共方之堅持，極盡遷就，深懼談判

---

17 《大事長編》，民國34年12月27日。第五卷，下冊，頁909-910。

18 《周恩來年譜》，1946年1月5日。頁635。

19 《王世杰日記》，民國35年1月6日。第五冊，頁244-245。

20 《周恩來年譜》，1946年1月7日。頁635。

21 《王世杰日記》，民國35年1月9日、10日。第五冊，頁247。

不攏也。

　　1946年1月10日，蔣以國民政府軍事委員會委員長的名義，下達停戰命令，其中規定：「一切戰鬥行動立即停止」，但其附註中的規定：「對國民政府軍隊為恢復中國主權而開入東北九省或在九省境內調動，並不影響。」並規定該命令「自即日起開始實行，遲至本月13日下午十二時止，務必在各地完全實施。」[22]

　　為執行上項命令，成立軍事調處執行部於北平，該部由委員三人組成之，代表國、共、美三方面，國方為鄭介民，共方為葉劍英，美方為饒伯森（Walter S. Robertson）。所有必要訓令及命令，應由三委員一致同意，以國民政府主席名義，經軍事調處執行部發布之。[23]

　　此項協議，對中共而言，卻是利多。周恩來說：

　　　　蔣在被逼下把戰爭暫時停下來了。在當時的協議中，不允許雙方軍隊移動，假使蔣不動，他的大部分軍隊還在西南，華北不多，的確打不起……大仗。所以當時我們簽了字。……我黨在當時也需要停戰整頓，特別是在東北。……所以當時黨簽訂停戰協議是對的。[24]

　　國方也認為有利，王世杰對蔣介石說：

22　〈蔣委員長致各部隊將領下達停戰令〉，民國35年1月10日。《戰後中國》（三），頁69-70。

23　〈蔣主席及軍調部致國共各部停戰令〉，民國35年1月10日。《戰後中國》（三），頁70。

24　周恩來，〈一年來的談判及前途〉，1946年12月18日。《談判文選》，頁705-706。

美國之政策，在鞏固我政府在東北之地位。停戰協議成立後，美政府如以助我運軍，或以復興借款予我，較為自由。日俘遣送與受降等工作，可由停戰及恢復交通而完成。故我宜斷然接受美方提議（略予修正），以加強政府之國際地位與自身力量。[25]

實際上，共方對於停戰協議，頗持懷疑態度，即在停戰令生效之日（1月13日），中共中央宣傳部通知各地黨委及部隊，要他們「不要幻想他（蔣）會改變消滅解放區、八路軍、新四軍與共產黨的企圖」。[26]

於此可見馬氏主導的停戰協議，不可能有效執行也。

根據副參謀總長白崇禧於2月24日，到北平向華北方面負責人李宗仁、孫連仲等傳達整軍方案時，經彼等研究，就共軍在華北及東北之實際情況，認為停戰前途，毫無把握。因為自停戰後，中共兵力多集中交通線附近，目前隴海、膠濟、津浦、平漢、平綏、正太、同蒲各路，均被切斷，並加緊對各大小城市緊縮包圍與糧食封鎖。整個華北，遍伏危機。同時蘇軍正助中共在東北發展，恐因東北問題，將使整個停戰為不可能。中共近派部隊取得蘇聯武器，充實戰力。此刻華北共軍，正加強徵集壯丁，整頓部隊；並大量以徒手兵向東北轉移。根據以上情形，停戰前途，毫無把握。[27]

25　《王世杰日記》，民國35年1月5日。第五冊，頁243。

26　中共〈中央宣傳部關於停戰後的宣傳方針的通知〉，1946年1月13日。《中共文件》，第十六冊，頁21。

27　〈白副總長蒞平傳達蔣諭及整軍方案〉，《事略稿本》（64），民國35年2月24日。頁663-665。

停戰協議及命令，關內停戰，關外增兵，國府原計劃在關外使用五個軍，除三個軍（第十三、五十二、九十四軍）已調至關外外，現又增加七個軍，即新一、新六、第七十一、六十、九十三、五十四、九十九軍。新一、新六、第七十一軍，在1946年3月間已運至關外，其餘四個軍亦在陸續運輸中。[28]

以上十個軍之中，尤以新一、新六、第七十一軍，完全是美械裝備和訓練，是中國最精銳的部隊，均由美艦運至東北，在其後方的津沽地區，更有美軍為後盾。顯示美國的勢力已介入東北。而東北蘇俄紅軍之反響，亦至猛烈。國府接收東北之逆轉，立即發生。鞍山中共軍萬人之戰鬥，起於停戰令生效之日（1月13日），營口共軍八千，鏖戰相繼發生，瀋陽接收，亦因之延期。16日，接收撫順煤礦之經濟特派員張莘夫和技師一行八人之被害，皆為東北蘇軍之反響也。[29]

由於此一停戰協議，使蔣氏「先安關內，再圖關外」之策，倒轉為「先圖關外」，擴大了美、蘇之間的矛盾，即如蔣氏所云：「東北俄軍逾期不撤，並發表聲明，藉詞與駐華美軍同時撤退。乃已不惜與美國公開為敵矣。」[30]

東北蘇軍更鼓勵中共軍「放手大打」。[31]致使停戰協議為之失

28　〈軍事委員會副參謀總長白崇禧有關東北接收情形報告〉，民國35年4月1日。《戰後中國》（一），頁216。

29　梁敬錞，《馬歇爾使華報告書箋註》，頁101-102。原據資料：董彥平，《蘇俄據東北》。共軍攻陷營口（1月18日）時，且有俄軍官之掩護。見《事略稿本》（64），頁404。

30　《事略稿本》（64），民國35年2月28日「本月反省錄」。頁696。

31　楊奎松，《國民黨的聯共與反共》（北京：社會科學文獻出版社，2008年），頁618。

效。關外既未圖成，關內更不能安。關外關內，均成戰場。最後導致
國民黨的全面潰敗，進入東北三十萬之精銳，全軍覆沒。蔣在事後一
再反悔誤信馬歇爾的主張。1951年，蔣在臺灣有兩則《日記》記道：

1. 1951年8月7日的《日記》：

本日重閱34年（1945）11月15日（按：應為16日）講詞
（按：指〈勦匪戰術之研究與高級將領應有之認識〉，至東北問
題一節，極感為何當時不依此原定方針，貫徹到底。而後竟為依
賴外交，誤信馬歇爾之主張與態度，將最精華各軍開入東北。以
致捨本逐末，無法挽救矣。[32]

2. 1951年10月25日的《日記》：

如果我於34年11月決定撤回長春行營以後，明知自力不足，
不能接收東北之政策，不因以後美國助運我軍接收東北，以為可
恃，而堅拒接收，一任俄國之霸占，將我國軍全力先行肅清關內之
共匪，則決不如今日之失敗。此乃依賴外力，轉變政策，決心不堅
之報應。一著失，則全盤皆敗矣。[33]

事實上，蔣氏早在1948年10月2日遼瀋戰役前夕，目睹東北之
殘敗，即已埋怨馬歇爾造成之錯誤。其自記曰：

東北今日殘敗至此，皆由馬歇爾一手造成之，因以大兵進駐
東北，遂致關內整個戰局，調遣失靈，為匪所困，而陷於如此之

---

32 《大事長編》，民國40年8月7日。卷十，頁244。
33 《大事長編》，民國40年10月25日。卷十，頁317。

危境。回首往事，誠不堪設想矣！顧余亦自愧胸無成竹，不能自主國家大政，竟為外交所牽累，而受制於人。[34]

平情而論，完全歸咎馬氏，亦非公允。增兵關外，要求美艦運送，乃蔣氏之主動也。

三、政治協商結果國共反應不同

（一）中共在政協中的加碼

政治協商會議從1946年1月10日到31日在重慶舉行，為期二十一天，通過五大決議案：第一，擴大政府組織問題。第二，和平建國綱領。第三，關於軍事問題。第四，關於國民大會問題。第五，關於憲法草案。

政協五大議案之通過，中共認為：「是由於三國（美、蘇、英）莫斯科會議的決定，及對中國實行干涉（原注：以馬歇爾為代表），我們黨的強大存在，與四個月來的堅決自衛鬥爭。」[35]

政治協商會議之由來，是在重慶會談時，毛澤東提議：「由蔣主席約集其他黨派人士及無黨派者若干人（原注：名額及人選可由蔣主席酌定），與政府及中共代表開一會議，以極短之時間，通過政府與中共所商談之結果。此一會議，即可名為政治會議。」[36]

---

34 《事略稿本》（77），民國37年10月3日。頁20-21。
35 中共〈中央關於目前形勢與任務的指示〉，1946年2月1日。《中共文件》，第十六冊，頁63。
36 〈政府代表王世杰與毛澤東談話紀錄〉，民國34年9月2日。《戰後中國》（二），頁32。

　　在共方提出的談判要點中說明：「政治會議即黨派協商會議，以各黨派代表及若干無黨派人士組織之。」[37]

　　蔣介石指示的談判要點為：「擬改組國防最高委員會為政治會議，由各黨派人士參加，共同參與政治。」[38]

　　在國共談判時，中共代表周恩來復對黨派協商會議有所解釋。政府代表張治中則認為「此次會議可稱為政治協商會議，不必稱為黨派會議。」[39]眾無異議。故在《會談紀要》中，確定為政治協商會議。[40]

　　政治協商會議實為重慶會談之延續，所不同的，重慶會談由國共代表直接談判，並有蔣、毛多次直接面談。更大的不同，重慶會談共方要求較低，只要魯、冀、熱、察四省、山西一半與陝甘寧邊區的地盤，國方絕不答應。[41]政協中共的要求條件，遠超過重慶會談，國方作了更多的讓步。蔣介石說：「政治協商會議中所決議各事，其實皆已逾越其（中共）所希冀者矣。」[42]

　　政協由各黨派及無黨派（社會賢達）代表三十八人組成之，即國民黨八人，中共七人，青年黨五人，民主同盟中之各派九人，無黨派（社會賢達）九人。並有馬歇爾之強力主導，以及民盟代表為中共助

37　〈中共代表周恩來王若飛提出之談判要點〉，民國34年9月3日。《戰後中國》（二），頁40。

38　〈蔣主席指示對中共談判要點〉，民國34年9月4日。《戰後中國》（二），頁45。

39　重慶會談第三次談話紀錄，民國34年9月10日。《戰後中國》（二），頁63。

40　〈政府與中共代表會談紀要〉，民國34年10月10日。《戰後中國》（二），頁98。

41　周恩來，〈談判使黨贏得了人心〉，1946年11月21日。《談判文選》，頁696。

42　《大事長編》，民國35年1月31日。卷六，上冊，頁32。

陣。重慶會談獲致協議部分，則由政協做出具體辦法，未獲協議部分，則由政協商定妥協辦法。所以共方對政協結果，大為滿意。

　　中共在政協中的加碼，最重要者，即為聯合政府問題。此問題在重慶會談時，周恩來曾經表示：「召開黨派會議產生聯合政府，國民黨既認為有推翻政府之顧慮，故我等此次根本未提黨派會議。」[43]但中共在政協會議中所提出的《和平建國綱領草案》，從中央到地方省、市、縣，都要改組成聯合政府。在中央機構中，卻將國民黨打成少數黨。規定「全國各抗日民主黨派及無黨派民主人士，參加的舉國一致的臨時聯合政府。」而「多數黨（按：指國民黨）在政府主要職位中所占的名額，不得超過三分之一。」至於地方，「收復區的各級地方政府，應與當地各抗日黨派及無黨派民主人士協商，先成立臨時的民主聯合的省、市、縣政府。」[44]

　　這是中共「利用杜魯門的聲明（對華政策），在政治協商會議上，向國民黨展開和平政治攻勢，以配合解放區的自衛鬥爭。」[45]中共中央指示其代表團說：「改組政府，必須堅持不低於杜魯門聲明與三國公報的水平。」[46]

　　馬歇爾更向蔣介石提交一份親手擬定的《中華民國臨時政府組織法》（草案），建議撤銷國防最高委員會，代以臨時國府委員會，由

43　重慶會談第一次談話紀錄，民國34年9月4日。《戰後中國》（二），頁47。
44　〈中國共產黨代表團提出和平建國綱領草案〉，民國35年1月16日。《戰後中國》（二），頁166-167。
45　中共〈中央關於美國對華政策的變動和我黨對策的指示〉，1945年12月19日。《中共文件》，第十五冊，頁494。
46　楊奎松，《中間地帶的革命》，頁490。原據資料：〈中共中央關於我在政協鬥爭中之方針原則的指示〉，1946年1月16日。

蔣指定二十人組成，其中九人為國民黨，六人為共產黨，民盟、青年黨各一人，無黨派三人。蔣可指定各院院長、各部會首長，但百分之五十為國民黨人，百分之三十為共產黨人，百分之二十由其他黨派及無黨派人士充任。各省主席及各特別市市長，蔣須由國共兩黨組成的特別委員會，提出的人選中指定之。[47]

蔣對馬歇爾的建議，記其所感曰：「此為共黨所不敢提者。」又記：

> 政治協商會議中，共黨蠻橫，強詞奪理，而馬歇爾對我國國情隔閡異甚，美使館新聞處長費正清（John King Fairbank）又左袒共黨，甚有重演前年史迪威不幸事件之可能。[48]

（二）分贓式的聯合政府和國大代表

關於改組政府及國民大會個問題，爭論至多。據參與政協的政府代表孫科之報告，依照蔣的指示，在結束訓政之前，擴大政府組織，容納各黨派、社會賢達參加。辦法是：第一，擴大國民政府委員會，行使現在國防最高委員會職權。第二，改組行政院，增設政務委員，可以不管部。青年黨也提出了政府改組案，主張撤銷國防會議，恢復

---

47 楊奎松，《中間地帶的革命》，頁490。原據資料：FRUS, 1946, Vol, 9, pp. 139-141。惟《大事長編》節錄馬歇爾所提「臨時政府組織法」建議案無具體人數，僅記「在其他行政人員未曾確定之地區，國務委員會應成立一小組委員會，二人代表國民黨，二人代表共產黨，以選拔上舉地區之臨時行政人員」。卷六，上冊，頁25。

48 《大事長編》，民國35年1月22日、23日。卷六，上冊，頁24-26。

中央政治會議，由各黨派推出委員。國方堅決反對，而主張容納各黨派參加政府組織，國府委員由主席提請選任之。青年黨不同意。最後商定不明白寫出，法定程序不能變更。

改組國府委員會的最大困難，是名額分配問題，國方提議四十八人，即照原來三十六人加三分之一。商量了幾天沒有結果，幾成僵局。蔣指示另成立綜合小組，由吳鐵城、王世杰參加，孫科代表蔣。在小組上孫問共產黨的意見，共方說：國民黨占絕對多數，不可能；相對多數是可以的。孫問周恩來何謂絕對多數？何謂相對多數？周說過半數是絕對多數，什麼事都由國民黨決定，他們參加做什麼。孫說三三制，國民黨三分之一，是絕對少數了，非過半數不可。[49] 後來國方表示讓步，在國府委員會中，只要求半數名額；行政院及立法、監察兩院，均得容納黨外人士。[50] 中共同意國民黨的半數。決議方式，普通議案過半數通過，重要議案須三分之二通過。[51]

依照協議，國民政府委員會委員為四十名，其名額的分配，國民黨二十名，其他各黨派二十名。中共建議各黨派的二十名中，共黨應占十名。無黨派人士建議以八、四、四、四分配之（共產黨八、青年黨四、民主同盟四、無黨派四）。中共聲稱共黨與民盟必須十四名，藉以獲得必需之否決權。國民黨建議修改條款，以十二票即可否決。如此則共黨八、民盟四，當可接受。[52] 其後中共中央決定以毛澤東等

---

49 〈孫科報告政協各分組委員會商談情形〉，民國35年1月28日。《戰後中國》（二），頁213-214。
50 《王世杰日記》，民國35年1月23日。第五冊，頁254。
51 〈孫科報告政協各分組委員會商談情形〉，《戰後中國》（二），頁214。
52 〈國民黨中宣部致馬歇爾備忘錄〉，1946年4月23日。《戰後中國》（三），頁117-118。

八人參加國府委員會，以周恩來等四人分任行政院副院長、兩部部長及不管部。[53] 顯然是接受了八名的分配。

以上是關於擴大政府組織問題。至於其他四案，也經由分組協商，獲致協議。四案中的和平建國綱領，其內容包羅廣泛，似為戰後中國繪製一幅美好的「和平統一」藍圖。該案是由共產黨提了一個建國綱領草案，青年黨也有許多意見，舉行了八次會議，始完全解決。分為九項，五十多條。[54] 例如中共代表團提出的《和平建國綱領》（草案）中的「以和平、民主、團結、統一為基礎，在蔣主席領導下，迅速結束訓政，實施憲政，徹底實行三民主義，建設獨立、自由和富強的新中國。」以及「蔣主席所倡導之政治民主化、軍隊國家化及黨派平等合法，為達到和平建國必由之途徑。」在政協通過的《和平建國綱領》中的〈總則〉各條，幾乎照錄中共提案的原文。至其內容，則有爭議。例如共方在其綱領草案中提出的「聯合的國民政府」、「地方性的民主聯合的省政府」、「軍隊屬於人民之武力」等，在正式通過的綱領中，則有修正。[55] 而青年黨所主張的軍民分治、軍黨分立。[56] 則為正式綱領所採納。

關於軍事問題，政協會議決定四項：第一，建軍原則。第二，整軍原則。第三，實行以政治軍辦法。第四，實施整編辦法。[57] 其後因

---

53 《毛澤東年譜》，1946年2月6日。下卷，頁56。並見《周恩來年譜》，頁643。
54 〈孫科報告政協各分組委員會商談情形〉，《戰後中國》（二），頁214。
55 〈中國共產黨代表團提和平建國綱領草案〉，民國35年1月16日。《戰後中國》（二），頁165-167。
56 〈中國青年黨代表團提出和平建國綱領草案〉，民國35年1月。《戰後中國》（二），頁172-173。
57 〈孫科報告政協各分組委員會商談情形〉，《戰後中國》（二），頁214。

有整軍方案之成立，在政協會議中討論不多。

　　關於國民大會問題，最大的困難是國大代表問題，國民黨以外的各黨派，對於過去（抗戰前）選出的國大代表，認為時間太長，是一黨包辦，不能代表選民，堅持重選。爭執很久。當國方代表提議「五五」（5月5日）召開國民大會，制定憲法完畢，這一屆就解散的辦法以後，爭吵得使會議幾乎無法進行。後來共方表示：如果別組的問題都解決了，這組也可以讓步。折衷的辦法是國民黨自動放棄當然代表二百四十人，另外增加二分之一，共為一千八百名，除了已選出的一千二百名外，六百名的分配：國民黨二百三十名，各黨派三百七十名。[58]但仍有爭執，最後的解決是：已選出的一千二百名照舊，臺灣、東北新增一百五十名，增加各黨派及社會賢達七百名，總計為二千零五十名。[59]各黨派及社會賢達七百名的分配為：國民黨二百三十名，共產黨二百名，青年黨一百名，民主同盟一百名，社會賢達七十名。[60]

　　如此的分配，與會代表胡霖（胡政之，無黨派，《大公報》經理）在會議中指出：「各社會人士對吾人有分贓之感覺。」[61]

（三）憲草架空蔣介石的權力

　　關於憲法草案，該組舉行過四次會議，對於修改憲草原則，最大的變更，是國民大會由有形變為無形。認為有形國大發生一個問題，

---

58 〈孫科報告政協各分組委員會商談情形〉，《戰後中國》（二），頁214。
59 〈政治協商會議協議事項〉，民國35年2月1日。《戰後中國》（二），頁239。
60 〈政治協商會議協議事項〉，《戰後中國》（二），頁243。
61 〈政協第八次會議簡述〉，《戰後中國》（二），頁203。

即在閉會期間，如有常設機關，便妨礙立法院。根據孫中山遺教，四權的行使，屬於全體國民，由於地方自治不健全，選民直接選舉非常困難，所以規定在未能舉行總投票前，由地方議會、中央議會代行使選舉權，至於罷免、創制、複決權，也用同樣的辦法。立法委員由選民直接選舉，職權相當民主國家下議院。行政院院長由總統提請立法院同意後任命之，對立法院負責，相當於內閣制。[62]

這樣，總統便成為國家虛位元首了。顯然是針對蔣介石而來。

憲草原則關於地方制度，省為地方自治最高單位，省長民選，省得制定省憲。[63]這是為了解決中共的解放區問題，保障其地盤。

此一憲草原則之協議，認定國民大會為選民團體，不必集會，採用英國式之責任內閣制，並主張省得制省憲。前二者為張君勱（民盟）等所提議，中共所贊同；後者則為中共自為地步之主張。[64]實際則為架空蔣介石的權力及承認中共的解放區。

國民大會問題，是這次政協會議中爭論最大的，直至1月31日下午一時，始獲各方協議，會議乃告結束。[65]這是國民黨在其他黨派的逼脅下，屢作讓步之故。而是希望國民大會能夠順利開成，並使共軍改編為國軍，此乃讓步之代價也。[66]但以後共軍既未接受改編，中共亦拒絕參加國大。

62　〈孫科報告政協各分組委員會商談情形〉，《戰後中國》（二），頁215。
63　〈政治協商會議協議事項〉，《戰後中國》（二），頁241。
64　〈王世杰日記〉，民國35年2月10日。第五冊，頁266。
65　〈王世杰日記〉，民國35年1月31日。第五冊，頁259。
66　〈王世杰日記〉，民國35年1月30日、2月3日。第五冊，頁259、263。

（四）政協結果國共反應不同

政治協商會議所決議的各案，從文字上來看，似為戰後中國繪出一幅美好的「和平統一」的建國藍圖，各方亦寄予肯定和期望。例如與會的無黨派代表邵從恩說：「倘吾人本於會議能決定和平建國方案，促成團結統一，則此次戰爭，乃可謂為和平統一而戰。」[67]國方政協代表孫科說：

> 中國八年抗戰，始贏得今日的勝利；經過長期協商，始贏得今日的和平統一，可以說是無數先烈的鮮血，和舉國同胞無數生命財產，所換來的結晶。[68]

中共認為政協的決議，是他們「偉大的勝利」，其中央通告各地區黨委及軍政首長說：

> 由於這些決議的成立及其實施，國民黨一黨獨裁制度即開始破壞，在全國範圍內開始了國家民主化。這就將鞏固國內和平，使我們黨及我黨所創立的軍隊和解放區，走上合法化。這是中國民主革命一次偉大的勝利。[69]

周恩來認為：政協就是黨派會議，它承認了聯合政府。照政協的決議改組的政府，就是聯合政府。正是實現了毛澤東《論聯合政府》

---

67 〈政協第三次會議簡述〉，《戰後中國》（二），頁138。

68 〈孫科對國民黨六屆二中全會有關政協會議之報告〉，民國35年3月7日。《戰後中國》（二），頁259。

69 中共〈中央關於目前形勢與任務的指示〉，1946年2月1日。《中共文件》，第十六冊，頁62。

的路線。[70]

周也向馬歇爾轉達毛澤東對馬的謝意，感謝馬為促進停止內戰所做的努力。表示中共願意和美國合作，學習美國的民主和科學，要使中國能建成一個獨立自由富強的國家。[71]毛也公開宣稱：

> 中國走上民主舞台的步驟，已經部署完成，其間馬歇爾特使促成中國停止內戰，推進團結、和平與民主，其功殊不可沒。[72]

馬歇爾認為：「政協會議所獲之協議，為一可賦於中國和平與復興基礎之自由主義，與高瞻遠矚之憲章。」[73]惜此「憲章」，迅即化為泡影，海市蜃樓而已。

政協會議之結果，在國民黨內部引起極大之震撼，其中尤以憲草原則為嚴重。當參與政協的代表王世杰將該案向國民黨中常會提出表決接受時，谷正綱反對甚烈，而且氣憤的至於流淚。[74]在2月4日的國民黨中央委員談話會中，出席發言之委員大多為黨中之CC系，均反對政協會議之結果，而尤攻擊憲草案。[75]

反對之聲勢，幾乎形成國民黨分裂之危機，據陳布雷向蔣報告：

> 本（國民）黨自政協會議以後，同志之間或則憤激過度，或則消沉已極，或則觀望風色另求出路，或則積年怨望急求發泄，

---

70 周恩來，〈一年來的談判及前途〉，1946年12月18日。《談判文選》，頁706。

71 《周恩來年譜》，1946年1月31日。頁641。

72 《毛澤東年譜》，1946年2月9日。下卷，頁56。

73 〈馬歇爾特使離華發表對中國局勢之聲明〉，1947年1月7日。《戰後中國》（三），頁265。

74 《王世杰日記》，民國35年1月31日。第五冊，頁260。

75 《王世杰日記》，民國35年2月4日。第五冊，頁263。

彼一會議，此一會議，其狀況至為複雜。

　　從前黨員中雖或有不滿於接近領袖之幹部，而萬事均可得領袖一言以為定，今則已漸漸於不知不覺中脫離此一分際。此一趨勢之發展，將促進離心趨勢，而有礙於統一之領導。[76]

　　在國民黨人積怨、憤怒的情緒下，中共為表示對政協協議之擁護，連日在延安及各地發動慶祝政協成功大會，此不啻火上加油。2月10日，一些左派民主人士郭沫若等，在重慶較場口召開大會，慶祝政協之成功，國民黨重慶市黨部主委方治（CC系）等，則發動群眾與之對抗，遂致引起互毆事件。[77]是為較場口事件。此亦觸動了毛澤東的好鬥神經，聲稱較場口事件以後，不要忘記了「黨歷來的路線」，就是「打倒法西斯殘餘勢力和資產階級中的反革命」。[78]

　　儘管國民黨一些人士反對之聲不絕，蔣介石在3月間的國民黨六屆二中全會中，對攻擊參加政協會議之黨內人士，嚴加斥責，謂彼等缺乏黨德。[79]更要求全會「信任其本人」，以全體起立表決的方式，通過了政治協商會議之決議。[80]

　　惟全會對政協決議的憲草原則作了重大修改：

1. 國民大會為有形之組織，行使四權。

2. 取消立法院之不信任權，及行政院提請解散立法院之權。

---

76 《事略稿本》（64），民國35年2月20日。頁646、648。

77 《王世杰日記》，民國35年2月11日。第五冊，頁267。《周恩來年譜》，1946年2月10日。頁644。

78 《毛澤東年譜》，1946年3月15日。下卷，頁61。

79 《王世杰日記》，民國35年3月11日。第五冊，頁284。

80 《王世杰日記》，民國35年3月16日。第五冊，頁287。

3. 取消省憲，改為省得制定自治法規。

全會又通過：

1. 將來國民大會開會時，本黨總裁除以國家元首之資格當然出席
   指導外，並應為本黨出席國民大會代表之一。

2. 國民政府委員，由國民政府主席提請中央執行委員會全體會議
   選任之；如各黨派人選在二中全會閉會前，不能提出名單，則
   由國民政府主席提請常務委員會選任之。[81]

這是對政治協商會議的大翻案，是予共產黨攻擊國民黨最有力的
把柄。

中共對政協結果既感滿意，其對黨內的指示：「我黨即將參加政
府。」[82]對於支持政協決議的國民黨人如蔣介石、孫科、王世杰、邵
力子及政學系等人，與之合作。反對CC復興系中的反民主分子。暫
時停止對國民黨的宣傳攻勢。[83]這雖然含有策略性的鬥爭，以分化國
民黨，但也有其正面的意義。

共方也推出毛澤東等八人參加國民政府委員會，及周恩來等四人
參加行政院。並批准了出席憲草審議委員會的名單。[84] 3月4日，馬
歇爾、張治中、周恩來三人軍事小組到延安考察，毛澤東與張治中交
談時，張說：「政府改組了，中共中央應該搬到南京去，您（毛）也

---

81 《大事長編》，民國35年3月16日。卷六，上冊，頁71-74。

82 中共〈中央關於目前形勢與任務的指示〉，1946年2月1日。《中共文件》，第
   十六冊，頁63。

83 中共〈中央關於爭取蔣介石國民黨至暫時停止宣傳攻勢的指示〉，1946年2月7
   日。《中共文件》，第十六冊，頁72。

84 《周恩來年譜》，1946年2月6日。頁643。

應該住到南京去。」毛回答說：「我們將來當然要到南京去。」[85]毛之回答，似非敷衍之詞。但其後不到十天，便發生了變化。

四、整軍方案中共另有「暗盤」

（一）紙上的方案

　　整軍方案的全稱是《關於軍隊整編及統編中共部隊為國軍之基本方案》。此方案是由軍事三人小組的國方代表張治中、共方代表周恩來及美方馬歇爾協議簽字後，於1946年2月25日公布之。要點是：國、共軍隊的數量為五與一之比，即國五共一。全國陸軍整編分為兩期：第一期在十二個月之內，編為一百零八個師，國方九十，共方十八。第二期在六個月內，縮編為六十個師，國方五十，共方一十。

　　第一期的一百零八個師（三十六個軍）配置如下：

　　東北：國方五個軍，共方一個軍，每軍三個師（下同）。計六個軍，十八個師。

　　西北：國方五個軍，共方無。

　　華北：國方三個軍，國共混合八個軍（分為四個集團軍，國共各二）。計十一個軍，三十三個師。（華北包括熱河、察哈爾、山西、山東、河北及陝北地區）

　　華中：國方九個軍，共方一個軍。計十個軍，三十個師。

　　華南（包括臺灣）：國方四個軍，共方無。

---

85 《毛澤東年譜》，1946年3月4日。下卷，頁58。並見《張治中回憶錄》，下冊，頁750。

第二期的六十個師（二十個軍）配置如下：

東北：國方四個軍，國共混合一個軍（國方二個師，共方一個師，國方任軍長）。計五個軍，十五個師。

西北：國方三個軍，共方無。

華北：國方二個軍，國共混合四個軍（其中三個軍國方各一個師，共方各二個師，共方任軍長。另一個軍國方二個師，共方一個師，國方任軍長）。

華中：國方三個軍，國共混合一個軍（國方一個師，共方二個師，共方任軍長）。

華南（包括臺灣）：國方二個軍，共方無。

各省得酌設保安部隊，其數額不得超過一萬五千人。[86]

（二）三人小組之會商

早在商討整編方案之前，馬歇爾即自動向蔣密商，對共黨軍隊處理問題，自願參加，主張共軍改編時，應與國軍混合編成，以免共軍割據地盤之顧慮。蔣以為彼果有此主張，則可信任其參加三人小組會議，使能負責調處。對共條件，應著重在軍隊統一與統轄於中央，而對政治方面，盡量開放為主。如馬歇爾能參加，則當信任之，交其主持。[87]

蔣既信任馬氏而交其主持，馬亦老實不客氣，大膽提出其建議方案，主張「陸海空軍共黨皆占三分之一之比例；尤以甘、陝、寧、

---

86 〈關於軍隊整編方案〉，民國35年2月25日。《戰後中國》（三），頁81-83。
　　並見《大事長編》，民國35年2月25日。卷六，上冊，頁56-58。
87 《事略稿本》（64），民國34年12月30日「記注意事項」。頁246-247。

綏、晉、豫民團，皆由國共各派二人共同處理。」蔣氏認為「謬誤殊甚」！乃約三人小組之國方代表張治中，談馬之建議方案甚久。[88]

據張治中之回憶：馬提出此草案，先沒有給周恩來看。其中重要的有三點：

1. 作戰部隊應有二十個軍，包括六十個師，每師人數不超過一萬四千人。六十個師中，二十個師應由中共領導。

2. 空軍將接受來自共產黨之官兵，其比率至少占百分之三十。

3. 海軍之中共官兵亦至少占百分之三十。

這等於說，整編之後，國共陸軍數額比例為三比一，海、空軍中共也向未提過這種要求。這份草案到蔣手上，蔣當然非常詫異，立即約馬談話。結果由馬再加修正提出，陸軍比例改為五比一。[89]

在軍事三人小組正式會議中，政府代表張治中提出第一期縮編，政府軍為九十個師，共軍為十八個師，在十二個月內，實行混合編組。中共代表周恩來則主張在第一期縮編之十二個月內，政府軍與中共軍應行縮編之師，各自編成，不相混合。馬歇爾為緩和雙方意見，提出折衷辦法，主張於第二期六個月後，即開始混合編組。蔣同意馬之折衷辦法。[90]

以上僅限陸軍。蔣仍不滿意。自記所感曰：

　　整編時期定為一年半，乃全照共黨之意見而定，又華北五省，政府軍只可駐七個軍，而共軍反可駐四個軍；初尚以為只限

88 《事略稿本》（64），民國35年1月25日。頁452。

89 張治中，《張治中回憶錄》，下冊，頁739-740。

90 《大事長編》，民國35年2月16日。卷六，上冊，頁51-52。

於冀、魯兩省，殊不料其所談者係指華北五省也。甚矣！文白
（張治中）之足以誤事也。[91]

軍隊整編的目的，則是依照政協通過的《和平建國綱領》，實行
軍隊國家化，此亦來自共方的提議。當政協會議結束後，中共中央即
通告所屬：「我們的軍隊，即將整編為正式國軍及地方保安隊、自衛
隊等。在整編後的軍隊中，政治委員、黨的支部、黨務委員會等，即
將取消，黨將停止對於軍隊的直接指導。」至於「國民黨的軍隊，能
夠脫離國民黨的直接指導。我們應當相信我們的軍隊，也能脫離我們
黨的直接指導。」[92]

看來，共方對於整編軍隊，頗有意願。而三人小組之會商，亦至
順利。其實中共另有「暗盤」。

（三）中共的「暗盤」

整軍方案，顯與毛澤東所堅持的「解放區軍隊一槍一彈均必須保
持」。[93]有所矛盾。其實中共另有「暗盤」。在2月8日中共中央討論
到整編問題時，認為：「馬歇爾所提辦法，對於破壞國民黨及地方系
軍隊的原來系統，是徹底的，但應看到有許多僅是馬的理想，事實上
有些（如真正合理的徵兵制）是今天行不通的。軍隊中的派系亦將長
期存在。但我們在今天不要指出馬的那些意見行不通，而應在原則上

---

91 《大事長編》，民國35年2月25日。卷六，上冊，頁56。
92 中共〈中央關於目前形勢與任務的指示〉，1946年2月1日。《中共文件》，第
　　十六冊，頁64-65。
93 《毛澤東年譜》，1945年10月12日。下卷，頁34-35。

贊成他的意見，同時提出現在只決定第一期整編計劃。第二期整編計劃，待第一期整編完畢時再行決定。」而現在，第一、絕不能答應把我們軍隊與國民黨的軍隊合編起來。第二、駐地仍應堅持我們自己的地區。第三、爭取在東北的部隊增編幾個師。第四、要將我之主力大部分保存在地方武裝之中。因為「美、蔣目的仍是在政治上讓步，軍事上取攻勢（即最後奪取我之軍隊）。此種陰謀必須嚴重注意。」[94]

　　2月12日，在中共中央書記處討論軍隊問題的會議上，毛澤東雖然還在休息中（毛自1945年11月至1946年2月中旬，因重慶會談過於勞累而休養），卻親自參加會議，說出他的意見：「美、蔣要以統一來消滅我們，我們要逃脫，要統一，而不被消滅。軍黨分立還不是最危險的，合編分駐才是最危險的。」會議上，王稼祥支持毛的意見，認為馬歇爾的手法非常漂亮，第一階段整編計劃看起來我並不吃虧，但第二步就要吃虧了。因為馬歇爾認定中國絕不能有兩個軍隊；如有，即是兩個國家，威脅中國和平與遠東和平。因此，他在軍隊國家化的口號下，提出軍黨分離、軍政分離、補給與訓練分離。這樣，我們的軍隊就要離開民政，離開財政與徵兵權，而訓練權均操在美國之手。此時劉少奇也改變了態度，開始承認：「以軍隊國家化換取國家民主化的思想有危險，這種思想要在我們同志中去掉。」

　　據此，中共中央作出決定，拒絕交出中共軍隊的戰鬥序列。並決定：「除將二分之一主力部隊編為保安部隊外，再保留一部分（大約三分之一）好的軍事政治幹部，在各解放區隱蔽起來，不要去請國民

---

94 楊奎松，《中間地帶的革命》，頁495-496。原據資料：中共〈中央關於國民黨談判軍隊整編的方針的指示〉，1946年2月8日。

黨加委,以免受軍事法規的束縛及國民黨的破壞,保持活動的自由。」[95]

這是共黨對整軍方案,使用兩手策略。周恩來承認:整軍方案使共軍受到束縛,但也受到保障,它有兩面性。在數目上,五比一,是束縛,這並不是主要的;主要的是規定要經過美國裝備,共軍的十個師在內。裝備雖好,但不給你汽油彈藥,如果打起來是廢鐵一堆。美國人是想經過這些東西來控制我們。但整軍方案另有好的一面,就是地方自治要依靠人民武裝自衛,這就保障了解放區武裝不受國家軍隊的干涉。受束縛的就是美國人插進來一隻手。但我們就準備把這十個師變為廢鐵好了。[96]

周恩來卻哄騙馬歇爾說:毛澤東對馬所提分兩期統編之辦法,及為共軍將校設辦短期訓練學校之意,熱烈贊成。周氏且言:中共甚望此項訓練學校能開辦二、三年,並歡迎美軍顧問團之訓練單位,可展至中共之師部。[97]

迨後不久,中共要美軍撤出中國時,馬氏乃悟中共言行不一。以為:「所言如是,然以較其後來,延安電台促請美軍及美國軍事顧問團早日撤出中國之語,則至可玩味也。」[98]

蔣對美方裝備共軍十個師,持以拖延之態度。據魏德邁將軍向蔣

---

95 楊奎松,《中間地帶的革命》,頁496-497。原據資料:中共〈中央關於各地須從事整編隊的準備工的指示〉,1946年2月24日。

96 周恩來,〈一年來的談判及前途〉,1946年12月18日。《談判文選》,頁707。

97 梁敬錞,《馬歇爾使華報告書箋註》,頁120。

98 梁敬錞,《馬歇爾使華報告書箋註》,頁120。

報告：

> 美國政府現計劃以必要裝備，移交共產黨，藉以完成十個共
> 產師之訓練計劃。……美國政府，意欲中國政府，接受此項裝
> 備，以償還現金之租借方式，移交共產黨。

蔣之軍事幕僚俞濟時簽云：「據報中共有將精銳部隊陸續調往東
北，而以地方武力交出整編，明裁暗增之企圖，在中共部隊未依照規
定整編完畢以前，似不宜將此項裝備即行移交。」蔣批「如擬」。[99]

馬歇爾在華盛頓得知蔣之上項決定後，即要魏德邁告知蔣：彼不
同意蔣之見解，認為共軍十個師應接受部分裝備，目的在使美國軍官
得以訓練中共部隊，以利國共兩軍之整編。[100]

迨馬自美返抵重慶，再度向蔣提議，以某種裝備，供給中共在張
家口學校之共產師，計劃最後六個月，將此項裝備分給十個統編之共
產師。蔣之答覆：會商研究。[101]未見下文。

美馬企圖，意在化解中共，此對國方，未嘗非利，但能否成功，
當作別論。而蔣氏阻之，似欠明智也。

中共一方面對馬歇爾主導的整軍方案暗中抵制，同時也將他們拒
絕交出共軍的戰鬥序列的理由，告知周恩來及北平軍調執行部共方代

---

99 〈魏德邁呈蔣委員長備忘錄〉，1946年3月27日。《戰後中國》（三），頁
　96-97。
100 〈魏德邁上蔣主席報告與各方領袖及馬歇爾晤談電〉，1946年4月12日。《戰後
　中國》（三），頁112。
101 〈馬歇爾為裝備訓練共軍十師案覆蔣委員長備忘錄〉，1946年4月21日。《戰後
　中國》（三），頁113-114。

表葉劍英等說：國民黨軍隊仍在侮辱共黨為奸黨，共軍為奸軍、匪軍；國方許多軍隊違反停戰協定；國民黨不承認東北問題和平談判與政治解決等。[102]

這是共方把他們抵制的責任推給國方了。但在馬歇爾簽署整軍方案的致詞中，卻把國民黨指責一番，說：「此協定為中國之希望。吾相信其將不為少數頑固分子所汙損，蓋此少數頑固分子，自私自利，即摧毀中國大多數人民所渴望之和平及繁榮生存權利而不顧也。」據張治中回憶：馬氏的致詞雖只寥寥數語，但刺激性甚大，顯然的，他所稱的「少數頑固分子」，是指國民黨方面的，大概他當時已經從情報方面得到若干的報導了。[103]

此「情報」可能來自共方。蔣介石自記曰：「與馬氏別來旬餘，察彼（馬）語意，已完全為共黨宣傳所迷惑矣！。」[104]

整軍方案公布不久，國共兩軍再度交戰，雙方都大肆擴軍，留下的方案，不過紙上談兵耳！

---

102 楊奎松，《中間地帶的革命》，頁497。原據資料：中共〈中央關於拒絕交出我軍戰鬥序列的理由給葉劍英、饒漱石並周恩來電〉，1946年2月28日。

103 張治中，《張治中回憶錄》，下冊，頁749。

104 《大事長編》，民國35年2月25日。卷六，上冊，頁58。

第四章

協議無效，以戰逼和

一、東北蘇軍延不撤退

停戰令的頒布，政治協商會議之舉行，以及整軍方案之簽訂，國共和解之進展，似乎很順利。惟東北問題仍為爭執之焦點。據中共中央1946年1月21日對其重慶談判代表團的指示：

> 停戰令規定東北九省為恢復主權，國方可以調動軍隊，對於我們在東北地位未加承認。據情報：新六軍已由上海開入東北，蘇軍可能很快就要撤退，國方似不願承認我在東北地位，而不想談東北問題。因此，我們現在須主動提出東北問題，與國方談判。要向他們聲明，如不先談好，在東北不可避免的要發生衝突。[1]

---

1 中共〈中央關於解決東北問題的方針給中共駐重慶談判代表團的指示〉，1946年1月21日。《中共文件》，第十六冊，頁55。

蔣介石預定接收東北的計劃：

1. 若鐵路沿線之重要地區皆為共軍所陷，決待俄軍撤退後再收復。

2. 我軍主力集結於北寧路，並推進至瀋陽近郊，完成準備接收
工作。[2]

對於共方要談東北地位問題，隻字未提。事實上，蘇軍已在此時
將遼陽、本溪、鞍山、海城、彰武、新民、通化等地，都交給了中共
軍接收。[3]

屆至蘇軍約定撤退之日（2月1日），不但未撤，馬林諾夫斯基
且聲明：「東北經濟合作問題，希能採用簡單迅速辦法解決，不願第
三者參加；尤不願東北再成為反蘇根據地。」這「第三者」當指美國
而言。至於蘇軍撤退問題，張嘉璈在這天下午往訪馬林諾夫斯基，詢
問撤軍情形，馬藉詞「因缺煤運輸困難，未能迅速竣事。」張追詢
「究竟瀋陽何日撤完」？馬謂「恕難答覆」。張與馬臨別時，馬云：
所談經濟問題如能解決，彼（馬）與軍隊可早日返國云云。[4]

看來蘇方無意守約撤軍矣。此時美國干預的態度，亦至顯明。2
月11日，美國務卿貝爾納斯照會中、蘇政府，確認蘇聯強調以日本
在東北之企業為戰利品，逾越國際公法。並重申美國對華門戶開放政
策；對於中蘇雙方進行商討將使東北工業成為中蘇共管之議，甚為煩
慮。同日，美，英、蘇三國政府分別公布《雅爾達協定》。美國各報
評論此項協定，事先未得中國同意，實屬遺憾。並對蘇聯在東北延不

2　《大事長編》，民國35年1月28日。卷六，上冊，頁30。《蔣介石日記》，民
國35年1月28日。

3　楊奎松，《中間地帶的革命》，頁498。

4　《大事長編》，民國35年2月1日。卷六，上冊，頁35、37。

撤兵所造嚴重情勢，至表關切。[5]

此時重慶方面，則有反蘇情事之發生，2月16日，東北人士在重慶遊行示威，散發宣言及傳單，抗議蘇軍霸占東北。於是重慶沙坪壩各校學生醞釀反蘇，中共則又宣言，謂國軍進入東北應有限制，中共在東北之武力三十萬人應予承認。此更刺激群眾情緒。22日上午，沙坪壩各校學生二萬餘人在重慶市區大遊行，其口號為要求蘇聯撤兵，反對中共割裂中國等等。遊行時並高舉地圖及史達林畫像等物。[6]遊行學生經過中共之《新華日報》社門口，張貼標語，學生方過，報社人員即出撕揭，在民眾狂叫之下，將其門窗搗毀，並撕擲其書籍。[7]

以上情事的發生，蘇方認為是國民黨發動的反蘇運動，益使蘇聯加強對中共的扶植。

二、中共「東北同志」主張強硬

到了3月上旬，蘇軍自東北開始撤退，東北問題更緊張起來了。3月10日，馬歇爾約周恩來談東北問題，馬告知周：彼將離渝返美，約三、四週回來，願在離渝前弄清共方對東北的政策。因從最近兩週的新聞廣播中，感覺中共政策已受蘇聯影響，有改變趨勢。並云國民黨二中全會頑固派如此猖狂，多少也影響東北問題。周表示：共方東北政策沒有改變，應先停止衝突，然後整軍，行政上應改組東北政務委員會及各省政府，並實行縣長民選。馬表示同意，並云今晚即見蔣

5 《大事長編》，民國35年2月11日。卷六，上冊，頁45-47。
6 《王世杰日記》，民國35年2月19日、22日。第五冊，頁271、273。
7 《徐永昌日記》，民國35年2月23日。第八冊，頁229。

委員長，與之交涉。[8]

馬歇爾與蔣交談的結果，蔣同意派執行小組去東北，提出條件為：

1. 執行小組只管軍事，不管政治。

2. 執行小組隨政府各軍行動，與共軍保持聯絡，協商停戰。

3. 政府軍隊有權接收中蘇條約規定的長春路，沿鐵路三十公里境內，中共軍應撤出。

4. 政府軍隊有權進駐礦區。

5. 凡政府軍隊接收主權時，中共軍隊不得阻撓並撤退。

蔣的條件只有軍事接收，不談政治。周恩來問馬歇爾：如照第五項規定，豈不等於中共軍隊將從全東北撤退？馬答：政府軍隊有定數，而中共軍隊亦要整編，當然不能什麼地方都駐。此可載入記錄。周即與其代表團商定對策三項：

1. 東北問題必須軍事與政治一道解決。

2. 贊成執行小組至衝突地帶，首先停止衝突。

3. 政府軍隊接收的範圍，待前方視察後方能商定。[9]

周恩來將上項對策報告中共中央後，其中央的答覆為「東北同志的想法和你們（周等）及我們（中共中央）都有很大的距離，他們雄心很大。」即「東北同志」主張強硬，反對妥協和讓步。這是因為「東北友人（蘇軍）態度甚硬」。[10]對「重慶的蘇聯友人態度過於軟

8 周恩來，〈馬歇爾重視關於東北問題的談判〉，1946年3月10日給東北局彭真、林彪的電報。《談判文選》，頁124。

9 周恩來，〈代表團關於東北問題的對策〉，1946年3月10日給中共中央電。《談判文選》，頁131-132。《周恩來年譜》，1946年3月10日。頁650。

10 中共〈中央關於東北問題的談判方針給東北局和中共赴渝代表團的指示〉，1946年3月13日。《中共文件》，第十六冊，頁89、91。

弱，不要全聽。」[11]這是中共中央也贊成「東北同志」的強硬意見了。

東北蘇軍代表在2月下旬即向中共東北局表示：將盡可能滿足中共的需求，助其組建砲兵、坦克部隊，設立訓練基地等。並承認他們過去比較顧慮第三次世界大戰，態度比較軟，現在不同了，因為國民黨發動反蘇運動，顯示必欲取消蘇聯在東北的特殊地位，美國則試圖借門戶開放之名，深入東北；但美軍很難開到東北來。因此，中共應確保對東北的控制。[12]迨蘇軍自東北撤退時，其代表又向中共東北局表示：凡蘇軍撤退之地，包括瀋陽、四平街，都可放手大打。[13]

適於此時，國民黨二中全會修改政協決議，中共中央正可藉此反目，準備大打了。指示所屬：「如國方因我堅持政協決議，並利用東北問題實行分裂，發動全國內戰，我亦不應懼怕。」[14]繼即指示東北局：蘇軍4月撤完，蔣介石必由瀋陽出兵向北和我爭奪長春、哈爾濱。我黨方針是用全力控制長、哈兩市及中東全線，不惜任何犧牲，反對蔣軍進占長、哈及中東路。[15]

---

11 《周恩來年譜》，1946年3月15日。頁651。
12 楊奎松，《國民黨的聯共與反共》，頁614。原據資料：〈東北局致中央電〉1946年2月22日、23日。
13 楊奎松，《國民黨的聯共與反共》，頁618。原據資料：〈彭真致中央電〉，1946年3月16日。
14 中共〈中央關於堅決反對國民黨反動派破壞政協決議的指示〉，1946年3月18日。《中共文件》，第十六冊，頁97。
15 中共〈中央關於控制長春、哈爾濱及中東路……的指示〉，1946年3月24日。《中共文件》，第十六冊，頁100。

三、東北停戰協議戰而不停

　　重慶方面，馬歇爾於3月11日返美後，由吉倫（Jr. Gillem）將軍代理其職務，與國方代表張治中、共方代表周恩來繼續商談東北問題。開會多次，未能獲致協議。依周恩來之說，是由於蔣之「兩面派的作法」，致協議無成。謂蔣在二中全會對政協決議，一面贊成，另方面又通過決議案，企圖推翻政協決議；對東北問題，一面承認共軍地位，另方面又不願政治與軍事同時解決，不願放棄接收蘇軍撤退區的權利；對國民黨革新派，一面放縱，另方面辱罵他們；對主和派，一面讓革新派痛罵，另方面又為之解釋。因此，周要利用蔣之兩面派的弱點，打擊其反動派，使之不能「模糊哄騙」，要其明確地回答和解決問題。[16]但其真正的原因，周氏無意解決問題也。因於3月21日回延安，避不商談。這是因為蘇軍撤退，共軍已囊括東北，造成既成事實了。[17]

　　在美方代表力邀下，周於3月25日返回重慶，和吉倫、張治中連日商談停戰及派遣執行小組去東北問題。經過延安方面批准，即於3月27日由三方面（周恩來、張治中、吉倫）簽訂了《調處東北停戰的協議》，規定：

　　1. 小組之任務，以調處軍隊事務為限。

　　2. 小組應在政府軍及中共軍區域內工作，並避免進入蘇軍駐留之

---

16 周恩來，〈蔣介石兩面派的作法和我們的對策〉，1946年3月19日。《談判文選》，頁155。

17 〈三人會議商談經過概要：第二階段——關於東北停戰及接收主權之商談〉，1946年3月11日至4月15日。《戰後中國》（三），頁298。

地區。

3. 小組應從速前赴衝突地點，及勢將接觸或衝突之地點，使其停
　　戰，並依據停戰命令中之基本協定，作必要及公平之調處。[18]

雙方另同意關於東北軍事問題，由三人會議繼續商談。關於政治
問題，另行商談，迅求解決。蔣認為：此乃中共最近一再推諉延宕，
終以政府代表極端忍讓，並允其加入「政治問題另行商談，迅求解
決」之附記。至此彼乃無法規避，加以美方代表再三敦促，卒令中共
不得不勉強成立協議。[19]

東北停戰協議簽訂後，戰爭並未停止。依共方之說：是三人會議
未就東北停戰日期達成協議，國民黨軍在東北繼續進攻，迫近四平和
本溪。[20]此時三人會議之政府代表由陳誠接替，陳謂協議之推翻與發
生衝突，乃因中共阻止政府軍隊接收主權，與攻擊政府軍已接收之地
區，故須中共讓開道路。陳主張規定：「政府軍隊有權自由進至長
春。」周不同意，會議終無結果。[21]

執行部美方代表饒伯森向馬歇爾之報告，是周恩來之破壞，他說：

　　自公（馬）行後，東北三人小組派遣之三項協定，雖得簽
署，但迄無進展。很明顯地，周恩來態度已經變更，他已用種種
延宕方法，以破壞該小組進行之訓示。我的看法，是中共自與蘇
俄取得某種瞭（諒）解之後（接管蘇俄撤兵之地區），深慮我們

---

18 〈軍調部致東北執行小組美方代表密令〉，1946年3月（無日期）。《戰後中
　國》（三），頁94。
19 《大事長編》，民國35年3月27日。卷六，上冊，頁84。
20 《毛澤東年譜》，1946年3月27日。下卷，頁63。
21 〈三人會議商談經過概要……〉，《戰後中國》（三），頁299。

小組入滿，便將凍結其軍事活動。所以雖簽定3月27日之協議，而卻只許國軍進入蘇俄現在撤退之地區（即瀋陽一帶）。[22]

在此之前，蘇軍自3月18日撤出四平，共軍即進入該城，從而阻斷了國軍沿長春鐵路北進的通路。同時，瀋陽的國軍開始向遼陽、撫順、鞍山、海城、營口、鐵嶺、法庫等地推進，並先後占領上述各城市。[23]這是東北停戰協議簽訂之前的情況。而共軍最大的憑藉，是得自蘇軍的掩護，據國方駐蘇軍之軍事代表團團長董彥平的報告說：

> 本（4）月30日前，東北蘇軍可全撤至蘇聯國境。按此時在東北之中共軍隊，受蘇共庇護與接濟，其勢已甚猖獗。一面在四平街及公主嶺等地集結兵力，阻止政府軍隊北上接收；一面則在長春、哈爾濱、齊齊哈爾等重要城鎮，潛伏武裝暴力，與蘇軍暗通聲氣，將俟蘇軍撤退，隨即乘機竊據。故蘇軍雖揚言已確定自東北撤出日期，然按之事實，實乃以其撤出地區，逐一交由中共占據，重以割裂我東北疆土也。[24]

4月14日，蘇軍撤出長春，共軍即以三萬之眾圍攻之，政府先遣之保警總隊抵抗不敵，18日，共軍據長春。這天，馬歇爾自美返華，回到重慶。次日晚，蔣與馬談話，馬主張對共採取妥協辦法。[25]據馬歇爾自述：

22　梁敬錞，《馬歇爾使華報告書箋註》，頁150。
23　《毛澤東年譜》，1946年3月18日。下卷，頁62。
24　《大事長編》，民國35年4月3日。卷六，上冊，頁97。
25　《大事長編》，民國35年4月19日。卷六，上冊，頁111。

　　余（馬）返渝後，第一次與委員長會晤時，委員長即坦然告余一般情況如下：第一，中共無意履行協定。……第二，政府在滿各師，現有遭遇殲滅之虞。第三，不但前進恐不可能，且似有撤退必要。第四，委員長擬將全部軍隊撤出滿洲，並將滿洲事件，提交國際解決。[26]

　　馬不同意蔣之意見，認為中共攻擊長春，顯亦違反協定；而國方之措施，「亦屬過份挑釁，有時甚且愚昧。」認為「妥協且將更有利於政府，遠較撤出為佳。」翌夕，馬再晤蔣，蔣已不復言撤退之事，要求美船代運兩個軍前往東北。為馬所拒。[27]

　　為此，政府的政協代表王世杰、陳立夫、邵力子、孫科、張厲生、張群等，即於20日晚間在吳鐵城寓商討對策，王力主以忍耐之態度與中共妥協，且與邵指責陳立夫過去數月鼓勵黨內之異論，以增加對外接洽之困難。陳則力辯。[28]次日，蔣召集以上諸人在林園官邸會商，研究當前局勢及召開國民大會問題，所獲結論：認為共方條件至為苛刻，堅持國民政府委員名額須十四名（包括民主同盟）；行政院須占六席，並須充任副院長、交通部長、經濟部長及軍政、財政、內政三部次長。表示如政府不改組，則共黨亦不參加國民大會。國方判斷共方並無急求解決之意。希於5月5日前改組政府，恐不可能，而國大之召開，亦難獲得協議。[29]

26　梁敬錞，《馬歇爾使華報告書箋註》，頁205。

27　梁敬錞，《馬歇爾使華報告書箋註》，頁205-206。

28　《王世杰日記》，民國35年4月20日。第五冊，頁306-307。

29　《大事長編》，民國35年4月21日。卷六，上冊，頁113-114。

　　問題的癥結仍在東北，其焦點則為長春問題。周恩來在22日花了兩個半小時，向馬歇爾指控國民黨屢次破壞協議，尤其是東北問題，周說：「一、二、三，三個月，中國國民黨的軍隊一直在打我們」。至於中共為何奪取長春？周說：「我們方面是願意實現3月27日的指令（停戰協議）的，而國民黨則不願，反用武力侵占了我們七個城市。鑒於他們占了我們的地方，我們遂也進占了長春。」[30]周說：「我們一直是願意遵守停戰協定的。但國民黨不要停戰，要打我們。造成現在的局面。」[31]

　　但馬對周的一面之詞，並不完全相信，也指責共方在談判中不實行協議。[32]

　　關於接收東北主權問題，馬歇爾不能同意周恩來之詭辯。周說：「中心的問題是所謂接收主權，但接收，首先是從日本人手中接收，第二是由蘇聯移交。現在這些均不存在。某些地方，過去如停戰了，還可向蘇軍接收，因不停戰，以致某些地方由我方（中共）接收了，那裏已無主權問題。」[33]意思說不停戰非中共之過也，而由中共接收，也就是恢復中國的主權了。所以馬歇爾告訴第三方面人士張君勱、羅隆基說：「周為他（馬）未遇過的外交對手」。[34]

30　周恩來，〈當前的政治情形和東北問題〉，1946年4月22日。《談判文選》，頁259-260。

31　周恩來，〈主要的環子是停戰〉，1946年4月27日。《談判文選》，頁270。

32　周恩來，〈先打長春再談判的想法行不通〉，1946年4月29日。《談判文選》，頁278。

33　周恩來，〈先打長春再談判的想法行不通〉，《談判文選》，頁280。

34　〈周恩來給中共中央並轉東北局的電報〉，1946年4月27日。《談判文選》，頁274。

馬也責備國方：「每不遵守協商條件，予共方以口實，因之以小失大。……結果招致今日東北之不利形勢。」馬且對三人小組國方代表徐永昌說：「周恩來精敏異常，為鮮見之人物。」[35]

四、國共美三方面對東北問題的意見

東北問題能否和平解決？茲就國、共、馬三方面意見作一比較。
共方意見：據周恩來於4月22日對馬歇爾說：

> 我（周）的企圖是使東北成為一個國共合作的地區，並經過國共的合作，以促成美蘇關係的和諧。這樣使蘇聯不致疑懼，認為東北是一個反蘇的地區。同時也使得美國能如在全中國一樣地自由來往，與中國人民合作。東北的問題很複雜，但始終是願見美國的朋友和執行小組到東北去。[36]

但據馬氏之了解，中共在東北之政治軍事及宣傳機構，已在長春設立，並為東北九省中之八省選舉主席。且確切聲明，在談判後解決辦法中，已經選出而在其監督下之地方政府，應繼續有效。鑒於中共在長春以北之東北各地，已建立其控制權。所以馬氏認為中共之要求，必甚苛刻。[37]

因此，周氏所謂要使東北成為國共合作的地區，以促成美蘇和

---

35 《徐永昌日記》，民國35年4月23日。第八冊，頁265。

36 周恩來，〈當前的政治情形和東北問題〉，《談判文選》，頁257-258。

37 〈馬歇爾特使上蔣委員長陳述對於停止東北衝突協定之可能原則備忘錄〉，1946年5月10日。《戰後中國》（三），頁122-123。

諧，顯為取悅美馬也。

馬歇爾在與多方接觸後，曾就軍事、政治之各種考慮，於5月10日向蔣提出如下之建議：

> 政府在軍事上有確切而嚴重的弱點，共軍則占戰略上之軍事優點，且中國人民渴望和平，而世界各國人士亦均渴望和平。……余（馬）認為倘有必要時，採取利用在長春設調處執行部之妥協，不僅派一小組；正足以昭告世界：閣下（蔣）正在盡一切努力以增進和平。……即使引起蘇聯政府之反感，或堅持參加，亦不能顧慮矣。最後，余謹提供此一意見，即某種之妥協，必須獲得，且應迅速獲得；否則，中國無論在軍事上、財政上，及經濟上，將陷於混亂之狀況。[38]

在此之前，民盟人士亦有類似的提議，主張中共軍隊退出長春，國民黨只派行政人員和平接收長春，不得派軍隊進入。周恩來表示可以考慮，將請示延安做最後決定。馬歇爾表示接受。[39]

蔣介石的考慮，認為「共黨為俄國作倀，必將聽從俄國之指使，因其有俄國之背景，故東北問題較華北問題更難解決。……以共黨過去在華北之行動為例，則在東北更難望其信守諾言。」[40]因對馬歇爾說：

> 今後共黨在東北已與俄國聯成一氣，對美國既無所顧忌，亦

---

38 〈馬歇爾特使上蔣委員長陳述對於停止東北衝突協定之可能原則備忘錄〉，《戰後中國》（三），頁123-124。

39 《周恩來年譜》，1946年4月29日。頁661。

40 《大事長編》，民國35年4月27日。卷六，上冊，頁123。

無所企求。若美國不改變以往之消極政策，積極支助我國政府，則必不能貫徹其協助我收復東北主權與和平統一之政策，而美國在東亞之聲望，亦將因此喪失殆盡，無法挽回。[41]

馬歇爾主導的助蔣「先圖關外」，是要接收東北九省的主權。如今既受阻礙，因而提出設立長春調處執行部的意見，實即中立長春，以此為界，劃分南、北滿勢力範圍，國南共北。這是對1月間的停戰協議，作了一大退讓。蔣氏對此，顯然未能同意。其在5月15日自記道：

此時與俄再作最後之折衝，已無必要，因俄國已公開支助中共軍隊占據長春，阻撓我接收東北，其猙獰面目已完全揭露也。[42]

五、蔣介石決定動武

蔣之不再接受馬歇爾之妥協主張，決定在東北對共軍動武，似在4月下旬。在此之前，蔣仍寄望於美馬之調停。據徐永昌之記述：蔣於3月23日在曾家岩官邸會報對中共協商事，「再表示寧失地不失信決心」。[43] 29日會報時，再度表示此一決心。其原因顯然是由於接到駐美大使魏道明和駐美軍事代表團團長商震的來電，說是由於馬歇爾等報告，美方完全明瞭我政府對共黨無可再讓之態度。美決以財力、物力、人力助我建一強大之中國。蔣以為「美方一切對我都好，

---

41 《蔣介石日記》，民國35年4月28日。《大事長編》，民國35年4月28日。卷六，上冊，頁124。
42 《大事長編》，民國35年5月15日。卷六，上冊，頁142。
43 《徐永昌日記》，民國35年3月23日。第八冊，頁248。

我們何必予共黨以口實，予美方以不良印象。蓋我們必做到如妥協不成功，責在共黨而後已。前已決定之寧失地不失信，非做到不可。」[44]

惟上項令人振奮的訊息，迅即發生變化，4月12日，魏自華盛頓來電，謂借款事遭遇困難，8日與馬歇爾商討甚久，無結果。默察馬之原意，似有改變，當與中共最近搗亂情形有關，聞周恩來及民主同盟均有來電從事破壞。[45]

馬既空手而回，其對蔣之影響力，已非昔比。但仍極力主張對共遷就，而共方條件愈苛，同時對蔣施壓，以求妥協。蔣自記曰：「本週（4月21日至27日）局勢嚴重，內外夾攻，不僅俄與共協以謀我，而美馬且用最大壓力，使我對共屈服。」決定「堅持自我主張，不受其（馬）威脅所搖撼也。」[46]

這是說，蔣要自行其道了。早在4月21日在林園官邸舉行會報，商討對共戰略問題。由參謀次長劉斐報告東北情形，擬一舉攻占四平街；如攻占順利，並追占長春，然後轉移有力一部南下，消滅張學詩部（注：因我精銳麇集，共軍雖得蘇助，尚非我敵。）軍令部長徐永昌不同意劉的意見。認為國軍運輸既受限制，更防蘇聯破臉助共，我孤軍深入，今已為甚，奈何再進。以為政治儘可前進，軍事力量僅能以錦州為主，瀋陽左近為最大限度。但須保有營口、秦皇島等口岸，並得美方諒解協助。蔣亦首肯徐之意見。[47]

但其下達東北行營主任熊式輝的命令，主要仍是採納劉的意見。

44 《徐永昌日記》，民國35年3月29日。第八冊，頁251-252。
45 《大事長編》，民國35年4月12日。卷六，上冊，頁106。
46 《蔣介石日記》，民國35年4月27日「上星期反省錄」。
47 《徐永昌日記》，民國35年4月21日。第八冊，頁263-264。

令曰：

> 第一，四平街會戰，國軍應徹底集中兵力，一舉擊破共軍之
> 主力。第二，四平街會戰後，視戰果及甲軍（按：應指蘇軍）情
> 況，乘勢收復公主嶺、長春。[48]

至於共方的反應，周恩來4月29日同馬歇爾會談，馬轉達蔣堅持
必須占領長春的態度。周說：蔣介石不願承認中共已有的地區，凡能
用武力則用武力，只有不得已時才能談判，一切要聽他的命令。民盟
提出解決東北的問題的方案，中共軍隊退出長春，國方只派行政人員
和平接收長春，不得派軍隊進入；同時重開政治談判。周表示可以考
慮，將請示延安做最後決定。馬歇爾表示接受。但蔣堅持要打長春。[49]
蔣對徐永昌說：「共黨如不退出長春，交國軍接防，則一切問題皆可
不談。」[50]

毛澤東對東北林彪的指示：

> 東北戰爭，中外矚目，蔣介石已拒絕馬歇爾、民盟和我黨三
> 方同意之停戰方案，堅持要打到長春。因此，我們必須在四平、
> 本溪兩處堅持奮戰。[51]

四平街激烈之戰，是在5月5日國軍攻克遼東本溪之後，新六軍

---

48 《大事長編》，民國35年4月21日，電瀋陽熊式輝。卷六，上冊，頁114。

49 《周恩來年譜》，1946年4月29日。頁661。

50 《徐永昌日記》，民國35年4月30日。第八冊，頁268。

51 〈毛澤東關於東北前線指揮及在四平、本溪殲敵問題給林彪的指示〉，1946年5
月1日。《中共文件》，第十六冊，頁149。

之新三十三師及第七十一軍之八十八師，迅即移師北進，於14日集結開原，協同原在四平街周圍地區的新一、新六及第七十一軍各師，展開對四平街的林彪共軍激戰。國方副參謀總長白崇禧將軍親臨前線指揮，於19日擊敗共軍而收復四平街。[52] 白自前線歸來述及林彪之作戰科長王繼芳來降供稱：

1. 林為東北共軍總指揮，約三十五萬人，其中為黃克誠之新四軍八萬，來自山東（由龍口上船，於營口之田莊台登陸），戰鬥力最強。三萬六千為八路軍林彪之一、二師及某某旅，戰鬥力次之。其次為周保忠（中）部幾個旅，戰鬥力又次之。再為萬毅部五個旅，直無戰鬥力。總之，今日作戰全憑黃、林關內十一、二萬而已。

2. 一般共軍情緒不甚佳，原因在國際不予承認，尤其知識較高之青年，以為如此從蘇聯做下去，頗似賣國。其所以尚能作戰者，實多畏法嚴與監視密。

3. 因畏美關係，隊伍中無蘇聯人。

4. 林原令死守四平街，後漸不支，19日下令退卻。渠（林）下令後率親近避民舍。

   王，川人，中學畢業後，投入陝北之抗大。[53]

國軍占領四平街後，蔣對收復長春之意，又有改變。電令杜聿明轉白崇禧、熊式輝，指示「我軍如已收復公主嶺，應暫就原地停止候

---

52 《大事長編》，民國35年5月19日。卷六，上冊，頁144。
53 《徐永昌日記》，民國35年5月22日。第八冊，頁279。

命，如共軍已退出長春，則我軍只可指派少數軍隊入城，維持秩序，不准各部隊擅自進駐。如有違者，以抗命論處。」原因為何？可能顧慮蘇軍（甲軍）之助共。但杜等似乎「將在外君命有所不受」，說是「我軍已迫近長春」，[54]似有欲罷不能之勢。

迨蔣聽取熊式輝、王叔銘報告後，則以為「此次長春收復，與共軍主力潰敗之慘，實出意外。」而視為「奇蹟」。[55]認為「此為收復東北最大之關鍵；且其勝利之速，出於願外。」[56]因此，認為馬歇爾「對我軍進占長春，甚不贊同。此乃其一貫之錯誤政策。」[57]因令杜聿明長官部「向哈爾濱兼程挺進，必先占領該戰略要點，東北軍事方得告一段落。」[58]

林彪之共軍退出四平街後，中共東北局向其中央報告，謂堅守長春困難。毛澤東決定放棄長春，指示周恩來即與國方談判：「讓出長春有三種方案，第一種如中央（中共）上次所提，雙方不駐兵，中間派任市長；第二種如馬歇爾所提，執行小組先去，一切談好後蔣軍再去；第三種蔣軍無條件即進長春，這種情況最壞，結果恐談不好，仍是要打。」民盟人士張君勱等也提議：共軍撤出長春，政府軍和平接收。現有東北政務委員會移駐長春，委員人選由各方面人士加入。[59]

蔣介石所採取的方式，即是毛澤東的所謂「情況最壞」的第三

---

54 《事略稿本》（65），民國35年5月22日。頁565-566。

55 《事略稿本》（65），民國35年5月23日。頁569-570。

56 《事略稿本》（65），民國35年5月25日「本星期反省錄」。頁591。

57 《事略稿本》（65），民國35年5月24日。頁582。

58 《事略稿本》（65），民國35年5月25日。頁588。

59 《毛澤東年譜》，1946年5月22日、23日。下卷，頁85。

種，拿下長春。

5月23日，蔣介石偕夫人宋美齡飛臨瀋陽，以為可以達成以戰逼和了。因手書行政院長宋子文，囑其向馬歇爾說明，拿下長春，可以「和平統一」了。書曰：

> 照目前情勢，我軍進入長春，實於和平統一只有效益，而毫無阻礙。請其（馬）放心，只要東北之共軍主力潰敗，則關內之軍事必易處理，不必顧慮共方之刁難與叛亂也。……不久彼（共）不能不請求馬特使出而調解，此乃中（正）確有把握之事，萬勿有所疑慮；而且中自信此為和平統一唯一之道路也。[60]

這是蔣氏認為以戰逼和成功了。但馬歇爾不以為然，他要宋子文轉告蔣氏說：

> 此次共軍死傷一萬二千，俘虜僅四百人，如是共軍主力並未擊潰。共軍現在避戰，如國軍跟蹤而進，則必延長戰線，予共軍以處處可以截擊之機會。[61]

毛澤東的態度是：

> 東北方面，我們讓到長春雙方不駐兵為止，此外再不能有任何讓步。美蔣要打，讓他們打去；要占地，讓他們占去，我們絕

60　蔣中正，〈致宋子文手書〉，見《大事長編》，民國35年5月25日。卷六，上冊，頁150-151。

61　〈宋子文院長上蔣主席報告已轉函馬歇爾特使……電〉，民國35年5月26日。《戰後中國》（三），頁131。

不能在法律上承認他們的打與占為合法。

　　總之，東北是未了之局。我黨須準備長期鬥爭，最後總是要勝利的。[62]

看來，蔣之以戰逼和，難了！

六、拖延戰術逼和失效

（一）周恩來爭取停戰時間

　　為進行長期鬥爭，中共代表周恩來乃藉談判施展其拖延戰術，爭取備戰時間，可謂極盡縱橫捭闔之能事。國方代表徐永昌說周氏「抱拖延政策，一味胡纏。」「所以日言和平者，特玩弄吾人耳。」[63]

　　馬歇爾說：周恩來是他「從未遇到過的外交對手」[64]

　　周自認是「採取又批評又拉的辦法」，來對付其談判的對手。拉是拉住馬歇爾，要他做到停戰和休戰的延長。[65]

　　批，雖沒有指明批誰，但鑒於周之談話紀錄，除批美馬外，顯然批蔣為多。使蔣、馬對立，周、馬聯合。使蔣不斷發馬之牢騷，說馬對共「左袒殊甚，為之慨然！」[66]

---

62 《毛澤東年譜》，1946年5月26日、27日。下卷，頁86。

63 《徐永昌日記》，民國35年6月27日、28日。第八冊，頁293。

64 〈周恩來給中共中央並轉東北局的電報〉，1946年4月27日。《談判文選》，頁274。

65 〈周恩來給中共中央的電報〉，1946年6月20日。《談判文選》，頁457。

66 《大事長編》，民國35年1月25日。卷六，上冊，頁28。

　　國軍收復長春之日，蔣除手書宋子文，要他轉告馬歇爾，可望「和平統一」外，並決定「應速定收復東北全境之方針，令杜聿明長官部向哈爾濱兼程挺進。」[67]

　　蔣氏此時所謂「和平統一」的要求，是要中共切實履行停止衝突協定，恢復交通，實施整軍方案，不得阻礙接收東北主權，以為諒解之基礎。此外，必須賦予軍調執行部美國代表有公斷與決定之權（或稱最後決定權）。如共方接受以上條件，共軍在東北可有三個師（整軍方案原為一個師），駐於黑龍江省境之內，或合江省境內，政治問題（如省主席）待軍事問題解決後再談。[68]

　　中共對以上條件堅決拒絕。毛澤東說：「東北方面，我們讓到長春雙方不駐兵為止，此外再不能有任何讓步。」給中共東北局及林彪的指示：「爭取時間，休整補充，恢復元氣，再行作戰。」[69]

　　周恩來的首要任務，就是爭取停戰時間。最便捷的途徑，就是找馬歇爾幫忙，他致電中共中央說：「除非馬給蔣壓力，……恐難有挽救可能。」[70]馬亦早有此意，致函蔣氏云：「周恩來與余（馬）共同建議調處執行部應立即派一前方小組進入長春，並即駐該地。余敦促閣下（蔣）立即下令國軍在二十四小時內停止進攻及追擊。」[71]蔣以馬之「態度甚為燥急」，乃允下令停戰。[72]

67　《大事長編》，民國35年5月25日。卷六，上冊，頁151。

68　《大事長編》，民國35年5月24日。卷六，上冊，頁147-149。

69　《毛澤東年譜》，1946年5月24日、26日、27日。下卷，頁86。

70　《周恩來年譜》，1946年5月28日。頁668。

71　《大事長編》，民國35年5月27日。卷六，上冊，頁155。

72　《大事長編》，民國35年6月2日。卷六，上冊，頁168。

　關於停戰的時限問題，周恩來聽說是十天，認為時間太短，要談判能成功，時間越長越好，最好是一個月，至少也得二十天。[73] 爭到結果是十五天。周說：

　　現在我（周）聽到爭得了十五天，至少要好一些了。[74]

　這十五天是蔣接受馬歇爾之建議，自6月7日正午起至6月22日正午止，在此十五天內，停止一切攻擊前進及追擊，並盼在此時期中，對於已簽訂之各項協定，均能商定詳細實施辦法。[75]

（二）「最後決定權」的糾纏

　停戰時間爭到了，再來糾纏裁判權或最後決定權問題。如果這個權被採用，周氏之拖延戰術即無法施展之。這個「權」的問題，周說：

　　關於最後決定權，政府自己都弄不清，每次的信函，從宋美齡的算起，都用的是最後決定權，但報上又宣傳說是仲裁權，並說我（周）故意譯成最後決定權。[76]

　蔣夫人宋美齡的信，是5月24日致馬歇爾之函，轉達蔣之意見，謂「賦予仲裁者執行部美國代表有公斷與決定之權，並予以解釋協定

73　周恩來，〈要使談判有成停戰十天太短〉，1946年6月4日。《談判文選》，頁398。

74　周恩來，〈十五天停戰期間雙方應保證互不攻擊〉，1946年6月5日。《談判文選》，頁400。

75　《大事長編》，民國35年6月6日。卷六，上冊，頁170-171。

76　周恩來，〈蔣介石要打內戰了〉，1946年6月21日。《談判文選》，頁468。

之權；如政府與中共代表爭執時，雙方均應照其判決之件，切實履行，不得託辭延誤。」[77]

馬歇爾致蔣之函，說是「美國人之最後決定權，限於特定事項。」[78]

可知「最後決定權」似來自馬歇爾。不論其名稱為何，皆不利於周之拖延戰術也。周氏反而說是此權對美馬不利。周說：

> 最後決定權，給人以很突出的印象，在形式上和本質上，都將把美國朋友放在更困難的地位上，弄得左右都不是。如果在某事上決定後，於政府不利的話，美國的反動輿論會說你（馬）親共，政府便可借此宣傳，該事的最後決定權是錯的。在相反的情形下，同情於中共的人士也會作相反的解釋。
>
> 蔣的辦法是很多的，過去蔣說：「你（馬）的方法不對，結果一定失敗。我（蔣）不用這樣的方法，我用打來取得長春。現在你又要停戰，則我索性把問題弄得更尖銳，或則聽我打下去，或則你做主。」由你做主的結果，如果你做的只對國民黨合適，中共自然反對，造成你和中共的對立；如果你做的事，中共覺得對，而國民黨反對，則總有做不下去的一天。……國民黨卻善於用各種方法欺騙美國，使美國上當，把美國推到與我方對立的地位上去。[79]

由於周堅決反對最後決定權，為了不使談判破裂，蔣提改為「三

---

77 《大事長編》，民國35年5月24日。卷六，上冊，頁148。

78 《大事長編》，民國35年5月27日。卷六，上冊，頁155。

79 周恩來，〈美國的二重政策很難使中國內戰停止〉，1946年6月3日。《談判文選》，頁392-393。

人會議必須決於多數之慣例」。[80]周仍不同意，堅持個別解決的原則。[81]

如此，任何問題，如果周不同意，就無法解決了。

（三）「詭辭拖延」談而不和

6月17日，蔣提出關於東北共軍駐地方案，要點為：第一，東北共軍三個師分駐興安、黑龍江與嫩江三省，由哈爾濱至滿洲里之中長路，由政府護路憲警進駐。第二，共軍三個師如欲留駐延吉一個師，則其他兩師分駐興安與黑龍江兩省，政府派一個師駐嫩江。第三，熱河、察哈爾及煙台、威海衛之共軍全部撤退。[82]

周恩來見到上項方案，大為憤怒。其致中共中央的電報說：「蔣提三文件（關內、東北整軍、交通），混蛋之至！戰意已大明。」[83]乃向馬糾纏，大意是說：

> 關內，政府要我方從察、熱兩省退出，我方無法考慮。如果強要中共考慮，政府要從平、津撤退。如此必不能解決糾紛。
>
> 煙台、威海衛撤退的要求，如強要中共考慮，中共也可有要求，如把山東行政統一，要政府由青島撤退。
>
> 對於東北的方案，政府軍要駐進我們地區來的竟很多，有哈爾濱、牡丹江、洮安、安東、通化，和我原來設想距離很遠。
>
> 現在卻成我方讓步，政府實際不讓步。政府占的地方不退，

80 《徐永昌日記》，民國35年6月21日。第八冊，頁290。
81 周恩來，〈蔣介石要打內戰了〉，1946年6月21日。《談判文選》，頁469。
82 《大事長編》，民國35年6月17日。卷六，上冊，頁181。
83 周恩來，〈蔣介石戰意已大明〉，1946年6月17日。《談判文選》，頁442。

我方為報復取得的地方，卻須讓出。兵力上政府也不讓。

這方案我全盤衡量後，我即應該辭職，因為交涉完全失敗了。[84]

蔣有一個意圖，即要中共軍在整軍的過程中，撤出鐵路線和各大城市。要把關內中共地區分為延安，晉東南上黨，冀南大名、山東臨沂，察熱地區，這樣關內分成五塊，再加東北黑龍江地區。還要我們退出張垣、承德、威海衛、煙台這些地方。要把我們趕出鐵路線和大城市以外，分成一塊一塊包圍起來，將來再消滅我們。

我（周）現在正努力尋求解決問題的辦法，但一天天感到困難。如果要一道解決，就得把時間延長，才能求得解決的出路。[85]

屆至6月20日，停戰即將期滿，問題未能解決。民盟人士張君勱、梁漱溟向王世杰說，彼等正促共方接受美國之仲裁權（最後決定權），希望十五天的停戰期滿時，如果談判尚無協議，延期商談，不令破裂。王因力請蔣予延期。蔣亦早有此意。[86]故再延展八天，至6月30日為止。

停頓已久的三人會議於6月22日在南京首次召開，政府代表由徐永昌接替陳誠，共方為周恩來及美方馬歇爾。是日會議情況，徐氏記曰：

十一時，周恩來偕其隨員到，即開會。東北停戰協定，除對

84　周恩來，〈蔣介石的方案是無意解決問題〉，1946年6月18日。《談判文選》，頁447-449。

85　周恩來，〈現在已到了絕境得開出一條新路來〉，1946年6月20日。《談判文選》，頁459、461。

86　《王世杰日記》，民國35年6月20日。第五冊，頁337-338。

方意見不能一致時，取決於美方人員或取決於多數之一點，仍未
得到共方同意外，大體已無問題。本件一因雙方意見不一致時之
決定問題未解決，一因余（徐）聲明必停戰、恢復交通、整軍方
案三件同時簽字。所以今日議題，僅解決幾分之幾而已。[87]

繼由交通部長俞大維出席討論恢復交通問題，並將東北停戰議題
通過。惟整軍方案因駐地問題，未得接近意見，故24日在會外商
討。國方則希望簽字後十日，共軍撤離膠濟路，一個月退出蘇北，並
將承德、古北口退出，由政府軍接防。

而共方則於27日提出共軍駐地意見，要點為：共軍保留二十個
師（整軍方案原為十八個師），中共保有北滿，控制哈爾濱、齊齊哈
爾、洮南、牡丹江諸要點，南滿控制安東。華北益都、德縣、滕縣、
邢台、聞喜、承德、張家口，各駐一個師。華中一個軍駐宿遷、淮
安、東台。[88]

6月28日，馬歇爾致蔣備忘錄，報告與周恩來商談軍隊駐地問
題，說共方對政府要求共軍完全撤出蘇北及承德，甚難同意。又共方
堅持凡共軍撤出之地方政府，在政府改組前，不受阻擾。因此，在6
月30日以前，欲完成整軍協定之正式修正方案，似已不及。

蔣自記曰：「周恩來對於整編軍隊案仍蓄意詭辭拖延也」。馬
「又已墮入奸黨盜弄之故技中矣」。[89]

---

87 《徐永昌日記》，民國35年6月22日。第八冊，頁291。

88 〈三人會議商談經過概要：第三階段〉，民國35年6月6日至6月30日。《戰後
中國》（三），頁303-304。

89 《大事長編》，民國35年6月27日。卷六，上冊，頁191。

這天，蔣召集會報，討論共黨問題，徐永昌記曰：

> 連日共方提出之對案，仍係拖延政策，一味胡纏，如言蘇
> 北、熱南某某地區可讓出，但既不許另去官吏接收，且須留多少
> 地方團隊防衛；而又說不能改變其政治設施，彼此誰也不許駐
> 兵。是真滑稽到極點，欺人到極點！[90]

馬歇爾亦深感拖延之苦，他說：

> 在過去余（馬）所主持之三人會議中，常有因一句措詞，而
> 辯論一小時以上者，現在對獲致一般協議，而欲確定最後方案之
> 詞句，則非一週時間不能完成，或許延至10日亦未可知。[91]

拖延戰術，乃中共長期鬥爭之策略也，目的是「絕對不在協商中，
與國民黨解決問題，施用拖延政策，使國民黨政治不安，人心動搖。」[92]

蔣亦了解「共黨策略，蓋企圖在不戰不和之局面下，繼續拖延不
決。使國家陷於混亂狀態，政治動搖，經濟破產，以達其顛覆政府赤
化中國之目的。」[93]

談判到延展的最後一天（6月30日），仍無協議。其間爭論最大
的是蘇北和熱南的地方政權問題。以下則就蔣、周、馬三方面的爭執
意見作一比較：

---

90 《徐永昌日記》，民國35年6月28日。第八冊，頁293。
91 《事略稿本》（66），民國35年6月28日。頁197。
92 《事略稿本》（66），民國35年6月1日「中央社報導獲得中共中央政治局3月
　　13日決議文件」。頁14。
93 《事略稿本》（66），民國35年6月24日。頁172-173。

蔣:蘇北共軍於一個月內撤至隴海路東段以北。熱河共軍一個月內撤出承德以南地區。所有撤出地帶地方政府政權,交與中央。

馬:余意中共不會接受。交出地方政權為最大困難。

蔣:關於地方政權問題,一政府之下不能另有他政府,一國家之內不能另有他國家,非如此政府不成為政府,國家不成為國家。現蘇北難民極慘,數百萬難民不能還鄉。

馬:余深知主席(蔣)困難,亦極同情難民,但為難民問題,或致釀成全面戰,甚不值得。[94]

周:政府認為蘇北共軍威脅南京,承德、張家口共軍威脅北平,應一律撤退,實在毫無道理。反過來,如果我們也說南京威脅蘇北,北平威脅承德、張家口,問題便無法解決。[95]

周:蔣在形式上是要我退出蘇、皖、承德、安東、冀東等地,但承認的只是黑龍江、興安兩省及嫩江半省,華北只是臨沂、大名、上黨等幾個地區,想把我們完全隔開,先限制在這幾個地區,然後再來消滅我們。[96]

周用拖延之術,談而不和,而將拖的責任歸諸國方。說六個月來的談判,已解決了問題的百分之九十,最後國民黨提出要中共撤出四個地區,使談判拖延不決。[97]

---

94 《大事長編》,民國35年6月30日。卷六,上冊,頁199-201。並見《戰後中國》(三),頁191-193。

95 周恩來,〈政府要中共撤出蘇北毫無道理〉,1946年6月30日。《談判文選》,頁507。

96 周恩來,〈一年來的談判及前途〉,《談判文選》,頁709。

97 周恩來,〈和平要靠人民的力量來獲得〉,1946年8月26日。《談判文選》,頁615。

　　延展之期又告屆滿，問題終無解決，蔣則深感無奈，屆滿前夕，約集黨內元老戴季陶、鄒魯及高級官員吳鼎昌、王世杰、邵力子、白崇禧、陳誠、徐永昌等會商，說明共方仍無誠意和解，決裂之不許可，再延期亦無必要，只有明白宣布政府所希望的，與共黨所要求的，距離遙遠，和平之門不閉，唯待共黨之回頭而已。[98]是晚會商情形，據王世杰之記述：

　　　　晚間蔣先生邀約商討關於政府與周恩來、馬歇爾談判之政策。自6月7日至今，雙方已就恢復交通及東北停戰兩事，商定辦法。至於中共軍隊之駐地及蘇北、熱河、安東及膠濟路等地，中共軍隊之撤退問題，尚未商定；惟雙方已承認將整軍期間縮短為六個月。明（30）日為停戰期限屆滿之期，蔣先生預定期滿後即無協定，亦不採取軍事行動（如國軍被襲擊，則採取防衛行動）。惟今後形勢，國共關係不善化、則惡化。故予（王）意仍主成立協定；即令協定不能完全解決問題，亦可避免局勢之惡化。予意中共問題為一世界問題。在蘇聯與美國關係未明朗確定之前，我如與中共大決裂，蘇聯必利用美方對我之責難或猶豫，而公然助共。[99]

　　王氏的分析，雖至準確，但也實在找不出更妥善的解決辦法。蔣氏以戰逼和之策，乃告失效矣。

---

98 《徐永昌日記》，民國35年6月29日。第八冊，頁294。
99 《王世杰日記》，民國35年6月29日。第五冊，頁342-343。

第五章

邊打邊談，談判決裂

一、回頭再安關內

東北四平街戰役之後，蘇軍代表向中共東北局表示：中共如有能力在關內另闢戰場，以減輕東北壓力，陷美、蔣於被動，他們願意幫助中共從海上經山東轉運武器彈藥，而且要多少有多少。毛澤東幾乎馬上接受了蘇方的建議，不顧關內停戰令，指示山東共軍發動「報復作戰」。[1]

因此，在6月間的談判和停戰期間，關內已經開打了。到了7月以後，表面還是談判，實際大打，也就是拖中大打。[2]

6月8日，即第二次停戰令生效之次日，山東共軍猛攻德州、泰

1　楊奎松，《中間地帶的革命》，頁505-506。

2　周恩來，〈一年來的談判及前途〉，1946年12月18日。《談判文選》，頁709。

安、周村、大汶口等地。[3]於 10 日攻占之,並集結五萬餘人於青島外圍,十萬人於濟南外圍,準備圍攻青、濟。[4]

國防部於 11 日宣布:「7 日正午十二時停戰令生效以後,東北共軍猛烈攻擊國軍,並向山東全面及河北、山西各省交通線發動猛烈攻勢。」[5]同時,濟南軍區司令官王耀武於 6 月 12 日的報告說:

> 共軍此次在山東全境各地,發動之攻擊,總共兵力在十五萬以上。截至本(6)月(11)日止,張店、周村、膠縣、藍村等處,已先後失陷。泰安、德州,已陷於情況不明之狀態。聊城、高密,亦已入於最嚴重階段。此種計劃,出於延安之策動無疑。[6]

山西方面,閻錫山之報告,謂自 6 月 7 日停戰令頒布後至 24 日,共軍攻占城鎮有聞喜、朔縣、絳縣及莊鎮等一百零七個之多。更集中重兵,企圖圍攻大同。[7]

京滬記者一般多認為打不可免;但打後經濟必混亂,不能長期打下去。民主同盟人士的態度比中共還要激烈,主張強硬,堅決不讓,要打便打,願與中共共患難。認為打對國民黨不利,因為國民黨上面貪汙腐化,下面民不聊生。國民黨區域內有數千萬難民無飯吃。美國有些報刊亦在批評國民黨,說內戰有利於共產黨,不利於國民黨。京滬杭等大城市人民普遍反戰,不滿國民黨之情緒日益增長,不滿美國

---

3 《事略稿本》(66),民國 35 年 6 月 8 日。頁 62。

4 《事略稿本》(66),民國 35 年 6 月 10 日。頁 74。

5 《事略稿本》(66),民國 35 年 6 月 11 日。頁 89。

6 《事略稿本》(66),民國 35 年 6 月 12 日。頁 90-91。

7 《事略稿本》(66),民國 35 年 6 月 24 日「閻錫山電呈」。頁 176-177。

之情緒亦開始發生。中共認為他們的解放區自日本投降後，已發生了很多變化，地盤擴大了兩倍至三倍，人口增加一倍半，軍隊主力由分散而集中，戰鬥技術提高。土地問題解決，根據地更加鞏固。沒有了日本人，不管美國人怎樣幫助國民黨，都比不上日軍戰鬥力。[8]

戰爭既不可避免，美國對中共的利用價值，顯已不甚重要。在蔣拿下長春後，據周恩來之觀察，認為馬、蔣區別（分歧）日益縮小，「東北案係馬提，關內案係蔣提，馬並非完全反對」。「因此，美馬作用亦值得重新估計。」[9]

中共中央於6月22日發表聲明，抗議美國國務院6月14日向國會提出的對華軍事援助法案，說「實際上只是武裝干涉中國內政」。[10]指示各地黨委，說是「美國對華軍事干涉，已日益露骨」，要他們動員群眾，舉行示威大會，要求撤回駐華美軍。[11]

對於馬歇爾，不要公開說他好，也不要公開說他不好，在談判中，仍須經過他來緩和局面。[12]就是說：暫時還有一點利用價值。

7月7日，延安中共發表《「七七」九週年紀念宣言》，對美攻訐。次日，俞大維部長向蔣面報與馬歇爾談談情形。謂馬對共黨宣言肆意攻擊美國，甚感不憚。[13]

8　中共〈中央關於時局近況的通報〉，1946年6月28日。《中共文件》，第十六冊，頁219-221。

9　《周恩來年譜》，1946年6月18日。頁674。

10　毛澤東的聲明，1946年6月22日。《中共文件》，第十六冊，頁208。

11　中共〈中央關於動員群眾的指示〉，1946年6月24日。《中共文件》，第十六冊，頁216。

12　中共〈中央關於對美鬥爭的指示〉，1946年7月6日。《中共文件》，第十六冊，頁230。

13　《事略稿本》（66），民國35年7月8日。頁310。

蔣記曰：

> 馬氏對共已無希望，且已生惡感；希望國府與彼合作，使其任務不致失敗；一方面希望國府勝利統一，另一方面絕對不願國府用軍事解決中共；彼之最大心病，甚恐引起全面內戰，兵連禍結，俄國干涉，發生第三次世界大戰也。[14]

7月29日，自天津至北平之美軍陸戰隊官兵三十餘人，行經香河縣之安平鎮，受到共軍的襲擊，美軍死三人，傷十七人。中共此一行動的動機，據蔣之判斷：蓋在製造事變，以策應國際共黨，迫使美國撤退駐華軍隊之宣傳也。[15]馬歇爾對安平事件，持以忍耐態度，避免事態擴大，妨礙其調解使命，但其調解工作，已倍增困難。[16]

關內國共兩軍之大打，是自7月13日全面戰爭開始，而至10月11日國軍進佔張家口為止。在此之前雖有衝突，只是局部的，雙方都指責對方「違反停戰令」。國方說：自停戰令頒布後，至5月20日止，共軍攻占城鎮二十八處，包圍城鎮五十三處，襲擊國軍地點一百三十七處、七百四十四次，破壞交通六十六次。[17]共方說：在同一時期內，國民黨軍隊向關內外各解放區進攻三千六百七十五次，強占村鎮二千零七十七個、縣城二十六座。[18]

---

14 《蔣介石日記》，民國35年7月14日。
15 《大事長編》，民國35年7月29日。卷六，上冊，頁226。
16 《蔣介石日記》，民國35年8月5日。
17 〈軍委會發言人談話〉，民國35年6月1日。秦孝儀主編，《中華民國重要史料初編：第五編——中共活動真相》（四），頁420。以下簡稱《中共活動》。
18 〈中共代表團發言人談話〉，1946年6月14日。《中共文件》，第十六冊，頁190-191。

雙方雖各執一詞，但也近乎事實。

大打之前一日（7月12日），周恩來致電中共中央說：

> 蘇北大戰即將開始，國民黨部隊由徐州向南、津浦線向東、江北向北，三面同時開始以武裝難民作先鋒，先求解決蘇北後，再打通津浦、平漢等。[19]

國方軍隊進攻的方向如下：

1. 第三方面軍司令湯恩伯（旋由李默庵接任稱第一綏靖區司令）率十五個旅十二萬人，沿長江北岸向蘇中進攻。

2. 徐州綏靖公署主任薛岳率三十五個旅，以主力向徐州以東、一部向徐州以西進攻。

3. 鄭州綏靖公署主任劉峙率三十個旅，向豫東及隴海線以北進攻。

4. 西安綏靖靖公署主任胡宗南率十八個旅，向晉南等地進攻，及在澠池、西安等地布防。

5. 在陝南、鄂西、鄂中、鄂東，對付共方中原軍的計十四個旅，分屬胡宗南、程潛、劉峙三人指揮。[20]

以上計為一百一十二個旅。此外晉、綏、冀及山東的閻錫山、傅作義、孫連仲、王耀武等部不計。

開戰初期，國方失利，據國防部參謀次長劉斐8月14日之報告：

---

19 《周恩來年譜》，1946年7月12日。頁681。

20 中共〈中央關於軍事形勢的指示〉，1946年9月11日。《中共文件》，第十六冊，頁292-293。金沖及，《轉折年代——中國的1947年》（北京：三聯書店，2002年），頁42。以下簡稱《轉折年代》。

　　自7月13日開始全面戰爭，開始由蘇北起，共軍先攻我泰興，我軍死傷過半。我方反攻，他們便擴大戰爭，從徐州至大同、太原、同蒲路，都有戰爭，膠濟路是早有戰爭。蘇北共軍在如皋包圍我軍王鐵漢部，其參謀長被俘。[21]共軍共有兩種，一為正規軍，一為土共，正規軍和土共各一半，作戰互相配合，退卻時土共不退，到處騷擾，我軍只好停止軍事行動，來肅清土共。共軍攻東台，我軍四十七旅，原本戰鬥意志甚低，一被攻擊即垮。

　　運河洪澤湖西北，津浦路以東，宿遷以南等地共軍，為配合作戰，出動魯南部隊三萬餘人，包圍我九十九軍一個旅，我軍死傷過半。魯西、豫北地區，劉伯誠（承）部二、三萬人配合當地土共二、三萬人，向隴海路進攻。共軍中以劉最強。現在考城、民權、商邱，分成三個縱隊，每縱隊有基幹三團，土共六團，總共二十七團。隴海線上有我六個旅，因為要守鐵道線以外據點，兵力非常分散。據報共軍有九萬人；判斷至少六萬人。隴海線關係平漢、津浦、膠濟各線，不但影響蘇北戰事，也影響原定作戰計劃。[22]

　　蘇北戰役開始後，蔣於7月14日離南京飛廬山。16日、18日，國軍從蘇皖之南、北、西三線向共軍進攻。[23]

　　蘇北戰役共方指揮官是華中野戰軍司令員粟裕，率兩個師和兩個

21　《毛澤東年譜》，1946年7月22日，記為「師長王鐵漢被俘」誤。下卷，頁113。
22　劉斐軍事報告，民國35年8月14日。國防最高委員會第二〇二次常務會議速紀錄。國民黨黨史會藏（下同）。
23　《周恩來年譜》，1946年7月13日。頁681。

縱隊共十九個團（後增三個團，二十二個團），約三至四萬人。國方的指揮官是第一綏靖區司令李默庵，於7月9日召開作戰會議，決定13日發起攻擊。不料其作戰計劃，第二天，就被中共方面獲得，並擺到馬歇爾的辦公桌上。[24]

粟裕當即決定先發制人，於7月10日，主動攻擊位於宣家堡和泰興的國軍整編第八十三師的兩個團。該師原番號為第一百軍，師長李天霞，美械裝備，中央嫡系部隊。共軍用兩個旅六個團去打兩個團，於六小時內殲滅之，殘留不到一個營。繼宣泰戰役之後，續有如皋等六次戰役。從7月13日到8月27日結束，在四十五天作戰中，國軍六個旅和五個交警大隊被殲，共五萬多人。共軍傷亡一萬五千人。[25]

中共方面的打法，毛澤東以中央軍委名義指示各戰區負責人說：

> 蔣軍經過整編，其戰鬥力一般加強，我軍對其作戰時，必須取集中優勢分割殲滅方針，其比例為三對一或四對一；否則不易解決戰鬥。欲速不達，無好打之機會時，寧可遲幾天，等待機會。[26]
>
> 凡無把握之仗不要打，打則必勝；凡與正規軍作戰，每戰必須以優勢兵力加於敵人。殲其一部，再打另一部，再打第三部，各個擊破之。[27]

---

24 楊奎松，《國民黨的聯共與反共》，頁647。原據資料：李默庵《世紀之履——李默庵回憶錄》（北京：中國文史出版社，2005年），257頁。

25 金沖及，《轉折年代》，頁43-46。楊奎松前書謂殲國軍五個旅四萬餘人，共軍傷亡一萬六千人。《周恩來年譜》，1946年7月13日，謂殲國軍五萬餘人。頁681。

26 《毛澤東年譜》，1946年7月28日。下卷，頁116。

27 《毛澤東年譜》，1946年8月22日。下卷，頁124。

進至9月以後，國軍攻勢漸趨順利，據參謀總長陳誠9月25日的報告，是時蘇北、隴海路、晉綏冀熱察三個地區作戰情況如下：

蘇北方面：9月15日起，分別進攻泗陽、淮陰、淮安後，蘇北共軍即被各個擊破，殲其一個師及三個縱隊，以及警衛團、騎兵團、憲兵團。擊潰的有四個師的一部或全部。他們失敗的主要原因，為其戰略上的錯誤，與我陸、空軍聯絡得很好；而最大原因是其決堤，反而造成其本身增援與退卻的不可能，以致有一個師和二個縱隊被我軍消滅。

隴海路方面：共軍自晉南調來劉伯誠（承）三十七個團（按：劉斐的報告是二十七個團），策應徐州作戰，適我在徐州集中三個軍，其中三個團由鄭州經過開封，而共軍有三個旅到了開封附近鐵路以南，再向西北運輸，剛巧我軍有一個團自鄭州到達開封，守住了開封。隨後又有兩個團到達，並有徐州的兩個軍西進，遂消滅劉部八千多人。共軍向北撤到荷澤，因我第三軍（師）指揮不當，致傷亡三分之二。劉部傷亡在四萬餘人。[28]

惟據共方資料，隴海路戰役雙方損傷情形，則與陳誠的報告，頗有出入。共方說：劉伯承九個旅的兵力，在定陶（荷澤近南）地區對孤立的第三師進行圍殲，從9月3日到8日戰鬥結束，共殲國民黨軍四個旅一萬七千人，其中俘虜一萬二千人，俘獲中將師長趙錫田。共軍傷亡三千五百人。[29]

---

28 陳誠軍事報告，民國35年9月25日。國防最高委員會第二〇五次常務會議速紀錄。

29 金冲及，《轉折年代》，頁49。

　　晉綏冀熱察邊區方面：陳誠指出，我軍是解大同之圍，傅作義派軍占領卓資山，一部指向察邊。共軍為阻傅軍，進攻集寧，被擊斃二萬多人。其失敗為各役所少見。共軍遂分三路潰竄，蕭克竄至山地，賀龍竄至張家口，聶榮臻向北竄去。[30]

　　傅部很快占領張北，共軍將領初不置信，照常看戲。待傅軍於10月11日進入張家口時，共軍一槍也沒有放。[31]

　　從7月13日蘇北大打開始，到10月11日國軍進占張家口為止，為時三個月，雙方各自總結「戰果」，國方是以攻城略地的多寡為標準，共方是以殲滅敵人的多寡為標準。

　　國方的「戰果」如下：

　　開戰之前，共軍占領的縣城計三百八十六座，作戰後，國軍收復一百一十九座，佔三分之一弱。收復的地區為：

　　山西省：共軍占據之六十三縣，收復十五縣。

　　山東省：共軍占據之一百零二縣，收復二十三縣。

　　河北省：共軍占據之九十四縣，收復十六縣。

　　河南省：共軍占據之十九縣，收復十二縣。

　　江蘇省：共軍占據之三十縣，收復二十一縣。

　　安徽省：共軍占據之八縣，收復八縣。

　　察哈爾省：共軍占據之十六縣，收復七縣。

　　熱河省：共軍占據之十五縣，收復九縣。

30　陳誠軍事報告，民國35年10月13日。國防最高委員會第二〇八次常務會議速紀錄。

31　陳誠軍事報告，民國35年10月23日。

綏遠省：共軍占據之八縣，收復八縣。

陝西、甘肅、寧夏省：共軍之二十一縣，未收復。[32]

共方是以殲敵多寡為標準。毛澤東說：「我們方面一城一地之得失，無關大局。主要任務，是殲滅敵人的有生力量。」[33]

依此標準，毛澤東總結三個月（7、8、9）的「戰果」是：

> 向解放區進攻的全部正規蔣軍，除偽軍、保安隊、交通警察部隊等不計外，共計一百九十幾個旅，而此一百九十幾個旅中，過去三個月內，已被我軍殲滅二十五個旅。
>
> 被我殲滅的二十五個旅中，計湯恩伯（原為李默庵）七個旅、薛岳二個旅、顧祝同（原為劉峙）七個旅、胡宗南二個旅、閻錫山四個旅、王耀武二個旅、杜聿明一個旅。受我嚴重打擊者，有杜聿明、湯恩伯、顧祝同、閻錫山；受我初步打擊者，有薛岳、胡宗南、王耀武。所有這些，都證明我軍能夠戰勝蔣介石。[34]

二、為宣傳而談判

（一）教育第三方面人士和人民

從1946年7月國共在蘇北的大打，到10月間國軍進占張家口，

---

32 國防部，《共軍侵佔縣城概見表》，民國35年10月15日調製。《戰後中國》（三），頁353-356。

33 《毛澤東年譜》，1946年10月10日。下卷，頁141。

34 毛澤東，〈三個月總結〉，1946年10月1日。《毛澤東選集》（北京：人民出版社，1991年），第四卷，頁1205-1206。

為時三個月，是國共邊打邊談時期。共方的談判方式，則由消極的爭取停戰時間，進至積極備戰時期。其方式是「堅持政協路線」，「把談判作為教育人民的工作」。亦即周恩來所謂：我們把對方不願解決問題，告訴人民，用以教育人民。[35] 使「中國共產黨的和平民主方針，與蔣介石的獨裁內戰方針」，經過談判，「為群眾所認識。」因此，「和平雖不可能，但為了教育人民，談判是必須的。」[36]

同時，周氏也要第三方面人士得到教育，使他們懂得談判不會有結果，就同意他們去調解。因為他們內部的大部分人士很動搖，想來個折衷方案，解決問題，希求和平，不一定是聽共產黨的。[37]

周氏此種談判方式，馬歇爾對葉劍英說：「周將軍（恩來）最近幾個月來（按：指7月至10月），並不是為談判而談判，而是為宣傳而談判。」[38]

根據周恩來的分析，第三方面總是不斷的動搖，因為國方二陳（果夫、立夫）、陶希聖等，堅持要開國大。因此，第三方面就發生了分裂的局面，青年黨與民社黨參加國大，早在意中，張君勱（民盟中的民社黨）極端動搖，胡政之自稱內外夾攻、左右為難，黃炎培加上一句「天人交戰」。另外還有幾種人，如陳銘樞反蔣而不進步；梁漱溟、黃炎培、章乃器等自有立場，不願投蔣，但動搖不定。同時第三方面也不斷新生，如聞一多、馬敘倫、馬寅初、張炯伯，學習求進步，聯繫群眾。同時，昆明、北平、上海，都新生了第三方面的群眾

35　周恩來，〈一年來的談判及前途〉，1946年12月18日。《談判文選》，頁709。
36　《周恩來年譜》，1946年11月21日。頁706。
37　周恩來，〈一年來的談判及前途〉。《談判文選》，頁710。
38　周恩來，〈一年來的談判及前途〉。《該判文選》，頁709。

領袖。因此，周之爭取動搖分子目的在教育群眾。[39]

為何要以談判來教育群眾？依周恩來之說，要使中共的「和平民主方針與蔣介石的獨裁內戰方針被群眾所認識」，同時也要使「群眾對美覺悟」。因為抗戰初期，群眾對中共的認識，只重抗日，並認過去暴動政策為錯誤，他們到延安去，亦多自民族立場出發。現在則不同，「共產黨抓住獨立和平民主的旗幟，而與賣國內戰獨裁的國民黨相區別」。由抗戰初期左右之分，變為是非好壞之分。至於美國方面，因群眾對美幻想很大，但自中共6月、7月間發出聲明，指出「美國對華軍事援助的實質，是武裝干涉中國內政」，以及「蔣介石反動派繼續獨裁和內戰的根本原因，是美國反動派的軍事干涉」以後，「群眾對美覺悟，已普遍得出乎意外。」[40]

這是「教民作戰」，預設「倒蔣」、「反美」的作戰目標。

（二）中共之政協路線

周氏所謂的政協路線，也就是毛澤東的《論聯合政府》的路線，是他們長期的奮鬥目標。為什麼叫政協路線而不叫政協決議呢？周說：政協決議已被國方破壞，如果將來再談判，共方絕不承認過去的國大等等。所以決議可變，但路線不變，即黨派協商、共同綱領、聯合政府不能變。[41]只要抓住這個路線，標榜和平、民主、團結、統一方針，而以武裝鬥爭為根本，用以戰勝蔣介石集團。[42]

---

39 周恩來，〈談判使黨贏得了人心〉，1946年11月21日。《談判文選》，頁698。
40 周恩來，〈談判使黨贏得了人心〉。《談判文選》，頁695、頁658註文。
41 周恩來，〈談判使黨贏得了人心〉。《談判文選》，頁706-707。
42 《周恩來年譜》，1946年11月21日。頁706。

　　蔣在6月的談判失敗後，仍於7月2日找周恩來直接談判，談的最多的是蘇北問題，一再重複蘇北對南京的威脅，說這個問題解決以後，再談國大等問題。周沒有鬆口。當晚，周恩來約同王世杰、陳誠等再談這個問題，王承認按照在政協決定的原則，先改組政府，實施共同綱領，然後再解決有問題的地方政權，舉行民選。[43]王說：政府對東北若干省，已允可暫時不照1月10日之停戰協定接收，中共對蘇北問題，必須讓步。周堅決不允。致無結果。[44]

　　蔣氏顯然不願再拖下去，未與有關人員商量，即經由國防最高委員會決定於11月12日召開國民大會。王世杰建議先確定召集辦法，再行宣告日期，希有緩衝餘地，未被接受。[45]

　　周恩來即向馬歇爾表示：11月12日召開國大很突然，等於政府又投下一顆炸彈。政府現在的作法，片面的召開國大，不願開政協，這不合乎政治民主化、軍隊國家化了。這和你（馬）初來的談話，政協協議以及杜魯門總統聲明的精神相違背。[46]

　　此乃周氏「政協路線」的使用，用以捆綁國民黨也。同時，周恩來也向美國哥倫比亞大學教授斐斐說：

　　　　美蘇關係的不好，常影響到中國的內政，這是事實。但從中國的立場看，並非沒有辦法可以自處了。如果國民黨的政府是聰

43　周恩來，〈政府已在各地擴大軍事行動〉，1946年7月3日。《談判文選》，頁511。

44　《王世杰日記》，民國35年7月2日。第五冊，頁345。

45　《王世杰日記》，民國35年7月3日。第五冊，頁345。

46　周恩來，〈國民黨單獨召開國大日期違反政協協議〉，1946年7月5日。《談判文選》，頁516、520。

明的話，它應該自動地負起橋樑的作用，不要甘心地做一國的工具。或者如果中國的國民政府改組成聯合政府了（按：照政協那樣去做），與一切盟國都保持友好關係，則中國不致完全受一國的影響，不能自拔，而且可以反過來積極影響國際間的合作。[47]

周氏之言，雖是宣傳「政協路線」，卻完全像個自由主義者。人民聽了，定會很贊同；但也會覺得國民黨很不對。

三、馬歇爾八上廬山

為求僵局之打破，馬歇爾與王世杰等連日和周恩來商談。認為僵局之所在，是由於政府要求中共退出蘇北行政。[48]王曾兩次向蔣進言，先就已商定之交通等問題成立協議，不必堅持要求中共軍撤出蘇北。蔣不同意。[49]馬歇爾方面之策士，對於中共區域行政問題，有主張用選舉方法暨由聯合國或美國監視者。蔣甚憤憤。[50]

馬歇爾自調解東北問題以來，顯已無能為力，影響力大非昔比。周恩來亦認為「美馬作用亦值得重新估計。」[51]。馬亦感到他的任務困難，乃向其國務院建議，以司徒雷登（John Leighton Stuart）為駐

---

47 周恩來，〈中國不要成為一國的工具……〉，1946年7月9日。《談判文選》，頁535。
48 《王世杰日記》，民國35年7月9日。第五冊，頁348。
49 〈陳布雷對王世杰寒電之意見〉，民國35年8月17日。《戰後中國》（三），頁211。
50 《王世杰日記》，民國35年7月11日。第五冊，頁349。
51 《周恩來年譜》，1946年6月18日。頁674。

華大使，助其工作。蔣頗不喜其人，以其人無定見徒趨時尚也。惟照國際慣例，亦殊難拒絕之。[52]

按美方曾內定以魏德邁為駐華大使，蔣亦表示歡迎。[53]但據《華盛頓日報》社評，因魏出身軍人，且與蔣關係親密，為避免中共反對，故臨時改任司徒雷登為駐華大使。[54]

據馬歇爾自述，他建議以司徒為駐華大使，乃「因委員長完全為左右軍政右派所包圍，中國局勢日見惡化。我（馬）遂感覺需要一位美國人，人格高尚正直，在中國服務多年，助我調處工作。」[55]

但司徒此人，似甚迫不及待，尚未到職，即於7月16日到中國外交部訪問，並對中國內政發表談話。國府中人頗不滿。[56]

自7月中旬起，國軍在膠濟路沿線及蘇北地區，與共軍大衝突，戰事有燎原之勢。[57]蔣自7月14日起偕夫人往駐廬山，一直到9月21日離牯嶺去南昌，26日回南京。這段期間，是在全力指揮對共作戰。馬歇爾和司徒雷登調停其間，八上廬山，兩方奔走。八次登廬的時日及其活動如下：

第一次：7月18日，馬與新任駐華大使司徒雷登到廬。蔣自記談話經過曰：「馬歇爾謂，彼對周恩來已不能置信矣！又民盟部分人士為昆明發生李（公樸）、聞（一多）被刺案，心懷疑懼，竟託馬歇

52 《王世杰日記》，民國35年7月8日。第五冊，頁348。
53 《事略稿本》（65），民國35年5月18日。頁547。
54 《事略稿本》（66），民國35年7月15日。頁350-351。
55 梁敬錞，《馬歇爾使華報告書箋註》，頁306。
56 《王世杰日記》，民國35年7月16日。第五冊，頁351。
57 《王世杰日記》，民國35年7月15日。第五冊，頁351。

爾、司徒雷登轉告彼等生命已無保障，談判難以繼續云。」

19日，蔣與司徒會談，告以共軍如不能統編為國家軍隊，則中國民主政治之障礙，無法消除。次日，又告以政協決議仍屬有效，待共方停止攻勢，方得實施。[58]

第二次：7月26日，馬由京來廬。行前，周恩來向馬提出解決目前局勢兩項辦法：其一是馬上實行全面長期無條件停戰。其二為改組政府，按照政協原則，處理地方行政。[59]

蔣認為各地共軍大部分為國軍阻截，周氣沮，故又醞釀恢復和談也。[60]

馬歇爾回南京後，周恩來對馬說：「前天（7月30日）你（馬）回來後，我（周）想會有很多人來見你，所以沒有來。實際情形很嚴重，我簡單說一下。」[61]第一，立即宣布全國停戰。第二，派執行小組到衝突地區。第三，軍事、政治問題一道解決。如被拒絕，證明政府要擴大內戰。[62]

第三次：8月4日，馬來廬，向蔣報告與周恩來8月1日在京談話經過。蔣允由司徒雷登續與中共交涉。照6月30日以前所談之條件，作為最後之條件，以示政府不拒調解也。又囑祕書沈昌煥告知司徒：「所商談對共黨交涉之條件（即下述五條件），為政府最大限度讓

58 《大事長編》，民國35年7月18日至20日。卷六，上冊，頁220-221。

59 《周恩來年譜》，1946年7月26日。頁684。

60 《大事長編》，民國35年7月26日。卷六，上冊，頁224。

61 周恩來，〈安平事件應該進行調查〉，1946年8月1日。《談判文選》，頁573。

62 《周恩來年譜》，1946年8月1日。頁684。

步。如共方有一不能同意，則應斷然中止談判。」[63]

8月6日午，司徒自廬山回南京，約周恩來晚餐，談五小時。司徒上山原定向蔣提議一面停戰，一面改組政府。蔣僅同意司徒提議先成立一非正式小組，由司徒及國共雙方商談改組政府。

但在商談前，中共須接受下列五條件：第一，讓出蘇皖邊區。第二，讓出膠濟線。第三，讓出承德與承德以南地區。第四，東北在10月15日前，退至黑龍江省、興安省及嫩江省與延吉。第五，魯、晉兩省須退出6月7日後占領地區。否則停戰、改組政府，都無從談起。

司徒問周：有無商量餘地。周答絕對不能接受。周問：蔣何以如此無理，愈要愈多。司徒說：蔣說形勢已變。司徒問：和平無望，似非內戰不可了。周說：蔣要求無厭，故內戰責任應由蔣負之。最後周告訴司徒：蔣逼我條件，較馬折衝時尤苛，證明對司徒毫無好意，故出難題。[64]

8月6日，馬自廬返京，蔣為設宴，並談共黨問題，蔣自記所感曰：「彼於言次雖表示對共黨不能信任，惟於達成調解任務，則仍存奢望也。」[65]

據馬歇爾自述：

我在牯嶺與委員長作坦白的談話，我先說司徒雷登博士與周恩來接洽，不得要領。周將軍以為五條件，使談判重回到6月30

63 《大事長編》，民國35年8月4日、5日、6日。卷六，上冊，頁229-230。

64 周恩來，〈蔣介石的五條件要求絕對不能接受〉，1946年8月6日。《談判文選》，頁583。

65 《大事長編》，民國35年8月8日。卷六，上冊，頁231。

日的僵局，且因其新增要求之苛刻，情勢轉惡。[66]

第四次：8月15日，馬四度來廬，行前馬曾與周恩來談話，周說：蔣的五個條件是內戰的路線，要停戰現在就停，否則必定大打。[67]馬對蔣說：周意仍須全面停戰，改組政府；政府改組後，方得召開國大。共軍絕不撤出蘇北。地方行政問題，重行選舉，須先商談選舉法。

蔣以中共一意曲從美國，無解決問題之意向。馬以為對共採取軍事行動，必將引起內戰，使國家陷於崩潰；如用政治商談，以求妥協，雖不能保證共黨不再叛亂，但較有和平之希望。並認為聯合政府如無中共參加，反促共黨擴大叛亂之決心。蔣問馬：政府如無中共參加，即不成民主政府乎？中共能否放棄武力奪取政權？能否不受俄國指揮？馬對蔣之所問則不重視，而一意要求立即停戰。蔣自記曰：「從未見有如此頑固者，可痛。」[68]

據馬歇爾自述：

> 8月19日，余與委員長又在牯嶺相會。在此會中，他對於時局重申前意。⋯⋯他非待國府委員會案，得到雙方同意，不肯頒發停戰命令。他說此是政府最大之讓步，亦是冒險的一種舉動。我回答說，我不明白同意停戰，對政府有何增加之冒險；我的意見，適得其反。[69]

66 梁敬錞，《馬歇爾使華報告書箋註》，頁318。

67 《周恩來年譜》，1946年8月15日。頁686。

68 《蔣介石日記》，民國35年8月16日。《大事長編》，民國35年8月15、16日。卷六，上冊，頁237。

69 梁敬錞，《馬歇爾使華報告書箋註》，頁232。

　　蔣之堅持，似即受到美國之懲罰，18日，杜魯門總統以行政命令，制止中國購買美國剩餘軍火。在此之前，馬已電請其政府，自7月份起，斷絕一切對華援助。[70]

　　而據周恩來之透露，由於美國「反動派主張公開援蔣內戰，中間派則主張不撤兵，馬不回（美國），繼續調解停戰、援蔣。美政府聲明不援助軍火，等於說仍援助物資。因此，馬、司（徒）乃於馬四上廬山時，重提從政治上談改組政府事。」[71]

　　是以蔣允先談改組政府，然後停戰。但周又認為是蔣欲取得更多美援，故告訴馬及司徒說：欲談組府，必須蔣承認談後停戰，放棄五項要求及按政協組府。目的是揭穿蔣之「欺騙」，反對美之援蔣。[72]

　　蔣認為美之施壓，使共方態度更為強硬。自記所感曰：「共匪猖狂異（益）甚，美國壓力續增，艱難可云極矣！」[73]

　　馬氏以為：「委員長此際認為『只有武力是一解決辦法』之意見，則仍似乎甚為明顯。」[74]

　　第五次：8月24日，馬由京來廬。這是出於周的設計。周為拉攏司徒及其隨員傅涇波，證明拖、打責任，均在蔣方，故讓馬再上一次廬山，以揭穿蔣絕不會放棄五項要求與立即停戰。如蔣再提要求，不

70　《大事長編》，民國35年8月18日。卷六，上冊，頁238。

71　周恩來，〈美、蔣在三個問題上已得到一致意見〉，1946年8月31日。《談判文選》，頁634。

72　周恩來，〈揭露蔣介石拖中大打……〉，1946年8月27日。《談判文選》，頁628-629。

73　《蔣介石日記》，民國35年8月19日。

74　梁敬錞，《馬歇爾使華報告書箋註》，頁3289。

作肯定答覆。即得民盟擁護而談判，由聲明非立即無條件停戰與照政協辦事，或重開政協談判，解決停戰、組府、自由、憲草、國大等問題。迫美國如再一面商談，一面援蔣，則更可暴露美之陰謀。再加以大力宣傳，造成輿論，逼美表態。[75]

這是周氏為宣傳而談判，以談判而宣傳也。

在周之設計下，馬向蔣提議組織五人小組，談政府改組問題，蔣原不贊成，經馬之力爭，始勉強同意。小組的人選是吳鐵城、張厲生（政府代表）、周恩來、董必武（中共代表）及司徒雷登（美方代表）。周乃以談好後，應立即停戰與放棄五條難之，並公開發表談話以宣傳之。

國民黨中宣部長彭學沛及吳鼎昌、吳鐵城等連續聲明，絕不能接受中共所提兩點。周乃告司徒，說小組尚未會談，即告失敗，因國方毫無意於停戰，且仍欲以武力實現五條，一經會談，便可證明。到時我們（周）將聲明馬、司徒調解完全失敗，只有使執行部及其小組宣告解散。司徒聞言乃紅了臉，說果如是，我一定要以國家力量勸蔣。周認為：「只要馬、司不論從軍事上、政治上，都已無話可說，則一切責任自明，美國騙局再也繼續不了。」[76]

蔣記曰：「共黨叛亂，與反美行動，已如此猖獗，而馬歇爾氏猶不悟至此，不勝慨嘆！但為表示我對和平誠意起見，當仍勉允一試。」[77]

75　周恩來，〈揭露蔣介石拖中大打……〉。《談判文選》，頁628。

76　周恩來，〈美蔣在三個問題上已得到一致意見〉。《談判文選》，頁635。

77　《大事長編》，民國35年8月24日。卷六，上冊，頁241。

周之詭計多端，實玩馬、司徒於股掌之上。尤其是司徒，周認為他是「老實無用，說到無理時，就臉紅無話說。」[78]故易玩弄之。

第六次：8月31日，馬來廬，與蔣商談改組國民政府問題。蔣表示改組國府、召開國大及重行頒發停戰令三事，應同時解決。而停戰令乃為政府之最後一著，不能隨意使用。馬仍急於要求停戰。惟據司徒隨員傅涇波見告：共方仍堅持立即全面停戰與撤回五項要求，為先決條件，不可待政府改組成立時停戰。[79]

馬返南京後，偕同司徒於9月4日至6日三天，與周恩來連日商談，馬說：五人小組限於討論國府委員會問題。周表示：如不停戰，中共就不能提出國府委員成員名單。周說：再讓步一次，同意五人小組會談改組國府委員會辦法，商定辦法後，政府是否下令停戰及放棄五條要求。馬及司徒表示無法保證。周最後表示：不能再無限地忍耐，要求美、蔣明白表示態度。會後，馬七度飛廬。[80]

第七次：9月9日，馬到廬，為求獲得共方之妥協，主張五人小組及軍事三人小組同時進行。蔣曰：軍事三人小組如商停戰問題，則必須將6月30日以前所商定之恢復交通與整軍方案，同時解決；且在下令停戰前，共黨須將其參加國府委員及國大代表名單，同時提出；否則不能下令停戰。[81]

據馬歇爾記述：「9月10日，余（馬）與委員長牯嶺會商後，返

78　周恩來，〈談判使黨贏得了人心〉，1946年11月21日。《談判文選》，頁697。

79　《大事長編》，民國35年8月31日、9月2日、4日。卷六，上冊，頁244-247。

80　《周恩來年譜》，1946年9月4日、5日、6日。頁690。

81　《大事長編》，民國35年9月9日。卷六，上冊，頁249。

回南京。委員長於會談中，曾作一重要之讓步。渠謂國府委員會組成後，地方政權問題，可移送討論。」[82]這是中共的地方政權問題，可按政協決議解決。

馬回南京後，告知周恩來說：「地方政權之整個問題，可由國府委員會解決，至少蘇北地區，一定可以如此。」[83]即是說，蔣所堅持收回的蘇北地區，也不要了。

以後數日，周和馬及司徒會談，周建議召開三人小組會議，商討停戰問題。又要國民黨保證，中共和民盟之國府委員須十四席。早日發布停戰令，否則就沒有召開五人小組會議之必要。[84]

這時，周的態度強硬起來了。致馬一份備忘錄，除歷述國民黨「違約背信」外，提出「最後通牒」式的警告：

> 我（周）現以中國共產黨全權代表之地位，特向閣下、三人會議主席馬歇爾將軍提出直截（接）了當開門見山之辦法，請閣下立即召開三人會議，商討停戰問題。[85]

第八次：9月15日，馬最後一次來廬，向蔣詳述與周恩來商談之經過，謂對共黨所提要求政府保證停戰一事，始終未允。蔣認為馬氏此一態度，尚屬難得。惟周仍堅持須先談軍事，重開三人小組會議，討論停戰問題。國府委員名額，共與民盟必須占有十四席。蔣允十三席。[86]

---

82 梁敬錞，《馬歇爾使華報告書箋註》，頁368。
83 梁敬錞，《馬歇爾使華報告書箋註》，頁373。
84 《周恩來年譜》，1946年9月10日、14日。頁691。
85 周恩來，〈內戰嚴重發展……〉，1946年9月13日。《談判文選》，頁643。
86 《大事長編》，民國35年9月15日、17日。卷六，上冊，頁254。

　　馬於17日回京時，周則先一日去滬，以示拒絕參加政治五人小組會議（談政治）。要求迅即召開軍事三人小組會議（談軍事）。[87]

　　馬與司徒經過八次的奔走，可謂徒勞無功。馬氏有一檢討，認為雙方之立場，無法調協。彼與司徒曾盡力藉五人小組之提案，以打開僵局，以導致於停戰，向委員長施以重大壓力，獲致蔣對吾儕提案之首肯，卻遭受共方之拒絕。共方之宣傳攻勢，係破壞吾儕努力之一因素。且由此而導致混亂與誤解，其中最尖刻者，則為共黨反對美國政府及剩餘物資之轉讓。共方之猜疑歪曲與不顧事實之真相，強加卑劣之目的於剩餘物資之交易，謂此欲助長中國之內戰。然此與事實，實完全相反。[88]

　　馬氏一向嚴厲指責國民黨，對共黨則較寬容。但這一批評共黨的文件，尚是少見。對於蔣及國方的批評，則至緩和，只是說政府在此時期之立場較不穩定，政府首將戰爭之責任歸於中共，因而堅持並無頒發停戰令之必要。似乎責任在蔣方。但對於委員長表示江蘇地方政權問題，可由國府委員會議解決，則不宜放棄五項條件矣。似有肯定之意。不過認為「政府之軍事進展，已使此五項條件之執行，多少成為既成之事實。」[89]，所謂讓與不讓，已無差別了。

　　就整體而言，馬之八上廬山，為蔣、周之間討價還價，蔣較寬鬆，周則堅持，是以無從談攏。乃因共方已有既定立場，志在談而不在和，是為宣傳而談判也。

87　《大事長編》，民國35年9月27日。卷六，上冊，頁259-260。
88　梁敬錞，《馬歇爾使華報告書箋註》，頁380。
89　梁敬錞，《馬歇爾使華報告書箋註》，頁380。

四、周恩來斥責馬歇爾

　　9月21日，蔣離廬山去南昌，於26日回南京。此時對共作戰已取得優勢。蘇北國軍收復淮安（共軍蘇北根據地）。魯南收復台兒莊，山西大同解圍，熱河收復承德，綏東收復集寧，指向張家口。此為共方急求停戰之故也。

　　其情勢之嚴重，周恩來致馬歇爾備忘錄指出：自6月休戰談判中斷以來，國民黨在關內大舉進攻。在此三個月中，他們已進占許多城市，除了攻占中原、蘇北、皖北、山東、山西、河北、熱河等地區外，又聲言將攻占承德、張家口和延安，果然不久即攻占承德。周聲明：如果國民黨不立即停止對張口的軍事行動，中共不能不認為政府公然宣告全面破裂。[90]「只有立即停止進攻張家口，才有和平談判的餘地。」[91]

　　馬即向蔣申明：應即與共方協議無條件停戰。否則彼即建議杜魯門總統將其召回，並終止美國之調處工作。蔣約見司徒雷登，告以一俟張家口收復，即可自動宣告停戰。為此，馬、蔣爭論至烈。馬說：政府於6月談判中，曾應允將張家口劃歸共軍駐守，現國軍已收復承德及古北口，故現在張家口之戰略地位，較之本年6月已減少其重要性矣。馬以去留爭。兩人鬧彆扭，三日不見面。經司徒之勸解，蔣於10月6日約馬晤談，允馬之建議，下令對張家口休戰十日。在此期

90　周恩來，〈不立即停止對張家口的進攻即表明政府宣告全面破裂〉，1946年9月　　　30日。《談判文選》，頁653-654。

91　周恩來，〈中國人民有力量戰勝……〉，1946年10月1日。《談判文選》，頁　　　660。

間，三人小組商談軍事問題，五人小組商談政治問題。[92]

為此，馬於9日自赴上海，邀周恩來回京商談。周不但拒絕回京，且斥責馬氏調處之不公。其言曰：

> 你（馬）與司徒大使只在中共拒絕政府要求時，才發表聲明；而在政府拒絕中共要求時，則不發表聲明。
>
> 司徒大使參加談判，政府提出五點要求，等於破壞司徒大使的調處，你們那時又不發聲明。而在五項要求遭中共拒絕以後，你卻發出聲明了。[93]

馬表示：共方既謂余調處不公，則余應退出調人之地位，遂於當日下午六時獨自返京。[94]

蔣對馬氏之受辱，頗有「幸災樂禍」與「報復」之心理。其自記曰：

> 馬之飛滬訪周，希邀共黨之青垂，然竟為共黨無情拒絕，此其所受之打擊，在彼（馬）或以為比余（蔣）所受於彼者，更為難堪乎？乃彼始承認共黨已不容其調解，而遺棄不顧矣。[95]

五、第三方面最後奔走的失敗

周恩來既對馬歇爾所提對張家口休戰十日之建議，加以拒絕，國

---

92 《大事長編》，民國35年10月1日、2日、4日、6日。卷六，上冊，頁263-272、275。

93 周恩來，〈蔣介石的兩條要求……〉，1946年10月9日。《談判文選》，頁671-672。並見《戰後中國》（三），頁228。

94 《事略稿本》（67），民國35年10月9日。頁272。

95 《蔣介石日記》，民國35年10月12日後「上星期反省錄」。

軍遂繼續向張家口推進，共方則集結重兵，準備包圍國軍，而國軍傅
作義部，以騎兵突行收復張北，再自張北南下，逕趨張垣，行動敏
捷，使其無法拒抗。張家口遂於10月11日收復。[96]

如此，可以斷絕共軍關內與關外之陸路聯絡，及關內共軍彈械之
接濟。[97]蔣介石大為滿意，認為：

> 張家口收復，察省底定，北門鎖鑰在握，一年來所最為憂慮
> 者，至此始得解決。而內蒙局勢，亦因此轉趨安定。共軍竄竊之
> 瑕隙，至此已大部遏阻矣。[98]

張家口之收復，蔣即自動下令停戰，並決定由國府頒發國大召集
令，以11月2日為國大代表報到之日。這是不願再與共方拖扯下去
了。王世杰欲勸阻之，蔣以為此會既只制憲而不行憲，儘可不再顧慮
反對。[99]

蔣繼於17日發表關於中共問題之聲明，並由馬歇爾送交中共。
聲明內容含有八款，此八款大都為中共原已同意者，或原為中共所要
求者。其最要之點如：

1. 東北共軍及國軍應照6月間所擬定之駐地與分配，儘先實行。
2. 關內地方行政權問題，可交改組後之國府委員會解決。
3. 中共須於停戰令發布之日，提出國大代表名單，以示願意參加
   國大。[100]

---

96 《事略稿本》（67），民國35年10月11日。頁280-281。
97 《王世杰日記》，民國35年10月11日、12日。第五冊，頁405。
98 《事略稿本》（67），民國35年10月31日「本月反省錄」。頁402。
99 《王世杰日記》，民國35年10月12日。第五冊，頁405。
100 《王世杰日記》，民國35年10月16日、17日。第五冊，頁407-408。

蔣又商得孫科之同意，由孫發表談話，敦勸中共接受蔣之八款。孫商得蔣之允許，由政府政協代表推邵力子、吳鐵城及雷震赴上海，邀請中共及其他黨派人士來京商談。[101]這是蔣在軍事勝利後，再次以戰逼和的嘗試。

中共方面，對於繼續談判，並不拒絕，只是談而不和。延安方面的指示是：

> 在全國大打條件下，一切談判是為徹底暴露美、蔣反動面目，教育群眾。只要美、蔣一日不主動放棄政治談判，以欺騙群眾，則我亦不應主動對美、蔣宣告談判最後的破裂，使自己陷於被動。[102]

因此，周恩來為了爭取說服第三方面的某些人士及「揭露國民黨假談判真打的陰謀」，即同第三方面人士黃炎培等多人，於10月21日來到南京，準備繼續談判。[103]當日蔣即接見彼等。周向蔣表示，不能接受其八條。蔣告知王世杰，謂國府委員會可照政協會議改組，行政院須於國大會後改組。一切交孫科處理，即赴臺灣。[104]

第三方面人士提出折衷方案，主張現地停戰，關外之長春鐵路由政府立即接收，東北共軍分駐於嫩江、合江、黑龍江三省。[105]

周恩來憤怒地責備他們，說這個方案是對中共「落井下石」。因

101　《王世杰日記》，民國35年10月18日、19日。第五冊，頁408-409。

102　《周恩來年譜》，1946年10日13日。頁697-698。

103　《周恩來年譜》，1946年10月21日。頁700。

104　《王世杰日記》，民國35年10月21日。第五冊，頁409-410。

105　《王世杰日記》，民國35年10月28日。第五冊，頁412。

此，第三方面人士即到孫科、馬歇爾處收回方案。事後周告知其同夥李維漢說：對中間分子，平時以說服教育為主，但在他們嚴重的動搖關頭，必須堅決鬥爭，糾正他們的動搖。[106]

說起來，這些第三方面人士，也只是希望解決問題，得到和平，而努力奔走。但共方只是為宣傳而談判，如此談判，怎會有結果？

但第三方面人士尚不死心，於10月30日晚在孫科寓會談，到會者有民盟黃炎培、沈鈞儒、梁漱溟、章伯鈞、張申府、羅隆基、徐溥霖、蔣勻田，青年黨曾琦、李璜、陳啟天，無黨派代表莫德惠、繆嘉銘、胡政之等，政府代表除陳立夫外，王世杰、邵力子、張厲生、雷震等均到。首先由孫科說明政府之意見：第一，行政院須在國大閉會後改組。第二，憲草照從前所協議者。第三，地方政權問題，中長路沿線各縣市先由中央接收，其餘由改組後之國府委員會解決之。

孫之第二項說明，等於取消國民黨二中全會的修改案；第三項即不提蔣之五條件（實際上，國方軍事之進展，已完成此條件）。似為國方最大的讓步。

但羅隆基報告中共方面之意見：第一，不能以提出國大代表名單作為停戰條件。第二，欲中共提出國大名單，須先改組國府，同時改組行政院；協議修正憲草；協議國大名額及開會日期。否則不能提出國大名單。關於停戰問題，須為無條件停戰。地方政權問題，不能以某一省城或縣城在國軍手中，即視為此全省或全縣之政權無問題。

羅之轉達共方意見，使問題更為複雜，而無從解決了。所以李璜表示：第三方面覺得奔走以來，已無力可盡，最好由政府代表與中共

---

[106]《周恩來年譜》，1946年12月8日。頁701-702。

代表直接面談。王世杰問：「昨日見面時，諸君提出問題，希望獲致解決，……何以各位今天忽轉而消極？」李璜答稱：「此乃有如連環，不能打開，即政府要先提國大名單，而中共要先改組國府及行政院。政府所要求者，中共做不到；中共所要求者，政府不許可。」曾琦說：「我索性說穿中共之隱衷，中共以為政府今日之停戰，是因冬令不宜於戰爭，騙得中共參加國大後，將來仍不免戰爭。」[107]

在第三方面人士調解不成之後，蔣於11月2日考慮：「可否電約毛澤東來京之研究」。[108]並草擬致毛電文如下：

> 延安毛澤東先生勳鑒：握別經年，想念殊殷。此一年來國事紛紜，靡有寧息。和平建國之始願，迄未達成。鋒鏑餘生之同胞，更增痛苦。興念及此，昕夕不安。中共駐京代表於政治協商會議以後，對各項實際問題，均未能與政府為具體確定之解決，致使枝節叢生，紛爭無已。遂時日遷延，國家蒙受巨大之損失，良堪悵惋！中○（正）認未得從速解決紛爭，達成團結一致和平建國之目的，惟有賴於先生之來京一行，與中○（正）彼此罄談，面商一切。庶幾披瀝肺腑，增加諒解，促成問題之解決。國計民生，均所利賴。切望早日命駕，以便派機迎迓。不勝殷盼之至！蔣○○（中正）。[109]

---

107 〈陳布雷上蔣主席報告政府代表與第三方面人士會談情形〉，民國35年10月31日。《戰後中國》（三），頁237-239。

108 《蔣介石日記》，民國35年11月2日。

109 蔣中正致毛澤東電底稿，民國35年11月。國史館檔案《蔣中正總統文物》，檔號080104，第十四卷，08A01414號。

　　由此電文觀之，蔣氏謀和之意，至為懇切。此時正是蔣在軍事上取得優勢，可能認為「逼和」有達成之希望。惟此電未見發出，亦可能認為不為毛氏所接受。於此可見蔣氏陷於和戰兩難之境。

　　拖到11月7日，距國大開會（11月12日）只有五天，談判尚無結果。蔣於是晚約集王世杰等會商，王請蔣對和戰問題，應確定方針，並謂「政府決策應著重東北問題之解決，東北問題必須在最近三、四月內求一解決，無論為武力的解決，或和平的解決，斷不可延擱不決。」蔣謂當尋求和平解決之道，並允考慮由政府自動宣布停戰。因於11月8日發布停戰命令。這是希望和談能夠繼續下去。

　　9日，王世杰等在孫科寓所與周恩來及其他黨派諸人，直接談話。中共仍堅持國大必須延期。會後，王向蔣建議：如彼方明後日提出國大代表名單，國大開會不妨延期開議。蔣認為有困難。[110]

　　10日，國、共及各黨派代表續行會談，名為「非正式綜合會議」。中共堅持國大須改期，行政院須於國大集會前改組。王世杰謂如中共能將國大代表名單立即提出，則可提請政府考慮延期數日。周恩來謂不能先提名單。會畢王語孫科，國大集會只餘一天，殆無協議之可能。青年黨曾琦、民主社會黨張君勱（民盟中一派）及無黨派人士擬即提出名單，參加國大。遂改定11月15日開幕。這是延後三天，以為緩衝。中共仍無參加之表示。[111]

　　各方仍作最後之努力，12日，續行協商，共方代表表示：如不將國大暫行完全停止，則中共不但不願參加，且不願商談國大之事。[112]

110《王世杰日記》，民國35年11月7日、8日、9日。第五冊，頁419-421。
111《王世杰日記》，民國35年11月10日、11日。第五冊，頁422-423。
112《王世杰日記》，民國35年11月12日。第五冊，頁424。

此時民盟人士章伯鈞、沈鈞儒、張申府已簽名參加國大，因周恩來之勸告，勾去簽名。[113]

至此，國共和談，乃告決裂。

11月13日，周恩來對馬歇爾說：「此一決裂，乃由政府而非由吾人（中共）所發動。整個問題，固繫於政府，而非繫於吾人也。」馬不以為然，認為共方不能無錯，說共方有「一種錯誤的畏懼」，對國方的建議及一切舉措，均不置信。[114]

周率中共代表團李維漢等一行十餘人於19日飛返延安。21日，與毛澤東、劉少奇在棗園談話。毛說：中國人民中間以及我們黨內都有打不打的問題，但這個問題現在是解決了，剩下的問題就是勝不勝。毛在這次談話中，第一次提出做打倒蔣介石的工作。[115]

馬歇爾的調處任務，至此可算終了。其失敗原因，魏道明和徐永昌有一評論如下：

　　魏：渠（馬）來努力國共和解，本屬不可能之事。今日得此結果，雖云應有，亦必甚慍。吾人擬以渠失敗而去，蘇（聯）人必來；來必成功。蓋蘇人雖無善意，卻有地位力量，不似美之有善意，而無地位力量者。吾人處茲危局，亦祇有暫屈與和而已。

　　徐：對馬之慍，應解釋以整個歐美國家不能左右蘇聯，馬翁如何能左右中共（原注：緣中共今日亦即蘇也）。伯聰（魏字）

113　《周恩來年譜》，1946年11月12日。頁704。

114　〈馬歇爾與周恩來談話摘要〉，1946年11月13日。《戰後中國》（三），頁247、251。

115　《毛澤東年譜》，1946年11月21日。下卷，頁150-151。

恐美國待我消極，故以蘇要之，至善。且恐為必然趨勢。似當老實告之。[116]

魏氏之言，似非「空谷來風」，可能得自某方的訊息。即在馬氏退出調停之後的數日（10月15日），俄使館人員向蔣經國要求：

首先，希望國方懷疑美國對華政策。其次，希望對共黨從速停戰，否則將為美國所乘，將失卻自主地位。第三，中俄外交如能增進改善，則共黨關係可擱置一邊。第四，探詢蔣氏是否有訪俄之意。最後，表示俄方並未接濟中共。[117]

顯然的，可能由於蔣經國主動向俄方徵詢，而俄方有此要求也。蔣介石乃有如下之考慮：

要蔣經國再向俄方探詢：第一，問其如何著手改善中俄外交關係。第二，如何將共黨擱置一邊。第三，中國決不受任何國家之控制，必取自主與主動地位。[118]

遲至12月2日，俄方始有回答。這天，蔣經國向蔣報告與俄使館人員談話經過，說俄方「故意」表示：

第一，中國政府如能不親英美，則俄亦不扶助中共。第二，政府軍隊如進攻延安，則中共總部必遷往東北。第三，中俄兩國

---

116 《徐永昌日記》，民國35年12月8日。第八冊，頁349。

117 《蔣介石日記》，民國35年10月17日。《事略稿本》（67），民國35年10月17日。頁322-323。文句略與蔣之《日記》不同。

118 《蔣介石日記》，民國35年10月17日。《事略稿本》（67），頁323。

有關東北之協定，希望早日實行；並應先由簽訂經濟協定著手。第四，希望政府對中共能迅謀妥協。[119]

俄方上項條件，顯然徵得中共的同意，自非蔣氏所能接受。蔣曰：「此乃俄國與中共最近之企圖也」。[120]

蔣之親美而遠蘇，美是成事不足，蘇是破壞有餘。反之，搞好對蘇關係，國共和解，或較美馬調解為有效也。但蘇之條件，直要蔣氏屈伏，亦非蔣氏所能接受。美則口惠而實不至，只是一味對蔣施壓。蔣氏處境，可謂難矣！

六、和談決裂原因之檢討與評析

戰後國共和談，從1945年8月28日重慶會談，到1946年10月由第三方面人士的調解，為時一年又兩個月的談判，爭論不息，糾纏不清，無非是圍繞著和與戰問題在打轉。概括言之，馬歇爾是以和避戰，蔣介石是以戰逼和，但卻戰而不決，和則無成。毛是戰而不和，以及談而不和，準備決戰。從1946年1月10日到同年2月25日，由停戰令的頒布、政治協商會議的舉行，以及整軍方案的簽訂，由於蔣、毛接受馬之調解，所以馬之以和避戰的進行，至為順利。但其結果，只是紙面上的協議，並無助於避戰也。

但蔣、毛對於馬之調處工作，並非沒有意見。蔣認為馬「對我國內情形及中共陰謀，並無了解，終將誤大事也。」對於馬氏所提意

---

[119] 《事略稿本》（68），民國35年12月2日。頁11-12。

[120] 《事略稿本》（68），同上日期。頁12。

見，蔣則認為過於偏袒共方。[121]且認為馬氏「已完全為共黨宣傳所迷惑矣」。[122]

但對馬也有肯定之處，謂其「懷柔中共，以求得共軍之就範，使整編軍隊問題得以和平解決。」[123]惟其整編方案，乃紙上談兵耳！

毛澤東則認為馬之「懷柔」中共，是「放長線」，蔣也跟著「放長線」。所謂「放長線」，是為「釣大魚」。所以毛說：放半年，我們就會忘了黨歷來的路線。即是忘了「打倒法西斯殘餘勢力和資產階級中的反革命，那就危險得很。」[124]

對於整軍方案，毛說：「美國和蔣介石要以全國軍隊統一來消滅我們，我們要統一，而不被消滅。」[125]其法，就是表面配合，暗中抵制。

到了1946年3月、4月間，蘇軍自東北撤退，國共兩軍為爭奪接收，再起衝突，馬氏以和避戰策略便告失效了。此時馬氏返美述職，[126]由吉倫將軍代理其職務，力圖挽救，雖有3月27日東北停戰協議的成立，並未能達成停戰的效果。迨馬於4月18日回到中國。中共已隨蘇軍之撤走，奪取國方已接收的四平街和長春。蔣於是月28日與馬商討東北問題，達五小時之久，察覺馬氏之心理及態度：「時現恐懼與無法應付之情態」，「一惟共黨之要求是從。」蔣認為馬的「消極與懷柔方法」已經無效了。[127]

121　《大事長編》，民國35年1月22日。卷六，上冊，頁24。
122　《大事長編》，民國35年2月25日。卷六，上冊，頁58。
123　《大事長編》，民國35年3月31日。卷六，上冊，頁90。
124　《毛澤東年譜》，1946年3月15日。下卷，頁61。
125　《毛澤東年譜》，1946年2月12日。六卷，頁57。
126　據梁敬錞，《馬歇爾使華報告書箋註》，馬係自己請求回國，並非杜魯門電召（據美國國務院檔案記載）。頁145。
127　《大事長編》，民國35年4月28日。卷六，上冊，頁124。

也就是說，馬的以和避戰之策失效了。馬雖仍然堅持其消極與懷柔方法，但蔣則自行其道，乃行以戰逼和之策。因於5月19日拿下四平街，23日進占長春。蔣認為他的以戰逼和成功了。馬氏不以為然，認為：「共軍現在避戰，如國軍跟蹤而進，則必延長戰線，予共軍以處處可以截擊之機會。」[128]毛澤東的決定是：「東北是未了之局，我黨須準備長期鬥爭。」[129]

為執行毛之決定，乃由其代表周恩來施展拖延戰術，利用馬歇爾對蔣施加壓力，爭取到二十三天（6月7日至30日）的停戰時間。周之拖延戰術，頗使國方代表徐永昌深感無奈，徐說：「連日共方提出之對案，仍係抱拖延政策，一味胡纏。」「所以日言和平者，特玩弄吾人耳。」[130]

在此拖延期間，毛澤東接受東北蘇軍代表之建議，指示關內共軍發動「報復作戰」。蔣之以戰逼和策略為之失效矣。

到了1946年7月以後，共方更由消極的爭取停戰時間，進展到積極的以和備戰。即是為宣傳而談判，以談判為宣傳。依毛澤東之說：「中國人民中間以及我們黨內，都有打不打的問題」。[131]為了祛除「不打」的問題，所以要用談判來教育人民。就是周恩來所說的「經過談判，中國共產黨的和平民主方針，與蔣介石的獨裁內戰方針，為群眾所認識」。認為「和平雖不可能，但為了教育人民，談判是必須的。」[132]

---

128 《大事長編》，民國35年5月26日。卷六，上冊，頁153。

129 《毛澤東年譜》，1946年5月27日。下卷，頁86。

130 《徐永昌日記》，民國35年6月27日、28日。第八冊，頁293。

131 《毛澤東年譜》，1946年11月21日。下卷，頁150。

132 《周恩來年譜》，1946年11月21日。頁706。

目的就是「教民作戰」，設定「倒蔣」、「反美」的作戰目標。

從1946年7月到10月，國軍攻占張家口前後，三個月的邊打邊談，國方打占優勢，談則無成，蔣之以戰逼和，再度失效。所以毛在談判決裂後，大大地鬆了一口氣說：「中國人民中間以及我黨內都有打不打的問題，但這個問題現在是解決了，剩下的問題便是勝不勝。」[133]

蔣之以戰逼和既未收效，亦即戰略的失敗。反之，即為毛之戰略的成功。從此國共之戰，只有長期的延續及擴大下去。此對國方絕對不利。共方亦看準國方的弱點及困境，深知國方「一切計劃均以半年為期，半年後毫無打算。」據周恩來之分析：蔣「對長期作戰計劃，亦無任何把握，美式彈藥只夠半年。……糧食、被服運輸受汽油限制，兵員補充，計劃調保安團赴前線，但困難更多。財政上，宋（子文）、陳（果夫）矛盾極大，宋實在拿不出錢來。……海陸空（軍）中下級人員悲觀厭戰更甚。」一些將領中，「連白崇禧、劉為章（斐）等人，都感覺前途茫茫。」至於「國大一幕，對蔣也是勢成騎虎。」[134]

因此，共方必欲迫使國方走上長期戰爭之路，以拖垮國方。

回顧一年多來的國共和談，雙方皆曾強調需要和平而反對戰爭。但其結果，適得其反。而國共各將破壞和平的責任，歸諸對方。但在馬歇爾的離華聲明中，認為責在國共雙方，說是「和平之最大障礙，乃中國共產黨及國民黨彼此所懷之完全而幾乎具有壓倒力量之懷疑心

---

133 《毛澤東年譜》，1946年11月21日。下卷，頁150-151。

134 周恩來，〈談判使黨贏得了人心〉，《談判文選》，頁698。

理。」在國民黨方面，馬氏以為「存在一有力量之反動派」，對其「所作各種努力均加反對」；中共方面，亦有「過激分子」，絕不猶疑使用激烈手段，以求推翻政府或使其崩潰，而不顧及人民因此所受之苦痛。[135]

這是對雙方各打「五十大板」，惟其本人無錯。

國共兩方對於馬氏聲明之反應，可謂「各自表述」。蔣認為馬之指摘國民黨有「反動派」，實無其事；且謂馬氏深受中共宣傳之影響，已至「牢不可破」。[136]

周恩來認為馬氏所謂「國民黨內有反動集團」，是對的。「但遺憾的，是他（馬）並未指出蔣介石就是這個反動集團的最高領袖」。至於馬氏所說「中共黨內有激烈分子，不顧國家利益與人民痛苦，這是最不合事實，而且企圖污辱中共的說法。」[137]此皆片面之詞也。

就史實言之，中共黨內激烈分子的最高領袖，非毛澤東莫屬。惜蔣、毛二氏重慶會談，雖是「握手言歡」，但未能「化干戈為玉帛」。

至於國共和解之不成，美、蘇二強在華之角力，尤為重要的原因。馬歇爾為求調處工作的成功，其重要措施，即為拉攏中共，採取對共「懷柔」政策，目的是求共軍之就範，使整編軍隊得以和平解決；希望中共脫離蘇聯關係，而傾向美國；不使共軍占據東北，而成

---

135 馬歇爾特使離華發表對中國局勢之聲明，1947年1月7日。《戰後中國》（三），頁263-264。
136 《蔣介石日記》，民國36年1月11日後「上星期反省錄」。《大事長編》，民國36年1月12日。下冊，頁364。
137 周恩來，〈評馬歇爾離華聲明〉，1947年1月10日。《談判文選》，頁721、724。

為蘇聯之傀儡。[138]

同時，馬所主導的停戰令，使蔣「先圖關外」，名義上是為接收東北主權，實際則為美國勢力插足東北。而蘇方亦即採取針鋒相對的報復措施，其最有效的辦法，便是幫助共軍控制東北，阻止國軍的接收，鼓勵東北共軍「放手大打」，使馬之調處工作為之落空。

因此，在美、蘇兩強的角力下，實亦加劇了國共的衝突，和解更難了。

---

138 《大事長編》，民國35年3月31日。卷六，上冊，頁90。

第六章
只打不談，挫折頻仍

一、邊打邊談的戰果

　　如果說 1946 年是國共邊打邊談的一年，那麼，1947 年便是國共只打不談的一年了。邊打邊談這年，國方打占優勢，談則無成。只打不談這年，打則由優勢轉為劣勢矣。大陸學者金沖及著有《轉折年代——中國的 1947 年》，是就共方而言。反之，在國方來說，便是「挫折年代」了。

　　根據統計，在關內的河北、山東、山西、陝西、熱河、河南、甘肅、寧夏、江蘇、安徽、綏遠、察哈爾等十二省區，從 1946 年 1 月 13 日到 1947 年 3 月 20 日，共方占有的四百一十座縣城中，國方收復一百九十八座，占 48.2％。這十二省區總共八百零二座縣城，共方尚占二百一十二座，國方則占五百九十座。共方的二百一十二座縣城中，以河北（七十三）、山東（六十三）、山西（四十一）、陝西

（十四）為多。面積國方為 2,172,103 平方公里，人口為 136,743,951 人。共方面積為 418,497 平方公里，人口為 51,967,049 人。[1]

關外方面，從 1946 年 1 月 13 日到 1947 年 3 月 5 日止，東北九省總計一百五十五座縣城中，共方占有一百零二座，分別是遼寧一、安東五、吉林十一、松江二十一、合江十八、黑龍江二十三、嫩江十六、興安七。國方占有五十三座，分別是遼寧二十四、安東十、遼北十、吉林九。在九省中，國方僅有四個省的全部或一部分。共方則有八個省的全部或一部分。面積共方為 763,105 平方公里，人口為 15,980,286 人。國方面積為 260,541 平方公里，人口為 18,348,643 人。國方占有的縣城和面積雖較共方為少，但均為人口稠密及資源豐富地區。[2]

國方 1946 年戰局的好轉，主要是在下半年，這半年的戰果，據參謀總長陳誠於 1947 年 1 月 8 日向國民黨中央之報告：

去年（1946）7 月以前，我軍完全處於被動，7 月以後，共產黨打我們，就給予反擊，總算還能達成任務。四平街收復以後，12 月（按：為 10 月）間又收復了安東。華北方面，最大效果是收復冀東與張家口。蘇北只有一縣未經收復。隴海線魯西也大部分收復。一般說來，軍事上很順利，收復的有一百五十多縣（按：關內收復縣數 1946 年 10 月 16 日的統計為一百一十九座，1947 年 3 月 20 日統計為一百八十九座）。土匪傷亡大概在三十萬左右，

---

1 陳誠，〈參謀總長之軍事報告〉，民國 36 年 3 月 17 日。《戰後中國》（二），表二十二，頁 888-889。

2 陳誠，〈參謀總長之軍事報告〉，《戰後中國》（二），表二十三，頁 889-890。（表列中共占有一百縣，細數為一百零二縣，從細數。）

投誠自首的有九萬多。[3]

又據陳誠同年3月17日向國民黨三中全會的報告：自1946年1月至1947年2月止，共軍負傷者為604,667人，陣亡者337,088人，被俘者74,170人，投誠者134,800人，總計1,150,725人。[4]

共方的戰果是從1946年7月至1947年1月的七個月作戰，殲滅國軍正規軍五十六個旅，七十一萬餘人。平均每月殲滅國軍八個旅。地方的保安部隊還沒有計算在內。到這年7月，已殲滅國軍九十七個半旅，七十八萬人，保安部隊等雜牌軍三十四萬人，共一百一十二萬人。[5]

二、國共雙方兵力概況

進至1947年，中共的兵力和戰力，已相當強大，據國防部長白崇禧9月初的報告，共軍總兵力為860,150人，包括野戰軍613,150人，軍區部隊247,000人。野戰部隊戰力較強，軍區部隊等於第二線部隊，是整補的。就地區分，關外有444,000人，關內有416,150人。關外的東北民主聯軍由林彪統率，野戰軍有399,000人，軍區部隊45,000人，包括韓共、日軍及東蒙自治軍。對國軍有五次攻勢，第五次規模尤大。關內方面，主要戰場在山東，自1月起至6月底止，是

---

3 陳誠軍事報告，民國36年1月8日。國民黨中常會第五十次、國防最高委員會第二一四次常務會議速紀錄。

4 陳誠，〈參謀總長之軍事報告〉，《戰後中國》（二），表二十，頁886-887。

5 金沖及，《決戰——毛澤東、蔣介石如何應對三大戰役的》（北京：北京大學出版社，2012年），頁15。以下簡稱《決戰》。〈毛澤東關於第一年作戰總結及今後計劃〉，1947年7月10日。《中共文件》，第十六冊，頁745。

國軍受挫的階段，損失至大，傷亡官兵達四十萬人，其中四分之三在山東，被俘的將領也不少。[6]

據共方稍早於7月初的統計，其作戰部隊為九十萬人，地方部隊六十萬人，軍事機關四十萬人。分布地區如下：

山東：二十七個頭等旅。

太行：十三個頭等旅，十四個二等旅。

西北：邊區六個旅，陳賡四個旅。

晉綏：三個旅，五台九個頭等旅，四個二等旅。

東北（包括察北、冀東）：頭等、二等三十二個旅。

全軍共計一百一十二個旅（東北、山東兩炮縱，晉綏四個騎兵旅不在內）。[7]

國方兵力，據國防部的統計，至1947年3月15日止，全國原有八十六個軍，二百三十個師，已整編者五十七個軍，整編為一百四十五個整編師（師下為旅）；未整編者則有二十七個軍，七十四個師。[8]

據共方資料，國軍的單位分布如下：

南線：共一百五十四個旅。山東（包括蘇北）八十八個旅，太行二十六個旅，西北（包括晉南、榆林、寧夏）四十個旅。

北線：共六十四個旅。東北二十四個旅，五台及晉綏四十個旅（孫連仲十五個旅、傅作義十個旅、閻錫山十五個旅）。後方守備兵

---

6 〈國防部長白崇禧之軍事報告〉，民國36年9月9日。《戰後中國》（二），頁902-903。

7 〈毛澤東關於第一年作戰總結及今後計劃〉，1947年7月10日。《中共文件》，第十六冊，頁476。《毛澤東年譜》，1947年7月10日。下卷，頁204。

8 陳誠，〈參謀總長之軍事報告〉，《戰後中國》（二），表六，頁861。

力三十個旅。[9]

國軍南北兩線計為二百一十八個旅，約多於共方一倍。惟士氣及戰鬥力均不及共方。

三、國軍魯南戰場之受挫

國軍在山東戰場的受挫，是在1947年上半年的魯南、萊蕪及孟良崮三次戰役。指揮將領初為徐州綏靖公署主任薛岳，旋以萊蕪戰役失利，於3月3日撤銷徐州綏署，以陸軍總司令部分設徐州及鄭州兩指揮所，由總司令顧祝同統一指揮。實際是參謀總長陳誠至徐州指揮作戰。[10]

根據共方評估，綜合山東南北兩線國軍兵力，共九十餘團之眾，其能使用於第一線之兵力，亦有六十團以上，且各路齊頭併進，緊緊靠攏，步步為營，不易各個消滅。[11]

共方為山東野戰軍司令員陳毅和華中野戰軍司令員粟裕。1月下旬，兩野戰軍合併為華東野戰軍，司令員陳毅，粟裕副之。轄第一至第十二縱隊（缺第五縱隊）和特種兵縱隊。[12]據國方估計，在魯南的共軍有六十七個團，可以參加作戰的有八萬餘人。[13]

---

9 《毛澤東年譜》，下卷，頁204。《中共文件》，第十六冊，頁475-476。

10 《大事長編》，民國36年3月3日及5月17日。卷六，下冊，頁397、451。

11 〈陳毅粟裕譚震林關於殲滅山東南北兩線敵人的作戰方案〉，1947年2月5日。《從延安到北京》，頁194。

12 《毛澤東年譜》，1947年1月下旬。下卷，頁166。

13 陳誠軍事報告，民國36年2月19日。國防最高委員會第二一九次常務會議速紀錄。

魯南戰役：是國共進入1947年後的第一場大戰。1月2日晚，共軍以七萬餘眾襲擊卞莊、向城（在臨沂西南三十五公里）的國軍整編第二十六師，師長馬勵武（黃埔一期）離開部隊，在嶧縣城內同家眷過年。該師在毫無準備下倉猝應戰。[14]到4日晨，一個旅長受傷，一個旅長陣亡。[15]兩個旅中失去了三個團，差不多去了一半。這兩旅砲比較多，損失很大。[16]損失之嚴重，蔣自記曰：

> 自本（1）月2日起，嶧縣東北之向城附近，第二十六師與第一快速戰車部隊，被共匪六個師所包圍、突擊，損失甚大。據報旅長、團長陣亡者三人，戰車部隊雖已突圍脫險，然美國一零五重砲兩營，皆已損失，汽車之數亦大。半年以來勦匪損失，以此為最大。此乃伯陵（薛岳）指揮錯誤，對戰車、重砲皆置於最前方突出部，且其時甚久，此無異送精械於匪部，違反戰術原則所致也。[17]

9日，共軍再攻嶧縣，經過一晝夜激戰，11日拂曉，城陷。並俘虜留在城內的第二十六師師長馬勵武。19日，共軍再攻棗莊，國方守軍整編第五十一師和兩個團，也在一日之間被殲，師長周毓英被俘。歷時十八天的魯南戰役，共殲國方兩個整編師、一個快速戰車縱隊，計五萬三千餘人，其中被俘者一萬七千餘人，以及大量武器坦

14　金沖及，《轉折年代》，頁106。
15　陳誠軍事報告，國防最高委員會第二一九次常務會議速紀錄。
16　蔣主席報告共產黨問題，民國36年2月5日。國防最高委員會第二一七次常務會議速紀錄。
17　《蔣介石日記》，民國36年1月5日。

克、汽車、火炮等。打破了國軍會攻臨沂及殲滅華東解放軍的計劃。[18]
是役國軍誤用機械化部隊，損失奇重。參謀總長陳誠頗受責備。[19]其
實陳誠更是滿腹委曲，他說：

> 　　古人說：名不正，言不順。師出有名。我們在前方和團長以
> 上的長官都談過，究竟是打是和？他們都表示懷疑，說後方總說
> 我們好戰，連死了的官兵也不知為甚麼要打。最近有一件公事，
> 國防部已經呈復行政院，公事是說勦匪傷亡官兵不准褒揚。……
> 現在變為名不正，言不順。……現在我們前方士氣相當消沉。
> ……還有一點，是前方官兵生活壓迫太屬害了，前方不說沒有
> 錢；即是有了錢，也買不到東西，現在是沒有錢沒有東西。[20]

　　陳對國防部頗有微詞，顯然是對國防部長白崇禧的不滿。

　　2月17日，陳自徐州前線回京述稱：中共之魯南根據地臨沂，在
2月15日已為國軍占領，僅消滅陳毅新六師的一個團，有一軍事教官
來投誠，說延安方面知道決戰於他們不利，有電報要他們離開臨沂二
百華里（按：一百公里）。[21]

　　國防部則連續發表勝利消息，如臨沂之攻下等等；但共黨宣稱為
自動放棄。蔣則視為戰略的成功，其自記曰：

> 　　臨沂已經收復，陳毅率匪向泗水退卻，豫東民權一戰，劉匪

18　金沖及，《轉折年代》，頁107-108。
19　《王世杰日記》，民國36年1月19日。第六冊、頁11。
20　陳誠軍事報告，國防最高委員會第二一九次常務會議速紀錄。
21　陳誠軍事報告，國防最高委員會第二一九次常務會議速紀錄。

伯誠（承）股損失當在三分之一，亳縣亦已收復，此次戰略，可說完全成功。[22]

前軍令部長徐永昌以為：

> 小的勝利亦必有之，被迫而自動放棄，亦係事實；但斃傷幾萬，恐是胡說。但我經濟紊亂，幾將崩潰，無論軍政，到處貪汙，其危險且非軍事所能補救，況軍隊戰鬥力多趨衰弱途徑耶。[23]

萊蕪戰役：國軍為掃蕩沂蒙山區之共軍，以歐震及李仙洲兩兵團實施南北分進合擊。陳毅乘李兵團南進深入之際，將其主力祕密北移，於2月21日到達萊蕪地區，向李兵團猛攻。國軍北線第二綏靖區司令王耀武，令李兵團向北撤退。23日，李部第七十三軍及整編第四十六師（軍）經吐絲口轉進時，以通過隘路，疏於警戒，遭遇伏擊，兵團司令李仙洲及軍長韓浚被俘，山東局勢為之轉急。[24]

是役經過，據共方陳毅的報告說：

> 萊蕪戰役，于哿（20日）午結束，頑（指國軍）之七十三軍之七十七師全部，殲滅于博山西南地區。哿晚完成對李仙洲及七十三軍、四十六軍、十二軍、新三十六師之包圍。戰鬥于梗（23日）午後五時已大部解決。⋯⋯此役共殲頑敵計十七個步兵團，加二十四個直屬營，另擊潰暫十二師等部四個團之援隊。[25]

---

22 《蔣介石日記》，民國36年2月15日。

23 《徐永昌日記》，民國36年2月20日。第八冊，頁377。

24 《大事長編》，民國36年2月24日。卷六，下冊，頁393-394。

25 〈陳毅粟裕請譚震林關于萊蕪戰役⋯⋯電〉，1947年2月23日。《從延安到北京》，頁198。

是役國軍被殲五萬六千餘人，連同南路和膠濟路沿線作戰，被殲共達七萬多人。[26]蔣自記所感曰：「萊蕪所造成之最大損失，實為國軍無上之恥辱。」[27]他認為：

> 高級將領無識、無量，小勞即矜，小勝即驕，體多病弱，心多自私，精神衰退，勇氣喪失，……紀律盪然，廉恥道喪，對共匪之囂張慓悍，對我軍之損失被俘，視為常事，不僅不以為恥，而且不以為意，悲乎！[28]

蔣對參謀總長陳誠之誤判，也有責難。其自記曰：

> 臨沂收復以後，辭修（陳誠）以為匪已向黃河北岸潰竄，故對勤務一若已完者。故其自徐州回來請病休假，且時現自足之驕態。不料陳毅主力已向我萊蕪吐絲口一帶進攻，前方布置未妥，多為匪在途中襲擊消滅。[29]

萊蕪戰役失敗，濟南亦危，為此，蔣於2月25日飛臨濟南，召集會議，研討濟南防禦方略，決定放棄膠濟路，據守濟南、濰縣與青島三據點。[30]

孟良崮戰役：掃蕩沂蒙山區共軍的國軍張靈甫整編第七十四師，配以整編第二十五師及第八十三師各一旅，掩護左右兩翼，於5月13

---

26 《毛澤東年譜》，1947年2月6日。下卷，頁169。金沖及，《轉折年代》，頁119。
27 《大事長編》，民國36年2月28日。卷六，下冊，頁395。
28 《蔣介石日記》，民國36年2月22日「上星期反省錄」。
29 《蔣介石日記》，民國36年2月22日「上星期反省錄」。
30 《蔣介石日記》，民國36年2月25日。

日進至坦埠附近地區，華東野戰軍以五個縱隊，於15日完成了對七十四師的合圍，該師乃於14日集結於孟良崮。[31]蔣頗怨陸軍總司令顧祝同指揮之失當。其自記曰：

> 顧總司令對先攻莒縣，不攻沂水，使我進攻坦埠之第七十四師孤立被圍，其指導錯誤，殊乏常識，其愚拙不可恕諒，以致本（14日）晨匪部乘隙全力反攻，使坦埠之役，功敗垂成。[32]

蔣對第七十四師退入孟良崮，初尚深慶得計，認為「幸該師已於昨日安全撤退，在孟良崮布置陣地，未為匪所算，此次匪果被我強制，其不能不與我決戰形勢之下，如我各部隊能把握此唯一戰機，必可予以致命之打擊。」[33]

蔣氏的僥倖樂觀，迅為事實所粉碎，次日（16）晚，蔣「臨睡前，得七十四師不利情報，憂慮更甚，悲痛之情為近來所未有也。」[34]

孟良崮為岩石山地，構築工事困難，水源奇缺，飛機空投的糧彈和水囊，大多落在共軍陣地。共軍為阻截國方各路援軍，加緊猛攻。到16日下午，全師被殲。師長張靈甫和副師長蔡仁傑陣亡。官兵被俘的有19,676人，連同各路被阻擊的，共有三萬二千多人的傷亡或被俘。是役對國方而言，是極大的挫折，整編第七十四師是國軍最精銳部隊的「五大主力」之一，竟被殲滅，影響軍心至鉅。[35]

---

31 《大事長編》，民國36年5月16日。卷六，下冊，頁451。
32 《蔣介石日記》，民國36年5月14日。
33 《蔣介石日記》，民國36年5月15日。
34 《蔣介石日記》，民國36年5月16日。
35 金沖及，《轉折年代》，頁156-157。

以上魯南各次戰役，據國防部長白崇禧4月26日言：已損失十五個師，數百門砲。[36] 5月15日，孫立人說：山東之損失達十九個師。士氣之衰頹，將領之腐敗，實為之因。[37]

上述損失，尚不包括孟良崮戰役的損失在內。

四、東北共軍第五次攻勢

1946年9月13日，東北保安司令長官杜聿明自瀋陽至牯嶺，向蔣介石報告東北軍情，杜欲收復安東，以斷共軍由膠東海運之入口。蔣則嚴誡其對安東不可採取軍事行動。[38]但在10月25日，國軍收復了安東。蔣曰：「共軍在東北與山東半島間之運輸線，自此可以遮斷矣。」[39]且謂「安東、通遼與開魯相繼收復，南滿之基礎已穩。」[40]

蔣對收復安東問題，何以前後有此矛盾？可能是參謀總長陳誠到瀋陽後的新決定。據金沖及教授在其《決戰》一書中寫道：

> 9月，蔣介石在盧山召開軍事會議，進一步謀劃對各解放區的進攻策略，國民黨參謀總長陳誠于盧山軍事會議後，直飛瀋陽，召開東北國民黨高級將領會議，根據東北國民黨軍兵力不足，無力對南北滿同時發動進攻，以及東北民主聯軍南滿部隊，對瀋陽較大的威脅情況，制定了「南攻北守，先南後北」的方針

---

36 《王世杰日記》，民國36年4月26日。第六冊，頁55-56。
37 《王世杰日記》，民國36年5月15日。第六冊，頁68。
38 《事略稿本》（67），民國35年9月13日、14日。頁90-91。
39 《事略稿本》（67），民國35年10月27日。頁377。
40 《事略稿本》（67），民國35年10月31日「自記本月反省錄」。頁401。

與計劃，即在南滿採取攻勢，在北滿暫取守勢，首先消滅東北民
主聯軍南滿主力，……再全力北上……占領全東北。[41]

時共方在南滿僅剩臨江、長白、撫松、濛江（安東省東北邊境）
四個縣，部隊四萬人，人口稀少，糧食困難。[42]國軍以六師之眾，攻
向臨江，共軍集中在北滿的十二個師兵力，自1947年1月5日南下，
進行「三下江（松花江）南、四保臨江」戰役，屆至4月3日，共殲
國軍三萬餘人，改變了東北戰場的形勢。[43]復以經過土改，東北民主
聯軍到5月初，已達四十六萬餘人，其中野戰軍二十五萬餘人。[44]

5月13日，林彪統率東北民主聯軍四十餘萬，開始第五次攻勢。
在此之前，曾有四次攻勢，而以這次規模最大。其主力由懷德猛撲四
平街，國方守軍為陳明仁之第七十一軍，頗受損失。其第八十八師與
第九十一師在公主嶺全軍覆沒，情勢嚴重已極。[45]

杜聿明於5月20日報告東北戰況，謂通化激戰，梅河口、海城交
通斷絕，通、梅間有敵八萬，普蘭店亦有五萬，營口、大名橋、海
城、鞍山、本溪諸要點，均無兵守備。我軍非一週不能集中，而敵可
在一週內竄至瀋陽近郊。[46]

由於形勢之嚴峻，蔣於30日飛臨瀋陽巡視，自記所感曰：

41　金沖及，《決戰》，頁70。原據資料：《中國人民解放軍第四野戰軍戰史》（北
　　京：中國人民解放軍出版社，1998年），頁147-148。
42　金沖及，《轉折年代》，頁161-162。
43　金沖及，《轉折年代》，頁164-166。
44　金沖及，《轉折年代》，頁366。
45　《蔣介石日記》，民國36年5月22日。
46　《事略稿本》（69），民國36年5月20日。頁537。

瀋陽內部複雜，工作腐敗，天翼（行轅主任熊式輝）威信絕無，光亭（杜聿明）臥病在床，軍國大事推諉延宕，幾誤全局。[47]

東北情勢儘管極為嚴重，一般將領多持輕敵苟安心理，蔣之處置，似亦不免輕忽將事。其自記曰：

> 召見廖軍長（新六軍）耀湘，談南滿匪情及東北作戰意見，彼主張不完全放棄南滿各地方，以民眾組織已有基礎，只要有少數部隊為民眾自衛之中堅力量，匪即不敢竄擾也。故決令安東省府固定不移。召集團長以上官長訓示後，再見耆紳，處置補給與財務，皆令天翼負全責，以免貽誤大局。深信此來對事權與指揮統一之規定，乃可使東北基礎不致動搖，收效必宏也。[48]

6月22日，共軍攻入四平街市區，國軍苦戰死守，即從瀋陽、長春南北兩路馳援夾擊，共軍乃於6月30日向北撤退，四平街之圍遂解。是役據國方調查，共軍番號有第一、二、三、六縱隊，十個師，及東滿、中韓兩師、砲兵部隊等，並有日、蘇、韓技術人員，武器彈藥大部為日本關東軍所有。[49]國方守軍被殲一萬七千多人。迫使國軍退縮於鐵路沿線之狹長地帶，也使東北共軍根據地連成一片。[50]

經此戰役，四平街已成一片廢墟。據一記者7月1日親歷其境之

---

47 《蔣介石日記》，民國36年5月30日。《大事長編》，民國36年5月30日。卷六，下冊，頁464。

48 《蔣介石日記》，民國36年5月31日。

49 《大事長編》，民國36年7月1日。卷六，下冊，頁489。

50 金沖及，《轉折年代》，頁366-367。

報導：乘車取道鐵西街入城，方行數丈，薰天臭氣，迎面撲來。行抵城郊，目睹所有民房，皆成廢墟，死屍枕藉，為狀極慘。車過戰壕時，屍體累累，數以萬計。入城後，長達十餘里之堅固堡壘，均為砲轟毀。繼沿教育廳、市政府、中、中、交三銀行、青年館、電力局等前進，所有建築，均斷瓦殘壁。途經車站時，則見堆積如山之大豆，正在爆烈燃燒中。鐵路以東房屋，遍體鱗傷。鐵西街僅有三、五市民，面容憔悴。鐵東街見有數十市民，皆面目黝黑，嗷嗷待哺。富麗堂皇之四平街建築，今已完全不存。歸途中，見天主教堂內二百餘投降共軍，狀甚狼狽。[51]

　　蔣氏既明知熊式輝「威信絕無」，而又令其負全責。經此挫敗，始悟熊之「無恥」。其自記曰：

　　　　此次軍事之挫折，能使吾徹底覺悟所部將領之腐敗怯懦。天翼之自私取巧，固其天性，乃早知之，而其臨難無主，貪生怕死，以及其畏匪無恥之言行，一至於此，是所不料；然不至此時，亦不易發現其真性。[52]

　　熊為蔣之親信，對蔣也頗有微詞，迨蔣以參謀總長陳誠代之，熊即閒散，他對徐永昌說：「渠在東北，辭修（陳誠）事事掣肘，辭修到後，兵力增加，尤其物資增給五倍、十倍於過去。且舉明莊烈（按：崇禎帝、亡國之君）故事及權臣在內，未有大將能成功於外者。若之與蔣先生，亦可歸咎於緣法。」[53]

---

51 《事略稿本》（70），民國36年7月1日。頁208-210。
52 《蔣介石日記》，民國36年6月24日。
53 《徐永昌日記》，民國37年1月21日。第九冊，頁8。

東北局勢之嚴峻，以兵力之損耗為最。行轅主任熊式輝早在5月20日自東北抵達南京云：東北國軍今年以來損失達五十二營；原來東北有五個軍。[54]現時僅剩三個軍。[55]

參謀次長劉斐於6月中視察東北後述稱：東北原有六個軍（按：增周福成第五十三軍一個軍）。去歲（1946年）計劃僅保長春、瀋陽、彰武一帶，以戰略守勢行戰術攻勢，集中力量，爭取主動，以打擊共軍。乃熊（式輝）、杜（聿明）貪當時之利，攻略安東、永吉，嗣受共軍反攻，損失約六個師（三分之一）。繼又受四平街等處之圍，損失又約五、六個師（不到二分之一）。[56]

劉之報告，似欠正確。攻略安東、永吉，可能是參謀長陳誠去歲到瀋陽傳達的「南攻北守，先南後北」的作戰計劃。

國民黨元老張繼、齊世英、鄒魯及孫科等，在6月18日的國民黨中央政治委員會會議上，紛紛發言，對東北局勢，表示極度悲觀。各人發言節略如下：

張繼：現在真是江河日下，今日並非不信總裁（蔣）；不過派往東北軍隊都是精華，這種精華消耗到不精華。將如何？我們不能盡恃命運，到北方不保，恐南方亦難保。到那時又將如何？莫非真如總裁常說我們要做白俄（按：1920年代流亡至中國的俄羅斯難民）麼！又聞孫立人頗能軍，何以杜（聿明）長官撤之？

---

54 《戰後中國》（二），表六，頁61。表列七個軍，二十一個師，內有兩個軍在遼熱邊境。
55 《王世杰日記》，民國36年5月21日。第六冊，頁72-73。
56 《徐永昌日記》，民國36年6月16日。第八冊，頁433。

齊世英：東北果至圍瀋陽，恐長春、四平街更無法保守。現在東北之國軍精華，已多空額而漸疲弊，而共軍則日得蘇聯援助，久之恐真應了張溥泉（繼）先生話。

鄒魯：我們能抗日而不能打共，全因不恐日而恐蘇；因恐蘇亦必恐共。我每談共匪必須打，旁邊即有勸我留點餘地吧！可證人心已死。

孫科：「勸共最少必有兩個把握之一，即美國助吾人勸共，蘇聯不助共匪擾亂。今日可明確的認識美國不助我內戰，而蘇聯確切的助共叛國。因此，我們勸共絕無把握，此一年前吾人判斷者。現在大連不能接收，而接亦必須文人。且正完全利用大連港運接濟共匪，亦即蘇聯不遵《中蘇友好條約》之一端。現在我們一日一日已不優勢，此美國對我軍事批評者的話。但北韓共軍十餘萬如何來的？外蒙、新疆兵如何來的？蘇不令他們來，他們敢來麼？……所以如無美國援助我們的把握，我們勸共絕無把握；尤其是東北。所以應決心即撤出東北之兵，是今日使美國明朗化之最大最要辦法，即以退為進是也，且可撤歸以鞏固華北。

鈕永建：退出東北誠是一法；但太搖動軍心。最好事先將地方交給東北地方人士。（梁寒操則提議起用張學良，並主張將孫科之意見向美方試探。最後陳布雷請將是日所有意見轉陳總裁。）[57]

蔣介石對以上諸人意見作何反應？在6月30日的中常、中政聯席會議上表示，認為中共的優點不在軍事，而是黨的組織和宣傳。國民

57《徐永昌日記》，民國36年6月18日。第八冊，頁434-436。

黨的失敗，也就是組織和宣傳方面。因此，解決的辦法，先要從黨和團的本身改革做起，提議撤銷三青團，歸併於國民黨。[58]

關於國際援助問題，必須自己有辦法。這是蔣對孫科的答覆。對鄒魯所言恐共問題，實以一下和、一下打，而致黨員煩悶，非畏共也。至此，會議主席孫科提出蔣之對共討伐令，請討論。發言者有賴璉、谷正鼎、戴季陶等，李石曾出示吳稚暉請代陳之函件，亦主討伐。最後結論關於屬行總動員，眾無異議。[59]

孫科在6月18日的會中，提出國軍自東北撤退問題，會中無討論，次日蔣約王世杰與張羣商討此事，意欲決定自東北撤退，囑司徒雷登大使告知馬歇爾國務卿。王力阻其議，認為「我軍仍應死守東北，不可撤退；倘竟撤退，則非待世界三次大戰，東北不能恢復。且東北淪於中共之手，關內亦決無和平；我在東北部隊，一經撤退，亦未必能再作戰。」最後蔣決定只向馬徵詢宜否撤退之意見。[60]

馬歇爾之態度極為冷淡，其電司徒雷登大使轉告蔣曰：「現余為國務卿，不能對東北軍事情勢作具體之建議。」[61]駐美武官皮宗敢向蔣報告，謂「彼（馬）在中國失敗，不免悻悻於懷，因個人之情感用事，不免影響其對華政策」。「彼等以我國情形不佳，故取旁觀態度。」[62]

王世杰於9月赴美參加聯合國會議時，30日至華府晤杜魯門總統，談及滿洲問題之嚴重性，王謂有人建議中國放棄滿洲，以縮短戰

58 《大事長編》，民國36年6月30日。卷六，下冊，頁486-487。

59 《徐永昌日記》，民國36年6月30日。第八冊，頁443-444。

60 《王世杰日記》，民國36年6月19日。第六冊，頁93。

61 〈美國務卿馬歇爾電〉，1947年7月。《戰後中國》（三），頁378。

62 〈駐美武官皮宗敢呈蔣主席電〉，1947年7月15日。《戰後中國》（三），頁379。

線，此議中國人絕不能接受。杜氏表示彼亦絕不贊同此議。但魏德邁於7月、8月訪華時，曾主張兩年前向蔣所提之建議，即將滿洲暫由中、英、美、蘇、法五國共管。其訪華報告書中，亦將此主張列入。美政府暫不肯發表魏之報告，即以此故。[63]

蔣對魏之報告內容，亦有所悉，自記所感曰：

> 閱美《合眾社》所傳魏德邁對其政府之報告要點之消息，當近事實無疑。……美之對我態度與言行，凡有血氣者，莫不痛憤，其加我以侮辱之程度，殊難再事容忍。但一想及目前共匪在前，暴俄在側，昔賢勾踐在吳，臥薪嚐膽長期之恥辱，尚能忍辱，而我豈可以小不忍而亂大謀。[64]

8月22日，「魏德邁對我政府首腦（似對蔣）之談話，無異嚴厲之訓詞，類於斥責裁判。」[65]蔣氏深有所感曰：

> 魏德邁使團所加於我國者，為驕橫為侮辱。美國記者對我國之欺弱侮寡，對我民族之賤視，幾乎以我為其殖民地猶不如也。[66]

魏德邁對華態度，素稱友好，此次變劣，似非偶然。彼亦主張集中兵力解決關內共軍，而對東北不妨暫時放棄。蔣不同意，以為「無東北，則華北無屏障。」[67]理論固然正確，其力不足何！

---

63 《王世杰日記》，民國36年9月29日。第六冊，頁134-137。
64 《蔣介石日記》，民國36年8月21日。
65 《蔣介石日記》，民國36年8月22日。
66 《蔣介石日記》，民國36年8月23日後「上星期反省錄」。

五、中共的「第二戰場」

　　1947年2月1日，中共中央政治局會議討論毛澤東起草的〈迎接中國革命的新高潮〉的黨內指示，周恩來在會上作了國民黨統治區人民運動的報告，首次把這一運動，特別是學生運動，稱作「第二戰場」，同「第一戰場」人民解放戰爭相配合。[68]在此之前，雲南昆明西南聯合大學1945年「一二・一」學潮，揭開了序幕。教育部長朱家驊在國防最高委員會會議中報告說：

> 關於全國教育界不安定情形，尤其是此次昆明學潮，都是共產黨所造成的。西南聯大在上（11）月25日舉行自治座談會，討論內戰問題。這種會議過去也曾舉行過十多次，在昆明是常有的，此次舉行，適在時局不安定的時候。[69]

　　起因是這年11月21日，延安《解放日報》發出成立反內戰聯合會的號召，中共雲南省工委立即組織發動各學校，舉行反內戰時事講演會等。24日晚，聯大中共支部在民青支部、學聯組織下，由聯大學生自治會與雲大、中法、英專三校學生自治會決定，次日晚在雲大至公堂召開內戰時事討論會，邀請若干教授演講。[70]

　　由於軍政當局小組會報決定要制止，因此本來預定在雲大舉行

67　《大事長編》，民國36年8月5日。卷六，下冊，頁529。

68　金沖及，《轉折年代》，頁86。《周恩來年譜》，1947年2月1日。頁718。

69　朱家驊報告昆明學潮，民國34年12月17日。國防最高委員會第一七九次常務會議速紀錄。

70　楊奎松，《國民黨的聯共與反共》，頁553。

的，改在聯大舉行。參加的除聯大學生外，有中法大學、雲南大學、英專等校學生，不過聯大學生居多數而已。開會時間是晚上六時，到的教員有十餘人，並經自治會邀請錢端升、伍啟元和潘光旦、費孝通四位教授講演，錢、伍是國民黨員，潘、費是民主同盟。講演時外面就槍聲不斷，而且愈來愈密。本來不致罷課，但經此槍聲一鬧，罷課就成功。軍警方面成立了行動委員會，學生方面成立了罷課委員會，學生罷課以後，雙方就不斷有衝突，12月1日，就有十二處發生衝突，尤其是聯大師範學院、文法學院、中學部等衝突更嚴重，有很多人受傷。最不幸的是忽然發生炸彈爆炸，師範學院死了四人，因此風潮愈益擴大了。[71]

此事實由國民黨雲南省黨部主任委員、雲南省政府民政廳長代理省主席李宗黃等組織黨團人員，軍官總隊和第五軍分校學員，以及部分特工人員，衝入各校，見人便打，公然投擲手榴彈，造成學生四人死亡、十六人重傷的慘劇。[72]據傅斯年調查，認為慘案的禍首是李宗黃，目的是政爭，其次是邱清泉（第五軍軍長），關麟徵（昆明警備司令）「代人受過」而已。[73]

昆明「一二・一」學潮也影響到成都、重慶。成都曾有遊行，也有罷課的趨勢，復旦大學也開過會。中央大學、重慶大學正借題鼓動，中央工專要求搬回去。教育部採取安撫措施，平息下去。[74]

1946年12月24日，北平發生的沈崇案，其規模之大，遠超過昆

---

71 朱家驊報告昆明學潮。國防最高委員會第一七九常務次會議速紀錄。
72 楊奎松，《國民黨的聯共與反共》，頁554-555。
73 楊奎松，《國民黨的聯共與反共》，頁559。
74 朱家驊報告昆明學潮。國防最高委員會第一七九次常務會議速紀錄。

明「一二‧一」學潮。沈崇為北京大學女生，門第顯赫，為清代名臣沈葆楨之曾孫女、林則徐之玄外孫女，更是顯得此案之特出。是晚被美軍強姦。平、津各大學左派學生發動反美運動。南京亦有遊行，某校學生於遊行時進入美使館，有極端侮辱美國人之語言。[75]

　　此對中共地下黨來說，「抗暴運動是一場遭遇戰」，因為誰也未曾預料此時會發生這樣一個迅速激起公憤的事件。於是北平中共地下黨負責人立即作出反應，進行聯絡活動，30日，北平各大學抗議美軍暴行的示威遊行，於焉展開。[76]次年（1947）1月1日這一天內，天津、上海、南京、蘇州、杭州、重慶各地大學都有成千上萬的學生示威遊行。在整個的1月份，全國二十多座大、中城市的學生，均不斷有罷課、示威遊行。[77]臺灣亦不例外，1月9日，臺灣大學、師範學院等臺北大、中學生數千人，在新公園集會，高呼「抗議美軍暴行」、「美軍滾出中國」等口號。會後在市區遊行。[78]

　　左派之反美而親蘇，亦有不以為然者。如徐永昌記其所感曰：

　　　　平、津一帶美兵之無理行為，遠遜於旅、大一帶之蘇軍，然而各地學生不稍責難蘇軍何也？新聞界亦然，對美則亦相責難，對蘇則曰必親之信之。若余（徐）為美國計，當即日撤去。蓋美軍駐中國，完全是害，直無利可言。或謂留以備蘇，實則美蘇果戰，此等據點，祗要中國不變為共軍政府，不愁中國不歡迎其即來，又何必預

75　《王世杰日記》，民國36年1月4日。第六冊，頁2。
76　金沖及，《轉折年代》，頁77、80。
77　金沖及，《轉折年代》，頁82-83。
78　金沖及，《轉折年代》，頁85。

駐為？或謂今日美國對中國包藏禍心，則余尚未看出。[79]

這年5月，國軍在魯南戰場連遭挫敗，人心震盪，物價飆漲，中共又發動「反飢餓」、「反內戰」運動，聲勢浩大，且以南京為首選。這是中共地下黨以為南京是國方首都，政治影響較大，決定先由中央大學發動，因為中大學生多，中共黨員也多。[80]

15日這天，中大、戲劇專科及音樂學院三千餘學生為要求副食費增為每月十萬元，結隊遊行至教育部，大呼朱家驊（教育部長）快出來，經朱解說現在每月四萬八千元，國家已難負擔。學生高呼不要廢話，為何打內戰？最後學生扭住朱，欲令同往行政院，經警官苦勸，朱始得脫身。十二時許，大隊至行政院，王雲五副院長希能有代表講話，而學生高呼「社會賢達拿出良心來」，歌唱《你這個壞東西》頗久。沿途大街小巷，寫遍油墨標語（多為反內戰者）、漫畫，舉目皆是。[81]

國府當局面臨此種情況，顯已束手無策。行政院16日會議討論中大及上海等處學潮問題，認為現時學潮有擴大之勢，一因經濟的壓迫遍及各校學生；一因內戰之結束無期，人心苦悶。如何應付此種動盪形勢，誠為當前難題。朱家驊主張採取嚴厲辦法。[82]亦非有效之法也。

學潮不斷擴大，迅即蔓延全國各大、中城市，上海大同、同濟、復旦等大學，杭州浙大、北平北大、清華、天津北洋等各大學，湖北

---

79 《徐永昌日記》，民國36年1月14日。第八冊，頁366。
80 金沖及，《轉折年代》，頁192。
81 《徐永昌日記》，民國36年5月15日。第八冊，頁413。
82 《王世杰日記》，民國36年5月16日。第六冊，頁68-69。

農醫學院等校悉罷課，山東大學則係教職員罷教，杭州英士大學五百餘人來京請願。[83]

20日，南京以中大為首及其他京市學生與各地代表共約千餘人之遊行，口號為反對內戰、反對徵兵、繳糧。其要求條件為「增加教育經費」、「專科以上學生皆公費待遇」、「五月份副食費十萬，以後按物價增數」等。雖有衝突鬥毆，僅止於受傷，警憲傷者稍多於學生，以學生持有旗桿與油墨筒，但學生傷重於警憲，因警憲粗壯耳。[84]學生與警憲雙方對峙六小時之久，最後經過邵力子（國民參政會祕書長）調解，學生由原路返校。「五二○」因此事件而得名。[85]

中共此一攻勢，對國方之威脅，不下於軍事之嚴重。蔣氏記其所感曰：

> 共匪在我後方各大都市發動其各階層宣傳之威脅攻勢，一面擾亂社會秩序，由大學而中學而工廠，運動全國罷課、罷工、罷市，企圖前後方回應，推翻政府，奪取政權，而一般自由與知識分子之校長、教授，皆由中立而附和共匪之可能。[86]

「五二○」事件並未結束，左派報紙復提出「6月2日為反內戰日」，聯合各界罷工、罷市、罷教、罷課，要求成立民主的聯合政府。[87]不幸6月2日前夕，武漢大學發生了慘案。武漢警備司令部獲悉

83　《徐永昌日記》，民國36年5月17日、18日。第八冊，頁415。

84　《徐永昌日記》，民國36年5月21日。第八冊，頁418。

85　金冲及，《轉折年代》，頁204。

86　《蔣介石日記》，民國36年5月27日。

87　《徐永昌日記》，民國36年5月23日。第八冊，頁419。

武大學生自治會為響應「六二」暴動，乃於1日晨派大批警憲入校，按名逮捕學生四十八名，不意忽湧出學生二百餘人，將汽車及警憲包圍，劫持二十六人，並將憲兵連長擊倒，奪去手槍，致起衝突。[88]此時執行人員中有鳴槍示威者，其他兵士隨即以槍亂射，遂致學生三人被殺，多人受傷。此事實由當地負執行責任之軍警長官及特務人員顢頇所致。而發令逮捕學生者，則為國民黨中央谷正鼎等所主持之「聯祕處」機構。[89]

蔣介石講到學潮問題，以為幾如無政府狀態，上海學潮完全為共黨策劃領導，所以令各負責者約束戒備。若武漢學潮非如上海之甚，何致竟鬧出人命。且預先亦無命令指示，所以彭善（武漢警備司令）應予處分。[90]彭及稽查處長胡孝揚撤職查辦，被難學生優予撫卹。[91]

蔣且指出共黨策動並製造之種種暴動，如學生規定6月2日為總罷課，並號召罷市、罷工，實因6月2日乃係去年（1946）延安發動所謂反內戰運動之紀念日也。徐永昌評曰：

> 中共日日在發動攻戰，而同時又日日發動反內戰，陰險極，亦巧妙極；其中共以外之人士，為其所迷惑，無乃愚蠢極！[92]

然而一些黨政人員之顢頇，不啻助長學潮，無異配合中共之「第二戰場」也。

---

88 《大事長編》，民國36年6月2日。卷六，下冊，頁468。
89 《王世杰日記》，民國36年6月3日。第六冊，頁81-82。
90 《徐永昌日記》，民國36年6月8日。第八冊，頁428。
91 《大事長編》，民國36年6月7日。卷六，下冊，頁471。
92 《徐永昌日記》，民國36年5月29日。第八冊，頁422-423。

六、動員戡亂全面動亂

7月4日，國民政府國務會議通過《厲行全國總動員戡平共匪叛亂方案》，這是根據6月30日國民黨中常、中政聯席會議的決議。共方的反應，是《新華社》發表經毛澤東修改的社論：《總動員與總崩潰》。此際國共雙方皆厲行動員，大有烽火燎原之勢。中共中央於7月23日發出關於晉冀魯豫野戰軍直出大別山的指示，出至皖西，建立臨時根據地，相機渡江至皖南，進而以閩、浙、贛為目的地。[93]

指向大別山之共軍，為劉伯承、鄧小平統率之晉冀魯豫野戰軍，全軍四個縱隊，共十二萬四千餘人，[94]於8月11日從民權至商丘間和虞城地區越過隴海路，於27日渡過淮河，進入大別山地區，完成了千里躍進工作。[95]在豫東南、鄂東、皖西占領十餘縣及廣大鄉村。[96]迅即進據皖中，先後占領盧江、桐城、舒城、六安等縣，安慶、合肥垂危，武漢、九江、蕪湖、南京受其威脅，人心動盪加甚。[97]

劉、鄧大軍雖然實現了戰略目標，但沿途也被迫丟棄幾乎所有重武器，損失三萬多人，近萬人被俘。進至大別山後，僅為九萬餘人。[98]

劉部在大別山之根據地已漸形成，此為蔣介石「最大之顧慮」，因於11月3日設立國防部九江指揮所，由膠東及津浦線機調五個整編

---

93 《毛澤東年譜》，1947年7月23日。下卷，頁208-209。

94 楊奎松，《國民黨的聯共與反共》，頁665。

95 《毛澤東年譜》，1947年8月27日。下卷，頁224。

96 《毛澤東年譜》，1947年9月15日。下卷，頁231。

97 《大事長編》，民國36年9月30日。卷六，下冊，頁562-563。

98 楊奎松，《國民黨的聯共與反共》，頁665。

師圍勦之。[99] 12月5日，劉部退出大別山區，越平漢路西撤。只剩下五萬八千多人。[100]留在大別山的游擊隊，尚有萬餘人。

直出大別山之共軍，雖有重大損失，國方亦頗受不利之影響，據國防部長白崇禧的分析：

> 劉伯誠（承）竄擾，政治意義重於軍事意義，經濟意義重於軍事意義，共匪到處擾亂，使人心不安，藉此宣傳共產主義。其手段就是乘農民收割時，將農家儲藏的糧食，分給人民，或者予以焚毀，使貧苦人民對共匪發生好感，使我們發生糧食問題。這種竄擾，可以說是一種政治戰或經濟戰。[101]

此外，共軍陳毅部復由魯北、魯中向魯西竄擾；陳賡部則由晉南渡河向豫西、陝東竄擾。分股流竄，出沒無常，分散國軍，使不能集中；疲勞國軍，使無法解決戰局。[102]

東北問題，蔣於8月20日撤銷東北保安司令部，東北各部隊編為四個兵團，以孫渡、陳明仁、周福成、廖耀湘分任司令官，由行轅直接指揮。行轅主任以參謀總長陳誠代熊式輝。此時東北國軍之數量與質量，已大非昔比矣。

9月14日起，東北中共民主聯軍發動秋季攻勢，在遼西走廊殲滅國事第七十九軍軍部和兩個師，進而在中長路長春至鐵嶺間，殲滅國

99　《大事長編》，民國36年11月3日。卷六，下冊，頁576。

100　楊奎松，《國民黨的聯共與反共》，頁665。

101　國防部長白崇禧之軍事報告，民國36年9月9日。《戰後中國》（二），頁902-903。

102　《大事長編》，民國36年9月15日。卷六，下冊，頁558-559。

軍二萬餘人。對瀋陽形成鉗形攻勢。[103]

　　10月3日，陳誠電蔣：「瀋陽防務空虛，請求加派軍隊。」蔣即令由平津地區抽調一師空運瀋陽。[104]

　　16日，共軍轉移主力圍攻吉林永吉之第六十軍，歷時十八晝夜。迨國軍新一軍北上進入長春，予共軍以側背威脅，永吉之圍始解。[105]

　　次年（1948）1月5日，再發動冬季攻勢，殲滅國軍新五軍兩個師，軍長陳林達被俘。之後，連據遼陽、鞍山、開原及四平街，殲滅守軍第七十一軍第八十八師，迫使吉林守軍撤往長春。至此，國方在東北只剩下長春、瀋陽和錦州幾個孤立據點，交通全被切斷，只靠空運補給。[106]

　　國軍西安綏靖主任胡宗南指揮所部十五萬人，於3月13日發動進攻中共之「赤都」延安，企圖在三至六個月內，把中共中央和解放軍逐出西北，以便東進，擊破中原或華北戰場之共軍，此舉反而造成本身的困境。[107]

　　蔣於3月2日曾與胡宗南、劉斐研討收復延安計劃，決定積極進行。此對政略、外交，皆有最大意義也。[108]蓋因中共近乘莫斯科四國外長會議前夕，揚言發動「西北春季攻勢」，以與俄共企圖干涉中國

---

103 楊奎松，《國民黨的聯共與反共》，頁667。

104 《大事長編》，民國36年10月3日。卷六，下冊，頁564。

105 《大事長編》，民國36年11月1日。卷六，下冊，頁575。

106 楊奎松，《國民黨的聯共與反共》，頁667。

107 金沖及，《轉折年代》，頁128。

108 《蔣介石日記》，民國36年3月2日。《大事長編》，民國36年3月1日。卷六，下冊，頁397。

問題相呼應。[109]

　　胡宗南即以整編第一軍董釗部為右兵團，整編第二十九軍劉戡部為左兵團，兩軍共六個師、十二個旅（二十九個團）、四個砲兵團，計三十三個團，分由陝西之宜川、洛川，進入中共之邊區，大部行經無人荒山，向延安前進。[110]於3月19日克延安。云「斃傷匪軍一萬六千餘眾，俘匪一萬餘眾。」[111]

　　實際上，中共邊區部隊於19日上午全部撤出延安，下午胡軍進入，只是一座空城。[112]

　　陝北的共軍總指揮為中共中央軍委副主席兼總參謀長彭德懷，習仲勳副之，成立西北野戰兵團。此時，共軍駐陝甘寧邊區的野戰部隊只有四個旅約一萬七千人，連同地方武裝總兵力為三萬人。然以熟悉地形，善於隱蔽，俟機襲擊，在3月23日、4月14日、5月4日，先後在青化砭、羊馬河、龍蟠鎮的三次戰役，殲滅胡部一萬四千人。共軍傷亡二千二百餘人。[113]使其十多萬的部隊，被牽制在陝北戰場，無法脫身。而且由於董釗整編第一軍從晉南西渡黃河，困在陝北，致山西閻錫山的部隊，不斷受到共軍的攻擊，已退縮在晉中地區。[114]

　　晉南空虛，運城因之失陷。

109　中共〈軍委關于陝北戰局形勢的通報〉，1947年3月18日。《從延安到北京》，頁214。

110　中共〈軍委關于陝北戰局形勢的通報〉，1947年3月18日。《從延安到北京》，頁214。

111　《大事長編》，民國36年3月19日。卷六，下冊，頁408-409。

112　金沖及，《轉折年代》，頁132。

113　李慶豐，〈全局在胸主動在握〉，《從延安到北京》，頁227。

114　金沖及，《轉折年代》，頁146-147。

到了10月以後，長江以北各地，大為動亂，蔣自記曰：

> 月（10）來共匪可謂竭其全力，以發動攻勢，南至廣濟、黃
> 梅與團風（鄂東）、望江（皖西），西至盧氏（豫西）、商縣
> （陝南），北至榆林（陝北），我軍實有十二個團以上，被其消
> 滅，損失不為不大。且劉（伯承）匪大別山根據地，已逐漸形
> 成，此為我最大之顧慮。……但陝北自我軍主力撤退後，已陷於
> 被動，故榆林更陷於孤危矣。[115]

國方亦不無斬獲，如收復膠東各重要港口，且將共方軍需老巢與
海外接濟線徹底毀滅，如期達成任務，是本（10）月的收穫。[116]但對
整個大局的挽救，仍無所助也。

共方軍隊到10月份已發展到二百二十萬以上，國方部隊下降到
二百五十六萬。在東北取守勢，華北由傅作義，南線由顧祝同、白崇
禧、胡宗南負責，以蔣為中心。[117]

軍事的挫敗，黨內的雜音便隨之而起，早在魯南戰役失利時，參
謀總長陳誠即有怨言，謂「關於近日對中共軍事之失利，彼（陳）覺
自己不能負責，因為命令多不由彼決定或發出。」[118]何人決定或發
出？顯然指蔣而言。國防部長白崇禧更是露骨的說：「蔣先生之親自
指揮，更屬非事，尤其遠隔前方，情報不確，判斷往往錯誤。」又

---

115 《蔣介石日記》，民國36年10月「反省錄」。《大事長編》，民國36年10月31
　　日。卷六，下冊，頁573。
116 《事略稿本》（71），民國36年10月31日「本月反省錄」。頁343-344。
117 《周恩來年譜》，1947年12月25日至28日。頁756。
118 《王世杰日記》，民國36年5月31日。第六冊，頁79。

云：「蔣先生作風不改，前途不堪設想。」[119]

因此，有很多人因時局不利，以為過去如不與共黨決裂，或者和平有望；即不然，亦不至經濟、軍事敗壞至此。但亦有人認為共黨在奪取政權，酌行主義，決不與國府妥協。至軍事、經濟之敗與壞，乃國府無能問題，非決裂、和平與否問題。更具體言之，是用人不當。白崇禧以為去歲（1946）攻下長春，如依其主張不顧一切進追，當可攻達佳木斯一帶，因受馬歇爾壓迫，未能如願，至為惋惜。[120]此皆「馬後炮」也。

到了年底，局勢更壞，蔣自記曰：

> 第一，大別山區劉匪乘隙向東北逃竄，又轉旋向東南方面，我軍未能如計劃圍殲。……第二，陳毅股匪主力威脅鄭、汴，破壞平漢與隴海兩鐵路約四百公里。第三，萊陽失陷，損失軍火甚多。……第四，東北匪全力進犯遼西，威脅錦、瀋，使我不能有片刻整補時間。[121]

> 本（12）月憂患最深，尤以最後十日，各方告急與失敗之報，幾乎如雪片飛來，不能有一刻之閒暇。……運城失陷，實為軍事上之重大損失，第三師幾乎全部殲滅，萊陽被陷未能克復，東北、華北形勢皆甚吃緊，本月份之軍事最為不利。[122]

119 《徐永昌日記》，民國36年9月28日。第八冊，頁488。
120 《徐永昌日記》，民國36年10月22日。第八冊，頁496。
121 《事略稿本》（71），民國36年12月21日「一週反省錄」。頁675-676。
122 《蔣介石日記》，民國36年12月「反省錄」。

　　中共軍事已經取得大的勝利，是否如毛澤東所言：「如我軍大勝，必可議和。」或云：「半年至一年內如我打勝，和平有望」呢？[123]此在民間而言，無不渴望和平。早在5月中，國民參政會即將集會時，民主同盟人士及其他若干參政員（包括周鯁生、張君勱等），羣欲發起「恢復和談」運動。國府委員會即開臨時會議，討論參政員恢復和談之運動問題，未作決定。[124]

　　迨6月6日國務會議再度討論此一議案時，眾均默不發言。這是因為在目前軍事狀態下，中共決不來京商談和平。蔣意欲軍事好轉之後再作決定。[125]是即並非不欲和談，乃是共方的問題。中共中央的決定：中國人民革命戰爭，應力爭不間斷地發展到完全勝利，應該不讓敵人用緩兵之計（和談），獲得休整時間。[126]

七、通貨膨脹與經濟恐慌

　　通貨膨脹是民眾貧困的直接原因，也是導致人民反內戰的原因之一。有謂通貨膨脹給國民黨政權的打擊是致命的，毀掉了國民黨政權整個政治、經濟和社會基礎。CC系領袖陳立夫說：「軍事上失敗，把游擊部隊放棄，使他們成為共產黨的部隊；財政上的失敗，是幫助共產黨把有錢的老百姓變成『無產階級』，這兩大失敗，是我們為什麼要到臺灣來的最大原因。」[127]

---

123 《毛澤東年譜》，1946年6月19日、25日。下卷，頁93、97。

124 《王世杰日記》，民國36年5月17日。第六冊，頁69-70。

125 《王世杰日記》，民國36年6月6日。第六冊，頁84-85。

126 《周恩來年譜》，1947年12月25日至28日。頁756。

127 陳立夫，《成敗之鑑》，頁338。

造成通貨膨脹的主要原因，有學者認為：

> 今天惡性通貨膨脹，歸根究底，在於內戰的持續，政府要
> 「戡亂」，共產黨要「作亂」，農村破產，工商崩潰，財政收入
> 一天一天的減少，軍費一天一天的增加。[128]

通貨膨脹的直接現象，是法幣貶值和物價飆漲，影響所及，不下於軍事的潰敗。法幣貶值情況以美元匯率為例，1946年2月，行政院長宋子文才把外匯官價從1（美元）：20（法幣），一下提高到1：2,040，大體接近市價匯率。但法幣不斷貶值，到1947年2月，市價已1：12,000了。[129]

據王世杰是月11日《日記》：「近日因政府發行大票（每張一萬元），並停售黃金，上海及南京突起金融風潮。黃金每兩突由五十、六十萬元漲至九十萬元；美鈔由每美元由七、八千元漲至一萬六千元。」[130]

至7月下旬，幣值猛跌，每美元之黑市值幾超過四萬元（官價仍為1：1,2000）。[131]

至11月底，每美元黑市價則為十三萬元。[132]

次年（1948）1月，美鈔黑市之價已為每美元值法幣十四萬元了。[133]

---

128 林桶法，《戰後中國的變局》（臺北：臺灣商務印書館，2003年），頁188。原注據：史道源《論改革幣制》，天津《大公報》，民國37年3月3日。

129 金沖及，《轉折年代》，頁179。

130 《王世杰日記》，民國36年2月11日。第六冊，頁23。

131 《王世杰日記》，民國36年7月25日。第六冊，頁116。

132 《事略稿本》（71），民國36年11月29日「一週反省錄」。頁523。

133 《王世杰日記》，民國37年1月9日。第六冊，頁148。

物價飆漲，以1947年為最嚴重，茲以1938年（抗戰之第二年）為基期，全國物價指數到1947年的歷年指數如下表：[134]

年份	指數	年份	指數
1938	100.00	1940	434.10
1942	3,489.30	1944	24,302.50
1945	119,580.40	1946	226,183.12
1947	835,287.30		

以南京為例，如以1937年1至6月的躉售物價指數為100，到1946年6月，已達472,978，同年12月，則為720,133。1947年12月，猛升為10,400,400。在一年半的內戰中，上漲了二十二倍。[135]

據南京市政府1947年的統計，該市躉售國貨價格，較1937年上漲了104,004倍，其中金屬類上漲最劇，138,377倍；零售國貨上漲100,505倍，其中以燃料為最，達159,245倍；公務員生活費指數上漲83,931倍；工人生活費指數上漲63,301倍。時隔二月，江蘇全省躉售國貨價比戰前增至二十萬倍以上，零售價漲至二十一萬倍。江蘇省主席王懋功驚呼：「物價波動，幾如脫韁之馬，不可制止，人心浮動，社會不安。」[136]

上海自1945年10月至1946年底，十五個月中，物價增長二十八倍。[137]以米價為例，京滬1947年3月，一石米七、八萬元，4月為十五、十六萬元，5月中則漲至三十萬元左右。[138]

---

134 林桶法，《戰後中國的變局》，頁192。
135 孫宅巍，《民國史論叢》（南京：鳳凰出版社，2010年），頁588。
136 孫宅巍，《民國史論叢》，頁590-591。
137 金沖及，《轉折年代》，頁176。
138 《徐永昌日記》，民國36年5月12日。第八冊，頁410。

　　戰前每石米不過十元。南京郊區之浦鎮於1947年5月7日，發生搶米和工人怠工事件。是日晨，浦鎮米價在數小時內連續跳躍，由每石十九萬元突破三十萬元大關，浦鎮鐵路工人便湧往金湯街與米商理論，衝突起來，各米店遂遭搗毀，存米被搶一空。當由軍警驅散及逮捕搶米者九人。事後浦鎮機廠千餘工人為米漲而怠工三日。在領得救濟費用後復工。同時，江蘇無錫亦發生搶米風潮，經憲警鎮壓平息。[139]

　　江蘇為全國最富庶地區，戰火尚未波及江南，因內戰而發生糧荒，他處情況，當更嚴重。

　　政府支出增加，稅收減少，幣值跌落，物價飆漲，只有靠印刷鈔票來維持。因此，法幣的發行額也跟著暴漲。1945年12月的發行額為10,320億元，至1946年12月為37,260億元，1947年12月到了331,890億元。[140]這年全年支出約五十萬億元，收入不及三分之一。[141]

　　1945年到1947年國府的財政收支如下表（單位：法幣百萬元）：[142]

年份	財政支出	財政收入	赤字	赤字百分比
1945	2,348,085	1,241,389	1,106,696	47.1%
1946	7,574,790	2,876,988	4,697,802	62.0%
1947	43,393,805	14,064,383	29,329,512	67.5%

　　人民固然不能聊生，軍公教人員的待遇和生活也是苦不堪言。國民政府雖不斷為公教人員增加薪金的基數和倍數，但始終跟不上物價

139　孫宅巍，《民國史論叢》，頁589-590。

140　林桶法，《戰後中國的變局》，頁189。

141　《王世杰日記》，民國37年1月9日。第六冊，頁148。

142　林桶法，《戰後中國的變局》，頁187。原注據：孫震等，《中華民國經濟發展史》（臺北：近代中國出版社，民國72年），第二冊，頁146。

的增長，而致生活水準急劇的下降。自1945年9月至1946年10月，南京等地的物價上漲了十七倍，而公教人員薪金平均只增加了七倍；其生活指數，在1946年10月中旬為7,920倍，而其薪金及生活補助費合計尚未到一千倍。若以抗戰前（1937年上半年）物價為基數，至1947年4月，南京的生活指數已上漲了一萬二千多倍。[143]

海軍總司令桂永清1947年7月報告海軍官兵待遇問題說：上校艦長月薪五十六萬元，士兵六、七萬元，而招商局船長九百餘萬元，水手一百萬有奇（平時士兵二十、三十元，水手四十、五十元）。公務員的月薪，武官最高級八百餘萬元（連軍米、眷米在內），文官二百萬有奇，武官一上校級（簡任）約一百二十餘萬元，尚不如一銀行之傳達（工友）。[144]各級學校教師待遇是比照政府各級公務人員。像公務人員一樣，教員月薪在市場上的購買力萎縮，只夠幾天的配給米價。大學教授因生活困難而罷教，例如國立河南大學和山東大學教授會議決議，自1947年5月5日起，實行罷教，青島中小學教師響應之。其他學校多有類是。[145]

長期的戰爭對經濟的破壞更是嚴重。即以糧食的生產和供應而言，據糧食部長徐堪的報告，抗戰時期淪陷各省，農村破壞很大，人民痛苦很深，糧食供應異常困難，勝利後比抗戰時期更為加甚。原因是：

1. 政府下令免賦，各省軍糧需要很大，均按當地市價購買，以致市價飛漲，愈漲愈購不到，只好攤派，人民痛苦愈深。

---

[143] 孫宅巍，《民國史論叢》，頁589。

[144] 《徐永昌日記》，民國36年7月14日。第八冊，頁453。

[145] 林桶法，《戰後中國的變局》，頁202。

2. 若干地區為中共封鎖，蘇北是產糧地區，完全被封鎖，供需益加恐慌。由於共軍之擾亂，上海、天津、北平等市人口大增，糧荒更加嚴重。

3. 各地歉收，饑民很多，需要大量糧食接濟。

4. 善後救濟糧食，限於規定及運輸，不能運用。

5. 運輸困難。[146]

中共對付國民黨最厲害的一著，便是破壞交通，造成經濟困難。馬歇爾指出：

> 固執之共產黨人士，絕不猶豫使用激烈之手段，以求達到目的，例如共黨之破壞交通線，以求摧毀中國之經濟，並產生一種便於推翻政府或使其崩潰之情勢，而不顧及中國人民因此所受之苦痛。[147]

此對經濟之影響，旅美華僑領袖司徒美堂據其回國觀察所得，認為人民生活之苦的最大關鍵，乃為交通問題，全國如一人體，然南北東西各重要交通不通，如人體之上下四肢動脈不通，何能生活？無論通不通；即通亦朝通夕破壞，商家誰敢以血本運貨？如上海缺煤，內地缺布，既不能通運，則上海不能以布作煤，內地亦不能以煤作布，此理至為明顯。交通不通非他，乃共軍或其黨羽所破壞。如政府進行肅清工作，即是不和平，如斯而望人民生活有著，豈非緣木求魚！各

---

146 糧食部長徐堪的報告，民國35年6月26日。國防最高委員會第一九六次常務會議速紀錄。

147 馬歇爾特使離華聲明，1947年1月7日。《戰後中國》（三），頁264。

國皆有在野黨，攻擊在朝黨，然亦只能攻擊其惡劣，不得代為製造惡劣。今中共有武力破壞人民資以生活之交通，不許政府修復，而反以內地無布、上海無煤責政府，有斯理乎？[148]

司徒美堂為中國致公黨駐美洲總部主席，是一位愛國而傾向中共的僑領，曾於1945年12月間與毛澤東往返致電，促制止內戰，以謀和平。[149]其對中共之破壞交通而影響人民生活，頗不以為然。

而中共則視為重要戰略之一，指示所部：「破路、破車、翻車、襲擊、阻擊，遲滯頑軍前進，……這種交通戰將是長期的。」[150]而且「必須徹底破壞，動員兵眾，公私兼顧，主要須掘斷路基又寬又深，而讓鐵軌、枕木、器材，讓民眾取去。」[151]

此法對付國民黨至為狠毒。

八、政治腐化與惡化

國方軍事之挫敗，並非純粹的軍事問題，亦非純因共黨勢力之強大而挫敗之，實由其本身諸多問題以促成之，尤以政治、經濟、社會等問題之影響為最著。就政治問題而言，貪汙腐化實為其致命之傷害；通貨膨脹、經濟恐慌、社會不安，以及民心士氣之低落等，皆是

---

148 《徐永昌日記》，民國35年10月1日。第八冊，頁325-326。

149 毛澤東、司徒美堂往返電，1945年12月27日、28日。《中共文件》，第十五冊，頁524-525。

150 中共〈軍委關於破壞交通線的指示〉，1945年10月18日。《中共文件》，第十五冊，頁362。

151 中共〈中央關於東北作戰的指示〉，1946年4月8日。《中共文件》，第十六冊，頁112。

造成國民黨極大之挫折。就共黨而言，凡國方之害，即為共方之利。故共方亦竭力推波助瀾以擴大之，以加重國方之傷害，例如「四大家族」之說，對國民黨之殺傷力，可謂無遠弗屆。

就政治腐化問題而言，其主要現象，為官吏貪汙，公私不分，假公濟私，濫收濫支，營利分肥，事權不一，互相推委，上下其手等。[152]

抗戰勝利，國府接收官員之貪腐，使淪陷八年日偽地區之人民，大失所望，尤以上海、北平為甚。甫在接收之始，蔣即獲報：

> 京、滬、平、津各地軍政黨員，窮奢極侈，狂嫖濫賭，並借黨團軍政機關名義，占住人民高樓大廈，設立辦事處，招搖勒索，無所不為，而以滬、平為尤甚。[153]

蔣雖嚴令取締，效果顯然未彰。此予中共以最好的宣傳材料，其重慶《新華日報》形容：戰後人民對國府中央大員抱著渴望，等這些大員到達後，渴望就變成希望，再等國軍到達後，希望就變成失望，等到國民黨的接收工作開始後，由失望變為怨望，隨著怨望變成仇恨。[154]

國府派往光復區考察的官員邵毓麟在其回憶錄中說：

> 經濟事業機構的接收，更是弊端百出，黑漆一團。再加經濟事業機構為利之所在，重慶所派人員，在上者或係盲人瞎馬，莫名其妙，原在下者卻睜開眼睛，混水摸魚，而共匪與偽組織人

152 《徐永昌日記》，民國36年10月6日。第八冊，491。
153 《大事長編》，民國34年10月25日。卷五，下冊，頁858-859。
154 林桶法，《戰後中國的變局》，頁25。原注據：《新華日報》，1945年11月18日。

員，又楔入政府與人民間，大肆渲染，挑撥離間，所以勝利後的接收，別有用心的人，稱之為「劫收」。[155]

邵為蔣介石的侍從室少將祕書，在其考察上海、南京後，向蔣面報看到的情況說：「像這樣下去，我們雖已收復了國土，但我們將喪失了民心！」[156]當時平津地區有一「順口溜」曰：「天天盼中央，中央來了更遭殃。」[157]

平津地區的報紙，更不時有貪汙的新聞，冀察熱綏區清查團在清查後的報告中指出：

> 本團認為接收工作之貪汙寡效，由於人事者半，由於政策者半。查敵人侵占華北，原有整盤計劃，推行此項計劃，有一統一機構。中央於接收之初，專注重一時國庫收入，不顧及百年建設大計。……關係各部會之派員來平，特派員頭銜者，不知若干名，接收機關不下數十處，各不相謀，各自為政，明為接收，實為搶攘。[158]

諸如此類貪腐之風，光復後的臺灣亦復如是。臺灣雖受日本統治五十年，管制極嚴，行政效率至高，故對內地派來的官員貪汙行為，臺人感受更為強烈。對政府官員漫無紀律的反感，實為導致「二二

---

155 邵毓麟，《勝利前後》（臺北：傳記文學出版社，民國56年），頁76。

156 邵毓麟，《勝利前後》，頁76。

157 《徐永昌日記》，民國34年12月8日。第八冊，頁197。

158 林桶法，《戰後中國的變局》，頁34。原據資料：南京二檔「經濟部冀察熱綏區特辦處接收文件（檔號五三八）」。

八」事件的重要原因之一。即如徐永昌所云：

> 臺胞一向看慣過慣日人有計畫有辦法的生活，今國家一切設施，臺胞當然不滿，官吏扭於內地之無法無天，漫不在意，其遭此小的挫折（按：指「二二八事件」），誠大佳事。[159]

據新任之臺灣省主席魏道明云：

> 前次之亂（「二二八」事件），實由長官公署上下所造成，渠（魏）本人如臺人，亦必從亂。柯遠芬參謀長、葛敬恩祕書長，無理貪汙其甚者，陳公俠（原臺灣行政長官陳儀）為人作嫁而已。[160]

這一事件發生的時日（1947年2月28日），正是山東萊蕪戰役失敗之後的第五天。

「為右則腐，為左則惡」，此為胡漢民早年對左、右兩派之形容。國民黨之腐化與中共之惡化，成為強烈之兩極端，苦難者為中間之人民耳！

據國方山東省主席何思源在1946年5月致行政院的報告，關於中共在萊蕪「普遍發動階級鬥爭」之對象與方法，大要如次：

1. 國特：凡國民黨政軍人員及其區鄉村幹部和親屬，統以「國特」稱之，將房產土地悉數沒收，人口驅逐不准離境，指定活動範圍，逼令乞討。

---

159 《徐永昌日記》，民國36年3月7日。第八冊，頁383。
160 《徐永昌日記》，民國36年7月24日。第八冊，頁459。

2. 漢奸：凡在日偽系統任職之人員，統以「漢奸」稱之，每人留一官畝外，餘均充公。

3. 惡霸：凡公正士紳知識分子以及稍有社會地位之人士，統以「惡霸」稱之。除沒收其財產外，必加侮辱。

4. 富農富商：凡稍有資產之商農，以結算舊賬辦法（三十年內），找租、找息、找工資，名曰「窮人大翻身」。

5. 二流子：凡鄉間衣食較好而無工作能力及遊閒分子，統稱為「二流子」，除鬥爭其財產外，並罰作奴役。

6. 鬥爭方式：確定每村鬥爭對象後，先發動醞釀，待羅織成熟，即於每村築起高臺，召集民眾麋集臺前，由鄉村幹部組成主席團，迫令被鬥者跪於臺上，向大眾自認罪狀，每一罪行毒打一次，鬥爭一人恆三日、五日至十餘日。夏則曝於烈日之下，冬則裸體於大寒之處。更有戴綠帽、著女衣、鳴鑼繩牽，遊集市鄉村者。凡在鬥爭之列者，一律取消其公民權，並以奴隸對待之。[161]

1946年9月，陳誠視察華北收復的解放區後，對中共之清算鬥爭情形說：

　　至於清算，更是殘酷，第一次清算，第二次清算，到現在是第三次清算了。第一次清算是地主富農，第二次清算是自耕農，現在第三次清算那是什麼人都要清算。這種清算，什麼人都受不了，到綏遠有人告訴我，共產黨把玻璃杯、瓷瓶搞破了放在地

161 〈山東省政府主席何思源上行政院報告〉，民國35年5月4日。《戰後中國》（二），頁356-358。

上，要他們在上面滾，問他還有錢沒有，親戚有錢的也要說出來。

　　最殘忍的要算對付所謂「國特」分子了，凡是對國家有點熱誠的，都會被指為「國特」分子，把人捆了縛在驢子上，拖上幾十里路，否則，就是把人浸在石灰水中。[162]

解放區亦有「偶語棄市」者，陳誠1947年2月1日視察收復後的蘇北解放區的情況說：

　　有兩件事可見匪的殘酷，有夫婦二人，其夫偶放一屁，妻說對我放屁，何不對八路放屁。為共匪所知，夫婦二人就都把命送了。另有兩夫婦在路上相遇，其妻適與另一女共黨黨員同行，夫婦講了幾句話，共產黨員就去告發，說他們夫婦講私話，講甚麼不知道，如果是正正當當的話，為甚麼她不可以聽。他倆夫婦被責備一頓。後來他的妻子寫了一封信給丈夫，說是不是夫妻不能說一句話。這封信又給旁人知道，他丈夫害怕起來，自動將信呈上去，他妻子見丈夫如此害怕，便自殺了。[163]

中共駐南京代表周恩來曾在1946年5月初致電中共中央說：「最近上海、南京、重慶等地，接到許多封關於蘇北清算鬥爭的信件，眾口一詞，提到過火」。「來信者多與我方原有好感，故不能一律以鬥爭初期，不可免的判斷答之。」周建議：「可否在蘇北之鬥爭方式，

---

162 陳誠軍事報告，民國35年9月25日。國防最高委員會第二〇五次常務會議速紀錄。

163 陳誠軍事報告，民國36年2月19日。國防最高委員會第二一九次常務會議速紀錄。

擇較溫和辦法，以便爭取上層中產者階級。」中共中央答覆說：過火行為是個別現象，是難免的。請向民盟說明中共的土地政策。[164]

為此，周和民盟人士黃炎培、梁漱溟長談。黃反映所聞土改中過火行為，並提到劉崇祐遺言（按：遺言內容待詳）。周雜以題外的話岔之，說：「五四」運動之際，劉崇祐為律師，為我辯護營救外，更以金錢接濟，至今銜感。[165]

中共的清算鬥爭，是其群眾運動的主要工作，根據中共晉冀魯豫局的指示：

> 我區執行中央（1945 年）11 月 7 日指示所發動的訴苦、清算、減租、增資的群眾運動，有了很大成績。根據經驗，目前新區的群眾運動，從反奸、清算、訴苦、復仇開始，都是合乎實際要求的。這樣可以把八年來壓榨群眾，而為現在國民黨所接受，所培植敵偽統治，基本打垮。[166]

對於所謂「過火」問題，中共中央說：

> 最近期間，有一種所謂群眾運動過火，壞人得勢，好人低頭的議論，已在開始叫罵。領導機關應該注意，不要被這些叫罵所左右，所嚇倒。應該大膽的，放手再放手的，……把敵偽殘餘和一切反動勢力的氣焰，堅決打下去。[167]

---

164 《周恩來年譜》，1946 年 5 月 3 日。頁 663。

165 《周恩來年譜》，1946 年 6 月 6 日。頁 670。

166 中共〈晉冀魯豫局關於進一步發動群眾工作的指示〉，1946 年 3 月 24 日。《中共文件》，第十六冊，頁 121。

167 中共〈中央轉發東北局對目前東北工作的指示〉，1946 年 4 月 16 日。《中共文件》，第十六冊，頁 130。

因此所獲得的效果是：「只要我大膽放手，全力撐腰，確實與群眾同生死，以戰爭與土改相結合，實行全區戒嚴，控制所有反動分子。」[168]

九、士氣低落與軍紀敗壞

軍事的挫敗，政治的腐化，物價的飆漲，經濟的恐慌，社會的不安，造成民心士氣的低落，軍紀的敗壞。

魏德邁這年7月、8月間來華考察報告中說：「中國各地多有冷漠無情與麻木不仁之現象，對眼前之問題不求解決，……多數能幹愛國之中國人士，原應滿懷希望與決心者，反陷於可鄙之失敗主義，言之誠屬令人喪氣。」[169]

即以素持積極態度的參謀總長陳誠而言，「彼對大局亦悲觀。……頗露消極之意，謂俟局勢稍好轉，即將引退。」[170]國民黨中央要員討論整個政治軍事形勢時，大多數人均有重大恐懼心。[171]蔣則認為當前處於不利情勢，是由於黨之腐敗，互相排擠，互相爭權，毫不知愛國與負責，外國人說我們衰老無能，精神委靡而墮落，一點不錯。[172]蔣認為：

> 軍事挫折以後，本黨內部重要幹部多失信心，懷疑、抱怨、

---

168 中共〈邯鄲局關於開展新區工作的指示〉，1947年9月2日。《中共文件》，第十六冊，頁518-519。

169 魏德邁特使離華聲明，1947年8月24日。《戰後中國》（三），頁377。

170 《王世杰日記》，民國36年5月31日。第六冊，頁79。

171 《王世杰日記》，民國36年6月18日。第六冊，頁92。

172 《徐永昌日記》，民國36年6月30日。第八冊，頁44。

責難、推諉、謾上怨下，想入非非，且有以余（蔣）暫時辭職下野，為其竊議問題者。[173]

關於軍紀之敗壞，主要現象，為濫要給養工料，強占強購，空額太多，戰鬥情緒低落，干涉行政等。[174]

講到士氣之不振，國防部長白崇禧說：

> 過去我各線皆優於共匪，今則僅山東一處優於共匪。而士氣甚低，其致此之由，實因整編與取消雜牌部隊，致軍隊減少，僅能控制點與線，無控制面的力量。士氣低落，人心怨上畏匪。[175]

白氏之言，顯對陳誠的不滿。國防部次長秦德純說：

> 今日軍官腐化驕傲已極，謊報軍情，不聽命令，敵打甲而乙、丙不動，打乙而甲、丙不動，共匪對國軍唯一方法，擇肥而食。國軍則偷安取巧，僥倖投機而已。[176]

國軍將領之不能合作，而各自為謀，其表現於戰場者，勇者任其自進，怯者聽其裹足，犧牲者犧牲而已，機巧者自為得志，賞罰不公，彼此多存觀望，同床異夢。敵無可畏，可畏者，乃將領意志之不能統一耳。這是國軍整編第七十四師師長張靈甫向蔣反映的意見。蔣甚是之。[177]

---

173 《蔣介石日記》，民國36年6月26日。
174 《徐永昌日記》，民國36年10月6日。第八冊，頁491。
175 《徐永昌日記》，民國36年6月14日。第八冊，頁431。
176 《徐永昌日記》，民國36年7月14日。第八冊，頁454。
177 《大事長編》，民國36年5月6日。卷六，下冊，頁445-446。

國防部新聞局長鄧文儀的報告，謂今日之軍隊軟弱無力，幹部遲鈍，軍心渙散，士氣消沉，已有千百事實證明。其基本原因，為中、上級幹部，軍閥思想傾向之發展，視幹部為私有，以升官發財為目的。軍隊失去靈魂，犧牲精神，完全消失。[178]

蔣對軍紀之敗壞，亦有了解，深為憂慮，認為：

> 將領昏庸，軍紀盪然，平時不加準備，臨戰驚慌失措。[179]
> 尤其是前方高級將領不學無術，疏忽輕敵，猶不自知其無知無能。[180]

蔣經國由東北與華北回京，報告高級將領已全失其信心，幾乎自示其本身之一代，已經絕望，故貪汙自保之念日甚一日。蔣亦自認為其「大意疏略，監教無方之過。」[181]

蔣就軍紀敗壞情況，綜合列舉如下：

1. 軍事高級幹部意見分歧，情感不睦。健生（白崇禧）牢騷與不滿為甚。

2. 各以私人權利為重，而無同仇敵愾之心。

3. 偶遭挫折與危急，皆意志沮喪，請求辭退以為自保，而曾無一人能臨難不苟，負責不懈，始終不變，險夷一致，可以托其大事，扶持危局者，至其能力與學術之不足，則尚在其次也。[182]

---

178 《事略稿本》（71），民國36年11月14日。頁443。
179 《蔣介石日記》，民國36年5月20日。
180 《蔣介石日記》，民國36年5月21日。
181 《蔣介石日記》，民國36年6月24日。
182 《蔣介石日記》，民國36年6月22日。

果如是，則無一人可用矣！

最為危險的，有些前線將領暗通中共，如國軍第三綏靖區副司令張克俠即為中共祕密黨員，與中共有來往，被國方注意，周恩來致電其中央，可接張之家屬到中共地區張家口，使張可以自由行動。

第八十四師師長吳化文，及暫編第二十一師師長孫良誠，派人在南京、上海與中共接洽，請派人做他們的工作。[183]

第四十六軍軍長韓練（煉）成，也早與中共祕密聯繫。該軍為桂系部隊，轄三個師，於1946年冬由海南島調至膠東。內部有派系矛盾，其中第一百七十五師師長甘城成，第一百八十八師師長海竟強，分別為李宗仁及白崇禧之外甥。韓為寧夏人，曾在西北軍中任團長，抗戰時期在桂軍中任師長，在中共地下黨的安排下，與周恩來會面，確定了與共黨的同志關係。抗戰後升第四十六軍軍長，在魯南，為與共方聯絡，在其軍部中，安排兩名中共地下黨員，為其工作。萊蕪戰役時，與陳毅約定，在關鍵時刻，脫離指揮崗位，致第四十六軍陷於混亂狀態。[184]當時國方認為韓已自戕。[185]不意後來竟在南京出現，謊稱由萊蕪撤出時，率特務營數百人，突圍八百里，僅以身免。且云曾作一統計，親自呈蔣主席，說有四十七個師為共軍所毀。[186]

---

183 《周恩來年譜》，1946年6月17日。頁673。

184 金沖及，《轉折年代》，頁118。承著者金沖及教授函知「韓練成早同中國共產黨祕密聯繫」事，見陳毅《華東一年來自衛戰爭的初步總結》，1947年12月30日。《陳毅軍事文選》（北京：解放軍出版社，1996年），頁118。據《郭汝瑰回憶錄》（北京：中共黨史出版社，2009年）謂「韓煉（練）成原來是一個共產黨員」，頁119。華健忠，〈我軍又獵泰山東〉，《從延安到北京》，頁210-212。取自維基百科 zh.wikipedia.org/zh-tw/ 韓練成。

185 《徐永昌日記》，民國36年3月2日。第八冊，頁381。

186 《徐永昌日記》，民國36年12月29日。第八冊，頁510。

如此敵我不分，這個仗怎能打下去！

談到士氣低落問題，有謂部隊幾如住家，無復緊張努力於備戰者，所以作戰亦僅敷衍塞責。各級官長每談言誰幾年退伍，以是多無恆心，而為後事是謀。[187]且謂士氣之壞，中央系是由於貪汙，非中央系是由於不公。更謂「恐難維持一年」。語多憤慨。[188]

西北軍宿將鹿鍾麟說：現在待遇祇是逼士兵做強盜，被編下來的軍官都成擾亂軍心者。徐永昌以為軍隊待遇差，即如糧草價不足，彼軍隊亦未見人馬餓死，還不是擾民。所以今軍隊擾民，是民怨兵、怨官；而兵亦怨政府、怨國家。如不亟努力於軍食辦法改善，恐徒上下交擾而已。[189]

上下交怨、交擾，而國危矣！

---

[187] 《徐永昌日記》，民國36年1月26日。第八冊，頁371。
[188] 《徐永昌日託》，民國36年3月15日。第八冊，頁387。
[189] 《徐永昌日記》，民國36年6月14日。第八冊，頁432。

第七章

內外夾攻，全面崩潰

一、毛澤東估計還有一年可獲成功

1948年（民國37年），戰後國共戰爭進入第三個年頭。這年9月8日至13日，毛澤東在西柏坡主持、召開的中共中央政治局會議上報告指出：「我們的戰略方針是打倒國民黨，⋯⋯由游擊戰爭過渡到正規戰爭，建軍五百萬，殲敵正規軍五百個旅，五年左右根本打倒國民黨。」[1] 這五年的計算是從 1946 年 7 月算起，第三年是「今年（1948）7月至明年6月」。即是還有兩年的時間。[2] 但是到了1948年9月、10月間，共軍攻下濟南、錦州後，毛氏又把五年的時間提前一

---

1 《毛澤東年譜》，1948年9月8日至13日。下卷，頁343。
2 中共〈中央軍委關於實現五年推翻國民黨的指示〉，1948年9月22日。《中共文件》，第十七冊，頁333。

年，「大概只需一年左右的時間即可達到了。」亦即到1949年10月左右，就可以「從根本上推翻國民黨統治」。[3]毛氏的估計，可謂準確。

但蔣介石在元旦文告中說：「消滅匪軍有形力量，終可在一年內完成。至於各地散匪，須待有形的匪軍消滅以後，再加上一年或二年的時間，方能徹底肅清。」[4]蔣之元旦書告，目的顯為鎮定人心也。到了濟南、錦州失陷以後，情況就完全不同了。於11月25日自記其對時局之感想曰：

> 軍事失利以後，社會、政治、經濟、外交與人心動搖之現象，絕非想像所能及也。加之戰地難民及青年逃奔後方，難以安置，沿途傷病官兵無法管理之紛亂情勢，更足令人痛心。[5]

到了年底，華中「勦匪」總司令白崇禧自漢口電蔣，促與共方言和，實即要蔣下野。電曰：

> 默察近日民心離散，士氣消沉，遂使軍事失利，主力兵團，損失殆盡，倘無喘息整補之機，整個國軍，雖不辭任何犧牲，亦無救於各個之崩潰。[6]

---

3 〈毛澤東關於再有一年可推翻國民黨的估計〉，1948年11月11日。《中共文件》，第十七冊，頁473。

4 秦孝儀主編，《總統蔣公思想言論總集》（臺北：國民黨黨史會出版，民國73年），卷三十二，頁195。以下簡稱《言論總集》。《徐永昌日記》，民國37年1月1日。第九冊，頁1。

5 《大事長編》，民國37年11月25日。卷七，上冊，頁158。

6 《大事長編》，民國37年12月26日。卷七，上冊，頁203-204。

　　要蔣下野與共言和的呼聲，此起彼落。這年最後一天的除夕，蔣集黨內要員座談，首先宣讀明日元旦文告，其中有：「個人進退出處，無所縈懷」之語。有垂涕泣而道者，有慟哭失聲者。[7]蔣讀文告畢，張道藩首先發言，謂文告一發布，黨政及地方必然分裂。王世杰說：這文告不是要和，像是要不和，美駐華公使克拉克（Clark）曾有蔣總統一下野、軍政俱立垮之言。谷正綱說：總統一下野，必致樹倒猢猻散。繼續發言者此起彼落，大多數反對總統出處問題一段，以為必須刪除。蔣謂不必改，可照此發出。發言者仍不止。最後蔣囑立即發布，並作色而起曰：「諸位不要我下野，但是淨做令我下野的事。」以手擊桌，拂袖而去。當諸人激辯時，孫科曾謂自奉命組閣後，在滬就醫之時，來談之人，無不希望和平實現。此言亦頗有力。[8]

　　這是軍事、政治、經濟、社會已臨崩潰情勢。本章是就國民黨方面1948年的軍事、財經、黨政與人心的崩潰情形，期作進一步的探討。

二、國方軍事走向崩潰

　　中共原先估計五年內打倒國民黨，是根據1946年和1947年兩年的作戰經驗。這兩年計殲滅國民黨正規軍一百八十九個旅，為數二百七十餘萬人（包括非正規軍）。而共方則由兩年前一百二十餘萬人發展到當時的二百八十萬人。故估計今後三年可以殲敵七百萬人左右，而共方可達擴展到五百萬人之目的。這樣不但能打倒國民黨，且可統

7　《大事長編》，民國37年12月31日。卷七，上冊，頁206。
8　《徐永昌日記》，民國37年12月31日。第九冊，頁193。

治全中國。[9]但在1948年9月、10月攻下濟南和錦州以後，毛澤東即估計國民黨不可能再動員三百萬人。大約再以一年左右的時間，再殲敵一百個師左右，即可達成目的了。[10]

　　據國防部次長秦德純稱：去年（1947）一年被共軍所毀之國軍計一百八十七個團，被俘團長以上軍官一百四十八人，陣亡團長以上五十餘人。[11]

　　至於國民黨方面的軍事情況，繼去年（1947）連續挫敗之後，今年更為險惡。東北方面，據共方資料，謂自去年12月中發動冬季攻勢以來，到今年3月中結束，歷時三個月，殲滅國軍八個師，並有一個師的投共，計十五萬六千餘人，攻占城市十八座，壓縮國軍於長春、瀋陽、錦州三個孤立地區。[12]

　　在東北共軍發動冬季攻勢之初，參謀總長兼東北行轅主任陳誠於1月7日致蔣的電報說：「我軍目前能使用之兵力，不足四個軍（約八個師），故本會戰之情勢，甚為險惡。」[13]次日，蔣又接王叔銘及陳誠電，知情勢危急。自記曰：

　　　接叔銘電稱，昨（7）日瀋陽前方失利，情勢危急，余（蔣）

9　中共〈軍委關於實現五年左右推翻國民黨的指示〉，1948年9月22日。《中共文件》，第十七冊，頁333。

10〈毛澤東關於再有一年左右即可根本上推翻國民黨統治的估計〉，1948年11月11日。《中共文件》，第十七冊，頁474。

11《徐永昌日記》，民國37年2月15日。第九冊，頁19。

12《毛澤東年譜》，1948年3月15日。下卷，頁295。

13 何智霖編，《陳誠先生書信集……與蔣中正先生往來函電》（臺北：國史館，民國96年），下冊，頁695。《大事長編》，民國37年1月8日。卷七，上冊，頁12。

得此始以為不至如此危急；及接辭修（陳誠）電，乃知公主屯附近兩師已被匪消滅，情勢果甚危迫也。[14]

9日，陳又電蔣：「瀋陽之圍尚未解除，準備困守。」[15]為此，蔣於1月10日飛臨瀋陽，並召華北「勦匪」總司令傅作義至瀋會商，與談增援東北事，傅反而要求增加華北兵力，殊出蔣之意外，察覺傅之態度「適與前相反」。蔣無奈曰：「何耶」？[16]其實華北亦危，傅之要求增兵華北，非無故也。蔣氏多疑，似乎亂了腳陣。

蔣自瀋回京後，認為「辭修因病而發生心理變態，更為可慮」。決定設立東北「勦匪」總部，以衛立煌為總司令，接替陳誠，「或可轉危為安也」。[17]

陳去衛接，東北更是無可救藥矣。王世杰2月9日記曰：

> 東北軍事日趨艱危。陳辭修（誠）以病解除其指揮之職返京，衛立煌往代。易將之事，在此艱危情形下舉行，軍隊又頗複雜，前途極可慮。[18]

衛接任後，以糧彈兩缺，情勢嚴重，參謀總長陳誠據衛之報告，上蔣簽呈，謂因運輸機缺乏，對東北補給困難，擬先謀打通新民至錦州間鐵路交通。蔣則決心將東北國軍主力撤至錦州集中，以保存此僅

---

14 《蔣介石日記》，民國37年1月8日。
15 《蔣介石日記》，民國37年1月9日。
16 《蔣介石日記》，民國37年1月10日。
17 《蔣介石日記》，民國37年1月17日後「上星期反省錄」。
18 《王世杰日記》，民國37年2月9日。第六冊，頁173。

有之兵力。即手書衛立煌及空軍副總司令王叔銘指示撤退要領，並將手書交國防部羅澤闓廳長帶往瀋陽實施。[19]

此一撤退計劃，不失為集中兵力，鞏固錦州，屏障華北之善策，其後錦州不保，瀋陽、平津皆失，益證錦州鞏固之重要。但衛以瀋陽以南已經解凍，為濫泥季節，道路田野，均沒膝難行，大軍行動困難異常，撤退計劃難以實施。蔣即召見國防部次長林蔚等商討空運撤退問題，仍有困難，決定固守。[20]而林彪之東北民主聯軍不因「解凍」問題而進攻不已。至3月中，國軍在東北地區之長春、瀋陽、錦州，乃益陷於孤危中矣。[21]

與此同時，西北戰局亦危。西安綏靖公署主任胡宗南於3月1日電陳：

> 彭匪德懷率其第一、二、三、四、六縱隊，並會同賀龍、王鍔各一部，共約十五個旅（實際為十一個旅），於丑梗（2月23日）圍攻宜川，因於感（27日）起，與我劉戡軍於宜川以西會戰以還，戰況激烈空前，我匪傷亡均極慘重，刻我軍已陷入極度苦戰中。[22]

蔣接電自記曰：「審閱戰報，得悉宜川形勢不利，我增援主力又被匪攔阻，損失頗重為慮。此戰如果失敗，則陝西與西北局勢皆危

19 《蔣介石日記》，民國37年2月22日。《大事長編》，民國37年2月21日至23日。卷七，上冊，頁41-43。
20 《大事長編》，民國37年2月29日。卷七，上冊，頁46-47。
21 《大事長編》，民國37年3月12日。卷七，上冊，頁54。
22 《大事長編》，民國37年3月1日。卷七，上冊，頁47。

矣。」

是日，宜川陷，軍長（第二十九軍）劉戡、師長（第九十師）嚴明皆殉。蔣記曰：「此一損失，全陝主力幾乎損失三分之一以上，維持關中與延安據點，已甚為困難。」[23]

是役共軍以十一個旅七萬人，包圍殲滅胡軍精銳部隊五個旅（缺一個團）、兩個師部、一個軍部，共二萬八千人。為中共西北戰場第一大捷。經此戰役後，共軍向渭北、隴南進軍之門戶，業已洞開。[24]

蔣頗埋怨胡宗南「疏忽粗魯，毫不研究匪情，重蹈覆轍，殊為痛心。」[25]其實胡之親信機要熊向暉乃潛伏共諜。胡之一舉一動，共方瞭如指掌也。

4月21日，國軍撤出延安。胡則「撤職留任」。旋即撤銷之。蔣又埋怨胡曰：

> 審閱戰報，始知延安我軍今晨（21日）已全部向洛川撤退。在此國大期間，宗南擅撤政略要點，可謂無知已極！但令其縮回延安，已不可能，故只有聽之。[26]

東北、西北既危，華北、華中、華東戰局亦險。華北方面，華北「勦匪」總司令傅作義所部第三十五軍軍長魯英麐率兩師兵力，於1月13日在河北淶水戰役中，其新編第三十二師被共軍圍攻，師長李鼎銘陣亡，官兵傷亡幾達三分之二。軍長魯英麐突圍痛憤自戕。蔣聞

---

23 《蔣介石日記》，民國37年3月1日。《大事長編》，卷七，上冊，頁48。
24 《毛澤東年譜》，1948年3月4日。下卷，頁290。
25 《蔣介石日記》，民國37年3月2日。
26 《蔣介石日記》，民國37年4月21日。

而自記曰：「華北戰局將日益嚴重，前途大難，仍未已也。」[27]

華中方面，河南大部分已為共軍所控制，皖北、鄂東、鄂北亦為共軍所侵入。[28]共軍陳賡部於3月9日圍攻洛陽，守軍第二零六師與共軍戰，至14日城陷。[29]殲守軍二萬餘人。旋由國軍第十八、第四十七軍於17日收復之。[30]

與此同時，華東方面共軍陳毅部向濟南進攻，第二綏靖區司令官王耀武報稱：共軍有三個縱隊及三個師於3月10日侵入張店後，繼犯周村、淄川等地，有續犯濟南可能。21日，共軍一部迫近濟南，主力則向昌樂、濰縣進攻。[31] 4月27日，濰縣陷，膠濟路中斷，而濟南、青島危矣。[32]

共軍再度發動濟南戰役，而至攻占濟南，是從9月16日起，至24日結束，殲滅國軍十萬四千餘人，其中國軍第九十六軍軍長兼整編第八十四師師長吳化文率二萬餘人投共。此對濟南之失，有重大的影響。因為吳的投共，使共軍順利地控制了濟南機場，國軍空運增援的行動，為之停止。且造成濟南城防一大缺口，徹底動搖了守軍防禦的決心。共方原計劃要一個月攻下濟南，只用了八天的時間就攻克了。[33]

第二綏靖區司令官兼山東省主席王耀武、副司令官牟中珩等將領

27 《蔣介石日記》，民國37年1月15日。《大事長編》，民國37年1月15日。卷七，上冊，頁19。

28 《王世杰日記》，民國37年2月12日。第六冊，頁175。

29 《大事長編》，民國37年3月13日、14日。卷七，上冊，頁54、57。

30 《毛澤東年譜》，1948年3月7日。下卷，頁292。

31 《大事長編》，民國37年3月13日、21日。卷七，上冊，頁55、59。

32 《大事長編》，民國37年4月27日。卷七，上冊，頁79。

33 楊奎松，《國民黨的聯共與反共》，頁678。

二十三人被俘。[34] 除兵力損失外，武器的損失亦極慘重，據國防部次長秦德純說：損失槍四萬支、子彈一千五百萬發、輕機槍二千挺、汽油百萬加侖。[35]

吳化文原為韓復榘舊屬，西北軍馮玉祥系統，其投共，實造成蔣之一大震撼。自記曰：

> 吳化文叛變以後，不僅影響於濟南之失陷，而其關於全國軍心，尤其關於馮玉祥舊部所殘留於國軍者，約十五萬人之不安，更為重大。從此軍心之團結尤難矣。[36]

事前王耀武報告，謂16日起，大舉猛犯濟南的共軍有九個縱隊，採用人海戰術，輪番攻擊，晝夜不停，守軍抵抗，傷亡甚重。亟望北進兵團早日北上。[37] 而北上兵團，迄無應援。蔣於18日自記曰：

> 共匪圍攻濟南，祇有一日，東南堅強工事陣地，竟為其突破，西南機場亦遭匪自齊河方面砲擊，致空運軍隊無法繼續實施。……此乃增兵濟南原有之主張，為國防部高級人員（按指顧祝同等）所轉移，未能事先空運，以致臨渴掘井，竟遭此厄。[38]
>
> 濟南計劃，明知匪必來攻，且可望其為全局轉危為安樞機，不料僚屬與其所部腐敗拙劣，鑄此大錯，以後局勢艱困更難矣。[39]

---

34 《毛澤東年譜》，1948年9月11日。下卷，頁345。
35 《徐永昌日記》，民國37年10月19日。第九冊，頁141。
36 《蔣介石日記》，民國37年9月25日後「上星期反省錄」。
37 《大事長編》，民國37年9月19日。卷七，上冊，頁137。
38 《蔣介石日記》，民國37年9月18日。並見《大事長編》，卷七，上冊，頁136。
39 《蔣介石日記》，民國37年9月25日後「上星期反省錄」。

　　徐州「勦匪」總司令劉峙在共軍圍攻濟南四天後，始下令集中援軍於徐州以北，共方估計尚需數日才能集中完畢，其援軍數目大約有二十個旅左右。認為可能使其打援計劃難於完成，但阻援以爭取攻城所必要的時間，是可能的。[40]但劉之援軍未敢北援，加以吳化文率兩個旅之內應，因此，共軍順利的攻占了濟南。[41]

　　蔣以為此次吳化文之變，是因為吳之「眷屬此次在兗州陷落時被擄，而又送還濟南之故，即中共匪陰謀。」[42]按兗州陷落是在這年7月13日。[43]其實吳化文早在兩年前即暗通中共。[44]而中共決定攻濟計劃中，即將吳列入內應的條件。[45]於此可見國方「防諜」工作之失敗。

　　濟南之失，使毛澤東「認為舉行淮海戰役，甚為必要。」[46]也對下一步的遼瀋、淮海、平津三大戰役創造了關鍵性的重要條件。[47]

　　這是國方軍事大崩潰的前奏。對整個國民黨之敗，具有關鍵性。蔣則深悔「不能專心軍事，而幕僚又無定見定識，不勝愧悔之至！」[48]並對是役檢討曰：

　　　　良以濟南一失，對內對外，關係太大。其有損於政府之威信

40　中共〈軍委關於實現五年左右推翻國民黨的指示〉，1948年9月22日。《中共文件》，第十七冊，頁334。
41　《毛澤東年譜》，1948年9月11日。下卷，頁345。
42　《蔣介石日記》，民國37年9月20日。
43　《大事長編》，民國37年7月13日。卷七，上冊，頁111。
44　《周恩來年譜》，1946年6月17日。頁673。
45　中共〈軍委攻占濟南的指示〉，1948年8月28日。《中共文件》，第十七冊，頁321。
46　《毛澤東年譜》，1948年9月25日。下卷，頁347。
47　金冲及，《決戰》，頁47。
48　《蔣介石日記》，民國37年9月18日。

者，莫此為甚！從此政局、外交、經濟諸端，更為棘手。共匪亦必益形猖獗。軍事如不能再轉優勢，自覺無顏以對世人矣。[49]

三、毀滅性的遼瀋、淮海、平津三大戰役

（一）遼瀋戰役

遼瀋戰役，是中共東北野戰軍自1948年9月12日至11月2日，由進行錦州戰役，而至占據瀋陽的戰役。共殲國軍四十七萬二千餘人，中共據有東北全境。[50] 11月9日，部分國軍由葫蘆島以運輸艦隻四十四艘撤出，共計十三萬七千餘名。原出關之三十萬精銳皆墨。[51]

東北共軍自3月間結束冬季攻勢以後，曾兩次準備攻取長春，最後還是因恐長春城堅難下，放棄攻長計劃。因此也使中共東北全軍獲得了五個月的大休整，野戰軍充實到了六十一萬人，士氣旺盛。[52]

蔣介石於7月間，在南京召集國防部長何應欽、參謀總長顧祝同、東北「勦匪」總司令衛立煌等，研討放棄東北方針與撤退部署問題，衛又藉詞不撤，謂東北我軍已恢復其戰力與精神，而瀋陽獨立守備計劃，亦已達成，除長春國軍糧煤不濟外，並無其他顧慮。對於試圖打通錦瀋路，衛以為此時士氣與將領心理，絕不可能，若責其固守瀋陽，則有把握。於是決定暫時固守瀋陽，限於三個月內積極整頓補

49 《事略稿本》（76），民國37年9月25日。頁613。
50 《毛澤東年譜》，1948年10月27日。下卷，頁373。
51 《大事長編》，民國37年11月10日。卷七，上冊，頁174。
52 中共〈軍委關於實現五年左右推翻國民黨的指示〉，1948年9月22日。《中共文件》，第十七冊，頁334。

充，恢復戰力，待命出擊。而長春守軍，務令其相機撤至瀋陽。[53]

蔣似猶豫不決，搖擺不定，其自記曰：

> 余（蔣）以為只要瀋陽糧煤可以自給無虞，則不如准其固守待時，而不必急令其出擊，打通錦瀋路也。只要瀋陽能固守不失，整補戰力，則東北主匪絕不敢進擾華北，故決令堅守。[54]

9月12日，遼瀋戰役開始，衛立煌於24日自瀋赴京向蔣面陳，謂共軍林彪部於9月初以五個縱隊置於彰武、新立屯地區，阻我瀋陽守軍出擊，另於12日以四個縱隊及一個師向義縣、錦西、綏中、榆關北寧路沿線進犯，企圖孤立我兩錦（錦西、錦州），我軍堵擊，已揭開遼西大戰序幕。[55]

國軍方面，東北由衛立煌指揮的五個兵團，共約五十萬人，其中由副總司令兼錦州指揮所主任范漢傑統率的第六兵團盧濬泉第九十三軍（軍長盛家興），沈向奎的新八軍，集中於錦州，闕漢騫的第五十四軍任錦西、葫蘆島地區的守備。[56]另空運第七十九師兩個團，錦州總計兵力不足六個師。[57]

蔣於9月30日飛臨北平，與華北「勦匪」總司令傅作義研商，先調獨立第九十五師運葫蘆島，再續運駐秦榆之新五軍（後改番號第八

---

53 《大事長編》，民國37年7月19日。卷七，上冊，頁112。

54 《蔣介石日記》，民國37年7月22日。

55 《大事長編》，民國37年9月24日。卷七，上冊，頁140。

56 林桶法，《戰後中國的變局》，頁141。《遼瀋戰役親歷記》（原國民黨將領的回憶）（北京：文史資料出版社，1985年），戰鬥序列表（二），頁637-640。

57 《事略稿本》（78），民國37年12月5日。頁57。

十六軍）兩師，增強錦葫兵力。[58]繼又增調第六十二軍、第九十二軍（一個師）、第三十九軍，加入援錦東進兵團，由第十七兵團司令侯鏡如指揮。是役國方投入的兵力共有五個兵團、十個軍、三十三個師，連同地方團隊共約六十萬人。[59]

時徐永昌隨蔣赴平，向蔣建議長春早撤為宜，蔣云撤歸瀋陽為佳。徐以為甚難；如撤熱河，必有幾分可得，尤其在我自動撤出，軍事物資得以自如處置。並建議此時敵決不虞瀋陽國軍之傾巢而出，逕救錦州。果將錦敵擊潰，再回瀋陽，亦無不可。否則，屯集錦葫之線，以保衛華北，最為上策。蔣是之。[60]

10月2日，蔣到瀋陽，召開軍事會議，聽取各軍、師長作戰意見，彼等以打通營口為目的，而不敢向彰武、新立屯取攻勢之出擊。蔣力斥其非當，謂此一戰略，不合勦共原則。堅決主張如欲解救遼西，非以主力向彰武、新立屯出擊不可。並告以華北方面已增調四個師至錦葫增援。諸將領始默然而無異議也。[61]

是時義縣、興城、綏中不守，瀋陽、錦州孤危益甚。[62]蔣指示向北之彰武、新立屯出擊，距離錦州益遠，卻給毛澤東以可乘之機，使林彪全力攻錦而無後顧之憂。

共軍林彪鑒於錦葫國軍兵力加強，攻錦猶豫不定，擬先攻長春，

58 《大事長編》，民國37年9月30日。卷七，上冊，頁142。

59 《遼瀋戰役親歷記》，指揮系統表（一），頁634-635。

60 《徐永昌日記》，民國37年9月30日。第九冊，頁128。

61 《蔣介石日記》，民國37年10月2日。《事略稿本》（77），民國37年10月2日。頁16。據《郭汝瑰回憶錄》謂蔣「嚴令非攻新立屯不可」，郭以為「根本不可能解救錦州」，頁222。

62 《大事長編》，民國37年10月2日。卷七，上冊，頁143。

因向其中央軍委請示云：第一，估計攻錦時，守敵八個師，雖戰力不強，但亦須相當時間才能解決。錦州能迅速攻下，仍以攻之為宜。第二，長春之敵，數月來經我圍困，我已收容逃兵一萬八千人左右，士氣必甚低。故目前如攻長春，把握大為增加。毛的指示是：你們利用長春之敵尚未出動，瀋陽之敵不敢單獨援錦的目前緊急時機，集中主力迅速打下錦州。林即以兩個縱隊和兩個獨立師對付錦西、葫蘆島之敵，以六個縱隊攻錦州，以四個縱隊對付瀋陽援錦之敵，以九個獨立師對付長春之敵。[63]

　　蔣於10月3日離瀋回平，5日上午赴塘沽，乘重慶號軍艦赴葫蘆島，6日晨抵達。徐永昌及海軍總司令桂永清等隨行。下午蔣至第五十四軍闕漢騫軍部，召集團長以上軍官訓話並合照，且與被圍錦州的范漢傑通電話。回艦又召集師長以上到艦上聚餐，說明此次戰役之重大意義，不僅解錦州之圍，並須會瀋陽之師，聚殲頑敵，故自天津一帶調來第九十二軍、第六十二軍，以及獨立第九十五師，計六個師，悉集此一地帶，即為成功此一攻勢。語多興奮與勗勉。[64]

　　7日，艦上閒話，桂永清屢言軍無鬥志，葫、錦間不通，僅二十餘公里，敵勢不大，增第六十二軍即可辦，何須再增四個師之眾方可通耶？蓋蔣之意，在接出瀋陽軍隊，桂則認為無望。午近十一時，蔣約徐永昌談話，問曰：日昨你看怎樣？徐知其即指錦瀋軍事也。答曰：照昨日總統（蔣）訓話之懇切勉勵，軍官之精神尚旺，第一步打

63　《毛澤東年譜》，1948年10日3日、4日。下卷，頁350-352。
64　《徐永昌日記》，民國37年10月5日、6日。第九冊，頁130-131。徐記蔣云自煙台「調來新八軍」，似有誤。可能為第三十九軍。

通錦葫之線，可能達到；若云第二步企圖（按：指會瀋陽之師聚殲頑敵），則難言矣。蔣聞言即坐起，連謂怎麼講？徐即曰：軍隊無鬥志，在上者經商，其次吃空額，其下離心離德，如此軍隊尚何言戰。蔣問言所由來。徐答言者殊夥；最近艦中桂永清即言之。蔣無言，顧而呼曰：端飯。才十一時半也。又責窗櫺之何啟開，面色殊不豫，飯未竟而去。[65]

蔣對桂永清頗為不悅，見「艦（重慶號）髒非常，……深為痛惜，嚴斥桂永清負責改正。惜乎！所部更無海軍人才，而彼（桂）以陸軍將領來帶海軍，不知負責學習，亦不知海軍之常識，想念國事，不勝憂悶之至。」[66]

7日下午回塘沽，乘火車返平，車過廊坊，徐再語蔣，謂早間之言無結果，擬再竟其意，蔣笑詢如何，徐謂總統如謂必有把握，余（徐）為過慮，否則似宜亟謀補救之方。蔣問如何補救，徐即請以李文易侯鏡如（第十七兵團司令，指揮東進援錦），指揮上或較有力。蔣謂李不能離平。徐則請蔣再至瀋陽、葫蘆島督師。蔣謂瀋陽之兵已出。徐謂亦然，或不時於空中視察指導，如此庶收效較宏。蔣曰我上海還有事，那麼我明日便不走了。徐答以此須請總統酌其輕重矣。即辭而出。[67]

有謂蔣去上海，因蔣經國在上海督導經濟「打虎」，嚴辦孔祥熙之子孔令侃投機買賣囤積物資。應夫人之請，而往救之也。蔣抵滬

---

65 《徐永昌日記》，民國37年10月7日。第九冊，頁131。
66 《蔣介石日記》，民國37年10月7日。
67 《徐永昌日記》，民國37年10月7日。第九冊，頁131-132。

後，蔣經國面陳管制詳情。蓋談孔令侃之事，蔣慨然曰：「孔令侃揚子公司囤積一事，尚無確鑿明證，而反動派即借題發揮，強欲陷之於罪。」[68]顯為孔令侃脫罪而救之也。

未久，蔣氏見到孔令侃囤積各貨清單，為之痛憤不已。其在上海所經營之揚子公司，曾囤積大批物資，匿而不報。旋又潛赴美國，逃避刑責。致引起一般人民之不滿。[69]前次蔣氏救之，顯受蒙蔽也。

瀋陽之師，由廖耀湘第九兵團統率五個軍（新一、新三、新六及第四十九、第七十一軍），組成西進援錦兵團，遲至10月8日始向彰武進攻，行動亦復遲緩。[70]這個漏洞卻被毛澤東抓到了，他指示林彪等說：

> 瀋敵進占彰武置於無用之地，表示衛立煌想用取巧方法，引我回援，借此以解錦州之圍，不敢直援錦州，避免這出被殲之危險。錦州都是雜牌，即使被殲亦不痛心。[71]

在毛的指示下，林彪加緊攻錦。10月9日至13日掃清錦州外圍，14日對錦州總攻擊，經過三十一個小時激戰，於15日下午全殲守軍，俘東北勦總副總司令范漢傑及兵團司令盧浚泉以下官兵近九萬人。[72]

東進援錦兵團自9日起連日向錦州進攻，被阻於塔山（北距錦州約四十公里，南距錦西約十公里），激戰多日，未能進展，而錦州失

---

68 《事略稿本》（77），民國37年10月9日。頁59。
69 《事略稿本》（77），民國37年11月4日。頁362-363。
70 《大事長編》，民國37年10月12日。卷七，上冊，頁149。
71 《毛澤東年譜》，1948年10月12日。下卷，頁359。
72 《毛澤東年譜》，1948年10月12日。下卷，頁359。

陷。[73]

　　按塔山高橋，為戰略要衝，日軍曾於其地築有永久堅強工事，難攻易守。此次為調整防務，駐軍新舊交替，接防者未至，而原駐防者竟先撤離，共軍乘隙進入塔山高橋防地。蔣至葫蘆島巡視後，定議奪回高橋，以通錦州，調闕漢騫部負進攻之責。終以其地工事強固，損傷七、八千人，而未能克復，演成膠著狀態。[74]

　　東進援錦兵團未能達成援錦目的之原因，據北平警備總部羅列副總司令兼督戰員的檢討，有以下各點：第一，情報方面，五十四軍對當面共軍之工事及兵力與陣地，未能詳細偵察，致攻擊部署無所依據。第二，指揮方面，緒戰時使用不充分之兵力，卒致犧牲大，效果小，為此役最大缺點。第三，部隊方面，一般戰力平常，各部協同與連絡不足，致無良好戰果。惟其中以第九十五師之攻擊塔山為最英勇，其次則為第八師對三孔橋之攻擊，其他各師無甚表現。第四，共軍方面，戰力較強，紀律嚴明，砲兵射擊精確，步砲協同良好，工事構築，善用地形。[75]

　　錦州既陷，廖之西進援錦兵團尚留在彰武地區，不即西進，派在瀋陽的參軍羅澤闓向蔣電陳：「廖耀湘部須在一星期後作進攻新立屯（在彰武之南）之準備。」並稱：「衛總司令及廖司令官對增援錦州，均不欲冒險前進，現錦州已電訊中斷，我南北兵團向錦州夾擊計劃，恐難實現。」[76]

73　光亭等，《國共內戰：護國與解放》（臺北：知兵堂，民國95年），頁54-78。
　　（參閱）
74　《事略稿本》（77），民國37年10月11日。頁100-101。
75　《事略稿本》（78），民國37年12月5日。頁61-64。
76　《事略稿本》（77），民國37年10月14日。頁125

　　蔣氏「深慮錦州戰局已入最後階段，明知其無望，但仍思補救之道，決心親飛瀋陽，督導各軍急進赴援，即使錦州失陷，東西兩兵團援軍仍繼續前進，收復錦州，否則東北主力部隊將無法撤回關內也。」[77]因於15日飛臨瀋陽，督促各軍急進，杜聿明亦奉召來瀋襄助軍務。16日，蔣飛臨錦西，聽取司令官闕漢騫報告軍情，蔣責其如此兵力，與共軍兩縱隊作戰，而不能衝破其防線，增援相隔六十華里（按：三十公里）之錦州，坐視孤危，痛心已極！[78]

　　錦州既失，蔣於18日三度飛臨瀋陽，與衛立煌、杜聿明檢討規復錦州與東北作戰計劃。而杜之主張，仍以固守瀋陽為本，其見解與衛同。與蔣之意見不合。蔣記之曰：

　　　　衛、杜二人，祇求個人英雄主義之成功，而於整個國策與戰略，則全不顧及也。[79]

　　21日，蔣再召見杜聿明，與談東北勦共問題。杜仍主退守瀋陽，並要求增加十個師。蔣斥其妄：「如汝必欲守瀋陽，則余惟有任汝自行處置耳！中央絕不能增益兵糧以接濟之。最後復明示以若果如此，余亦不能視瀋陽之國軍為國軍矣。」[80]

　　其實杜、衛主張退守瀋陽，不失為求生之路。蔣之逼杜西進，規復錦州，致召覆沒。其後蔣又深悔未能「撤回瀋陽，固守一時。」

　　時共軍以三倍兵力，截擊廖兵團於彰武、黑山之間。25日，兵

77《蔣介石日記》，民國37年10月15日。
78《大事長編》，民國37年10月16日。卷七，上冊，頁151-152。
79《事略稿本》（77），民國37年10月19日。頁170。
80《事略稿本》（77），民國37年10月21日。頁188。

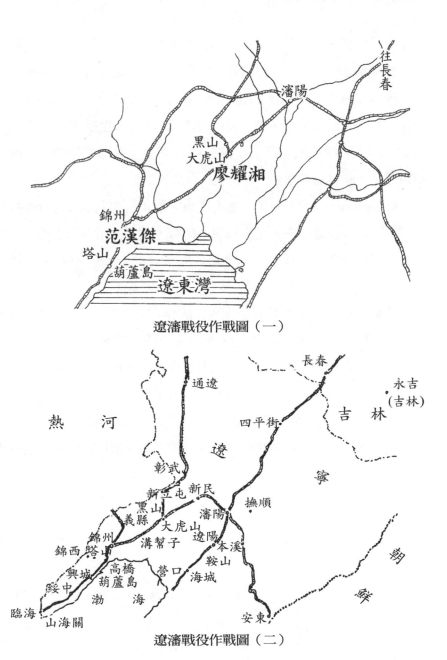

遼瀋戰役作戰圖（一）

遼瀋戰役作戰圖（二）

團指揮部電臺被共軍砲火擊毀，與各方聯絡中斷達三小時之久，衛立
煌不明前線廖之狀況，遽令各軍突圍，於是爭先脫離戰場，秩序混
亂，廖司令無法指揮，兼受湖沼地帶影響，行動困難，於強渡遼河、
繞河、柳河三道天險時，所有重武器輜重車輛，損毀殆盡。卒致全軍
潰散，而不可收拾矣。28日，廖及軍長李濤、向鳳武等被俘，損失
精銳七萬，彈機糧秣稱是。[81]

　　廖兵團迅即崩潰的原因，依毛澤東之說：「東北我軍在遼西打廖
兵團之所以能迅速解決，是因為我各縱隊大膽插入敵各軍之間，而敵
又指揮錯亂（先向西遇挫，又向東南遇挫，又向東北），故能迅速解
決。」[82]

　　長春守軍第六十軍軍長曾澤生（雲南部隊）於10月17日投共，
兩日後，駐守長春第一兵團司令鄭洞國及新七軍軍長李鴻亦放下武
器。如此，圍長春之共軍乃得抽調大部分兵力東進南下攻瀋，以「堵
塞敵人逃路」，「只要此著成功，敵無逃路」了。[83]

　　30日，共軍攻入瀋陽東區，守軍第五十三軍前線部隊通共叛
變，在城內的衛立煌神情恍惚，不發一言，似在坐以待斃，蔣電令他
移駐錦西（靠近葫蘆島）。[84]

　　蔣諷之曰：

　　　　若此行伍粗漢，一遇急難，即失其昔日之英勇氣概，害事殊

81 《事略稿本》（77），民國37年10月29日。頁247。《大事長編》，民國37年
　　10月29日。卷七，上冊，頁164。
82 金沖及，《決戰》，頁114。
83 《毛澤東年譜》，1948年10月19日。下卷，頁364-365。
84 《大事長編》，民國37年10日30日。卷七，上冊，頁164-165。

甚。然將才缺乏，大率畏死營私，欲求一如衛者，亦不可多得也，奈何。[85]

時蔣將離北平，謂華北勦總總司令傅作義曰：「東北軍事恐已絕望，……今後惟有速籌鞏固華北之計劃而已。」[86]

惟青年軍第二零七師堅守渾河一帶，與共軍戰至 31 日晚，電訊中斷，向營口突圍。11 月 2 日，瀋陽失陷。[87]

蔣自記所感曰：

> 是（10）月 15 日錦州失陷，繼之以長春各部叛變，而瀋陽出擊之主力，又全軍覆沒，計達三十二個師之眾。此為余生平最大之恥辱。將領不得其人，遂致軍紀掃地。[88]

就共方而言：從 1945 年 11 月到 1948 年 11 月的三年時間，共軍在東北發展到一百餘萬人，並吸引國軍七十萬左右於東北地區，大大減輕了其他地區共軍的壓力。經過幾次攻勢，在東北的國軍仍有五十五萬人。經過遼瀋戰役，殲滅國軍十一個軍，三十三個師，以及其他國軍，計為四十七萬二千餘人。[89]

國防部次長林蔚論東北失陷之責，是長春不撤，過在中央。錦州不救，則因遊移與分兵，廖耀湘兵團必擬先攻下彰武；彰武既下，不

85 《事略稿本》（77），民國 37 年 10 月 30 日。頁 296。
86 《事略稿本》（77），民國 37 年 10 月 30 日。頁 297。
87 《大事長編》，民國 37 年 11 月 2 日。卷七，上冊，頁 166。
88 《事略稿本》（77），民國 37 年 10 月 30 日「一週反省錄」。頁 299-300。
89 李壯，〈論東北在抗戰勝利後的戰略地位〉，《從延安到北京》，頁 181。

即西進，乃停頓一週方動。如此救人不得，己亦不免。又既已西救錦州，復分兵攻取營口。衛、廖皆難辭其責也。[90]

國方遼瀋戰役失利的原因，各方有不同的看法，傾向於國方者則認為東北之失陷，由於瀋陽援兵久而不至。瀋援之不能速達，在於衛立煌不能即時奉行命令。衛貽誤戎機達十三日之久。古今中外，除非作亂造反；否則，斷未見有此種不受節制之將領。[91]

傾向於共方的看法，則認為衛立煌的良苦用心。他在自己力所能及的範圍內，也使蔣介石的戰略計劃化為泡影，從而在中國革命最為關鍵的時刻，配合了人民解放軍的戰略進攻。[92]

以上兩者不同的看法，相反而適相成。

蔣氏事後檢討，深覺處置失當而自責曰：

> 以當時情勢而論，錦州既陷，明知反攻兵力不足，地形不利，尤以士氣不振，將心不固為慮。苟能即時由新立屯撤回瀋陽，固守一時，再向營口撤退，轉進葫蘆島，徐圖收復錦州，亦計之得者也。乃不此之圖，囿於各軍既經出發，且已與匪接戰，中途撤返，喪失士氣，復以既定方針，不宜變更為戒，遂擯棄前見，一意銳進。豈知長春部隊叛降，軍心動搖，而遭此挫折，其

---

90 《徐永昌日記》，民國37年11月30日。第九冊，頁170。

91 孫果達、劉斌斌，《遼瀋戰役中的衛立煌》（2004年12月22日《南方日報》引陳孝威《為什麼失去大陸》，頁497-503〔網路〕）。

92 孫果達、劉斌斌，《遼瀋戰役中的衛立煌》。承楊天石告知：據其所見資料，早時衛因彭德懷之介紹，已加入中共。其在瀋陽，與共相通。並見嚴之貴，〈毛澤東與抗日戰爭〉，《傳記文學》（臺北：傳記文學出版社），第五九六號，2012年1月。記衛為彭德懷在抗戰初期「親自發展的祕密黨員」。

將何以自贖耶。[93]

　　軍統局長毛人鳳事後對遼瀋戰役經過及其失敗原因，有一詳細報告和檢討，值得參考。檢討方面，指出八點缺失，大要為：第一，國共實力懸殊，國方指揮不能統一。以實力言，廖耀湘兵團以十個師增援錦州，遭共軍三十三個師之圍攻。兼以衛立煌總司令直接下達突圍命令，致廖無法掌握部隊，各自逃散，陷於瓦解。第二，增援錦州遲緩，坐失時機。第三，兵團指揮失當，對共軍僅知正面攻擊，而不能果敢迂迴包圍，或多面攻擊，以致共軍能脫離戰場，逐次抵抗，遲滯我軍行動。第四，後方補給業務不健全，補給路線無掩護部隊防守。第五，通訊不靈。第六，高級軍政長官擅離職守，如衛立煌於10月30日下午在共軍未抵瀋陽前即飛離瀋陽（按此為奉蔣之命），又瀋陽警備司令趙家驤、市長董文琦、遼省主席王鐵漢等，亦竟於30日棄職離去，激起民怨。第七，軍紀廢弛，士氣不振。[94]

（二）淮海戰役

　　淮海戰役，或稱徐蚌會戰。始於1948年11月6日，至1949年1月10日結束，歷時六十五天。國方動員的兵力約六十餘萬人，共方約為七十萬。戰區以徐州為中心，東起海州，西抵商邱，北自臨城，南達淮河流域。[95]

---

93 《蔣介石日記》，民國37年10月30日後「上星期反省錄」。《事略稿本》
　　（77），民國37年10月30日。頁300-301。兩記略異，從《稿本》。
94 《事略稿本》（78），民國38年1月5日。頁384-391。
95 林桶法，《戰後中國的變局》，頁161。

是役失敗，為國民黨失去大陸政權最大的關鍵。

淮海戰役的發起，距遼瀋戰役結束只有四天，距共軍攻占濟南後四十天。是役共方作戰的目標為殲滅國軍下列幾個兵團：

黃伯韜第七兵團，於11月22日在江蘇北部邳縣碾莊被殲。黃自戕。

黃維第十二兵團，於12月16日在安徽蒙城附近雙堆集被殲。黃被俘。

邱清泉第二兵團，於1949年1月10日在河南永城之陳官莊、青龍集被殲。邱自戕。

李彌第十三兵團，與邱兵團同時同地被圍，李突圍，部隊被殲。

孫元良第十六兵團，與邱兵團同時同地被圍，孫於12月6日逃脫，部隊被殲。

此外尚有李延年的第六兵團和劉汝明的第八兵團，在安徽宿縣、蚌埠附近。

以上各兵團由徐州「勦匪」總司令劉峙及副總司令杜聿明指揮，實際由杜負責。總計參戰軍數三十個軍，七十五個師。[96]

是役毛澤東和中共中央已下了決心，在原擬淮海戰役計劃基礎上，以徐州為中心，與蔣介石最大戰略集團，進行大規模決戰，準備以三至五個月的時間，各個擊破敵人於淮河以北地區。[97]

共軍方面組織淮海戰役總前委，以劉伯承、陳毅、鄧小平、粟裕、譚震林五人組成之，以劉、陳、鄧三人為常委，鄧為書記，臨機

---

96 《淮海戰役親歷記》（原國民黨將領回憶錄）（北京：文史資料出版社，1983年）。附錄四：淮海戰役國民黨參戰和被殲部隊軍、師番號表，頁610。
97 金沖及，《決戰》，頁145。

處理一切。指揮中原、華東兩野戰軍。吃飯的人數連同俘虜在內，將達八十萬人左右。[98]

華東野戰軍有十六個縱隊，轄四十二個步兵師。分布在蘇北、膠東、魯西、魯南地區，由陳毅、粟裕指揮。中原野戰軍有八個縱隊，轄二十個步兵旅，分布在隴海路沿線及豫西，由劉伯承、鄧小平指揮。[99]

從組織上來看，共軍數量較多而組織精簡，分兩個野戰軍。劉、陳、鄧、粟均勇敢善戰，鄧尤精練。而國軍數量較少，組織龐雜，分八個兵團，將領之間，缺乏統一意志，作戰時不能密切配合，總指揮官劉峙平庸無能，杜較有經驗。

遼瀋戰役結束，華北、華中立即進入緊急狀態。蔣即於11月4日晚間召開軍事會議，出席將領有何應欽（國防部長）、傅作義、張治中、徐永昌、劉斐、林蔚、鄧文儀等，何報告這天傍晚國防部會議對華中現狀認為危險，擬此時前方僅守徐州，其兩翼有力之邱清泉、黃伯韜、李彌等兵團，應即撤淮河之線，俾作較有力之準備。不然，敵如一面攻徐州，一面攻蚌埠，該線若壞，徐州已困，南京亦亂。蔣認為可行。當決定立即電話給在徐州之參謀總長顧祝同明（5）日開始行動。[100]

共方顯然迅即獲知上項決定，立即提前發動攻勢，圍攻徐州兩翼之黃、邱、李等兵團，截斷徐、蚌之間的交通線，斷國軍撤退之路。

---

98 《毛澤東年譜》，1948年11月16日。下卷，頁391。

99 〈軍委關於統一全軍番號的規定〉，1948年11月1日。《中共文件》，第十七冊，頁448。

100 《徐永昌日記》，民國37年11月4日。第九冊，頁150。

淮海戰役戰略圖（一）

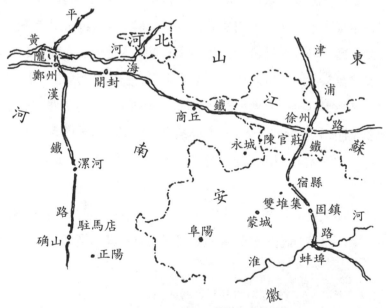

淮海戰役戰略圖（二）

黃百韜兵團之被殲：11月6日華東野戰軍粟裕等，得知駐海州之國軍第四十四軍撤至新安鎮，併歸黃百韜兵團之訊，即電告中央軍委，為打開戰場，便於主力開展，今晚即以六個縱隊及一個獨立旅，圍攻郯城、碼頭鎮、嶧縣、棗莊、臨城之敵，並向豐縣、碭山前進，掃清外圍。淮海戰役於焉開始。[101]

11月7日，黃百韜立即放棄新安鎮向運河以西撤退，華東野戰軍猛烈追擊。8日，馮治安兵團之副司令張克俠、何基豐乘機煽動第五十九軍（劉振三）全部，及第七十七軍之一三二師（過家芳），共三個半師在賈莊、台兒莊投共。[102]此不僅為華東野戰軍打開了通往徐州的東北大門，而且切斷了急於西撤的黃百韜兵團之退路。[103]

黃百韜兵團統轄五個軍（第二十五、第四十四、第六十三、第六十四、第一百軍），由新安鎮附近向運河西岸、徐州以東移動，大部分渡過運河，進駐碾莊與八義集陣地，遭共軍圍攻。黃於13日電蔣報告戰況曰：

> 連日激戰，殲匪四萬餘，我軍亦傷亡四分之一，文（12日）晚匪向我全面猛攻，守備碾莊各據點之四十四軍被匪突破。[104]

戰況之慘烈，誠可謂「驚天地而泣鬼神」。據報，戰至19日「晚七時，匪集中砲火，逕向碾莊猛攻，連續至午夜，國軍核心陣地

---

101 《毛澤東年譜》，1948年11月6日。下卷，頁382。

102 《事略稿本》（77），民國37年11月9日。頁407。馮治安原呈。《毛澤東年譜》，1948年11月8日。下卷，頁384。

103 楊奎松，《國民黨的聯共與反共》，頁678。

104 《大事長編》，民國37年11月12日至13日。卷七，頁175-176。

悉被摧毀，汽車汽油彈藥房屋，均著火燃燒，濃煙蔽空，一片火海。國軍亦用砲火向匪密集還擊，但砲少彈罄，難生威力。俄而砲聲倏止，匪以密集隊形，猛向西南門衝鋒，陣地為之突破，頓成混亂狀態。爭殺之烈，震撼天地。匪後續部隊蜂擁而至，國軍繼續與之巷戰。……北門據點，又為突破，碾莊遂告陷落。其在村落中之兵團部駐地，遙聞殺聲震天，歷久始息。」[105]

據國防部次長秦德純稱：陳毅股以各種火砲多門，轟擊碾莊黃兵團，發砲五千發以上，黃難於支持，20日撤出碾莊，在碾莊附近一帶重新布置。邱清泉兵團距黃兵團約二十餘公里，不即往救，參謀部頗為不滿。邱亦有說，謂因徐州總部將其所屬兩師控制在徐州，故無力前進。[106]蔣氏以為「尤以邱清泉司令官指揮無方，所部無能，每一念及，不勝沉痛也。」[107]

22日，黃率殘餘之三個團向西北突圍，除少數脫險外，餘皆犧牲，黃自戕。[108]該兵團五個軍十一個師的高級將領，大部分被俘。[109]

黃自戕時，謂其隨行之楊副軍長廷宴曰：「余深受國家重寄，轉戰南北，原冀滅此朝食，平亂救民。今糧盡援絕，身為革命軍人，決以一死報國，以期無負總統（蔣）之培育，無愧死難之兄弟。」言訖，舉槍自戕，此為11月22日十八時事也。[110]

105 《事略稿本》（77），民國37年11月20日。頁537-542。
106 《徐永昌日記》，民國37年11月22日。第九冊，頁162。
107 《事略稿本》（77），民國37年11月21日。頁579-580。
108 《大事長編》，民國37年11月22日。卷七，上冊，頁184。
109 楊奎松，《國民黨的聯共與反共》，頁678。《淮海戰役親歷記》，附錄四，頁610。
110 《事略稿本》（77），民國37年11月23日。頁588。

　　中共軍委總結此役戰果，謂從 11 月 8 日至 11 月 22 日的十六天中，華野和中野消滅了黃百韜兵團外，還爭取何基灃、張克俠三個半師的起義，並占領徐州以南、以東、以北、以西廣大地區，隔斷徐、蚌聯繫，使徐敵處於孤立地位。[111]

　　黃維兵團之被殲：該兵團轄四個軍（第十、第十四、第十八、第八十五軍），均為中央嫡系部隊，裝備、訓練、作戰，經驗均佳，尤以第十八軍為最，該軍是陳誠的起家部隊。除第八十五軍屬湯恩伯系統外，其餘三個軍都是以第十八軍為基幹擴展的。一向擔負戰場重要任務。[112]

　　該兵團原駐防河南鄲城，奉命東進馳援。目標指向安徽之固鎮。惟以行程中所經路線為黃泛區，淮河支流交叉，沼澤遍布，事前缺乏架設橋梁之準備，全賴逐步搭架，逐段跋涉，遂致延誤時日，固鎮先為共軍捷足而得，只得向東北方向進行，於 11 月 18 日抵達蒙城東北之雙堆集，為共軍所圍。[113]

　　在黃維兵團尚未抵達蒙城前，中共軍委即指示劉伯承等，要他們以中野六個縱隊及地方兵團之全力對付之。[114] 迨黃維兵團抵達雙堆集後，黃於 12 月 4 日電蔣報告戰況曰：

111　中共〈軍委關於全殲黃百韜後的指示〉，1948 年 11 月 23 日。《中共文件》，第十七冊，頁 511。

112　《淮海海戰役親歷記》，頁 78。

113　《事略稿本》（77），民國 37 年 11 月 26 日。頁 615-616。

114　中共〈軍委關於殲滅黃百韜兵團的指示〉，1948 年 11 月 14 日。《中共文件》，第十七冊，頁 485。

連日匪軍掘壕，迫近陣地，縮小包圍圈，入晚向我陣地猛撲，本（支）日發現其砲兵陣地，羅列於我四周，預料本晚起，恐有主要決戰。[115]

同日，中共中央軍委電稱：「黃維實力被殲已近半數，據黃維自己表示：三十三個團中被殲已達十六個團，尚餘十七個團。」[116]至16日，黃兵團全部被殲。中共中央於18日祝賀淮海戰役第二階段大捷電曰：

自11月23日至12月17日止，你們（指中野、華野）解放了戰略要地徐州；全部殲滅了國民黨最精銳兵團之一的黃維匪部第十二兵團四個軍、十個師及一個快速縱隊；生俘該兵團正副司令黃維、吳紹周；爭取得了黃維兵團之一一〇師廖運周部起義。[117]

12月16日，蔣於朝課後，連接黃維兵團突圍報告，又據空軍偵察，只見雙堆集火光燭天，而不見人跡，亦不見黃兵團之行動。蓋黃兵團昨晚以彈盡糧絕，據點均陷，乃分途突圍。除第十四軍軍長熊綬春成仁、胡璉副司令官負傷脫險至蚌埠，及第十軍突圍歸來官兵約三千人與各軍傷患數千人外，餘如兵團司令官黃維、第十八軍軍長楊伯濤、第八十五軍軍長吳紹周、第十軍軍長覃道善等，均下落不明。綜

---

115 《大事長編》，民國37年12月4日。卷七，上冊，頁192。

116 中共〈軍委關於殲滅強敵的指示〉，1948年12月4日。《中共文件》，第十七冊，頁539。

117 中共〈中央祝賀淮海戰役第二階段大捷電〉，1948年12月18日。《中共文件》，第十七冊，頁586。

計該兵團自11月24日起，於雙堆集附近與共軍開始戰鬥，至12月15日止，為時二十餘日，平均每日殲敵三千餘人，總數不下十萬人。惟我軍損失亦甚重大也。[118]

19日，蔣聞黃維兵團諸將領為共所俘，有感而記之曰：「據匪廣播稱：我黃維司令官與吳紹周、楊伯濤各軍師長，皆已被俘云。此息果確，則腐敗無能之將領，又為淘汰一部矣，其足惜乎，抑可悲乎。」[119]蓋蔣之意：「不成功，便成仁」也。

邱清泉、李彌、孫元良三個兵團之被殲：這三個兵團計統轄十個軍，邱兵團五個軍（第五、第七十、第七十二、第七十四、第十二軍），李兵團三個軍（第八、第九、第六十四軍），孫兵團兩個軍（第四十一、第四十七軍）。[120]

自黃伯韜兵團被殲、黃維兵團被圍於雙堆集後，津浦線南段已斷，徐州已形孤立，後方連絡中斷，補給困難，國方決定放棄徐州，向南突圍，轉守淮河，掩護南京。由杜聿明副總司令率領此三個兵團於11月30日撤離徐州，向西南挺進，期於永城之線與黃維、李延年兩兵團會師，夾擊共軍。[121]

杜率各兵團撤出徐州之行動，毛澤東瞭如指掌，當即指示劉、陳、鄧說：

---

118 《事略稿本》（78），民國37年12月16日。頁155-156。

119 《事略稿本》（78），民國37年12月19日。頁190。

120 《淮海戰役親歷記》，附錄四，頁610-611。

121 《大事長編》，民國37年11月30日。卷七，上冊，頁188。

本日（11月30日）夜晚至次日（12月1日）凌晨，杜聿明率邱清泉、李彌、孫元良三個兵團撤離徐州，向西南逃跑。從本日夜晚起，華東野戰軍立即以四個縱隊展開平行追擊，以三個縱隊尾追，以集結在宿縣地區的三個縱隊向西北迎頭攔擊，渤海縱隊進入徐州守備。[122]

杜電蔣報告部隊進行情況：每日夜行軍百里（華里）以上，2日晚以部隊零散，停止整頓一晚。3日繼續攻擊前進，則四面皆敵。是日，邱、李兩兵團之攻擊，有空軍及戰車協助，經極大之努力，雖獲占領數村落，然犧牲頗大，而共軍之四面包圍，遂以形成。[123]至12月7日，第十三兵團司令李彌電稱：率部自11月30日起，已轉戰六晝夜，5日夜起，敵以六個縱隊不斷向我猛撲。6日午後，因孫元良兵團轉移，整個戰局頓行不利。[124]

此時三個兵團被圍於青龍集、陳官莊地區。戰至6日晨，杜召集各兵團司令會商，決定各兵團以軍或師為單位，作輻射式的突圍，於夜間候令行動。議甫定，忽報孫元良兵團被敵突破，已成混亂狀態。此時邱清泉主張拚戰到底，遂罷突圍之議。入晚，孫兵團未與邱、李兵團聯絡，逕自突圍，為共軍所截擊。孫逃走，部隊被殲。[125]孫於次年（1949）1月3日，僅率官兵百餘人逃至駐馬店。[126]孫兵團之兩個軍，原屬其叔孫震之川軍，無戰鬥力也。

---

122 《毛澤東年譜》，1948年11月30日。下卷，頁406。
123 《大事長編》，民國37年12月4日。卷七，上冊，頁191。
124 《大事長編》，民國37年12月7日。卷七，上冊，頁194。
125 《大事長編》，民國37年12月7日。卷七，上冊，頁195。
126 《事略稿本》（78），民國38年1月4日。頁368-369。

以上各兵團被圍將近一個月，蔣在12月底自記曰：

> 黃維兵團被匪消滅以後，杜聿明所部又被圍於永城、宿縣之間，迄今幾及一月，尚未脫險。[127]

被圍之師，飢寒交迫，大批投共。[128] 12月25日，國防部第二廳轉邱清泉呈稱：「近五日來氣候惡劣，全線均無大戰，……我大軍被圍，兼旬有餘，空投斷絕，官兵飢寒交迫，牛馬樹皮草根，均已殺吃殆盡，房屋桌器衣被等充作柴燒，此戰局之嚴重，不在四面受敵，而為飢餓。任何鼓勵士氣之法，均因現實問題，不能打破而無效。日來士兵逃亡日眾，幹部不能掌握，如再繼續數日，則匪對我之久困自斃之計得中，殊令人疾首痛心。」[129]杜聿明31日電稱：「30日晚，第三十二師之九十五團一營長晏子良不堪飢寒，率部投敵。」[130]國防部雖向杜部空投食糧，每日額定四十萬斤，但因氣候關係，最多僅三十餘萬斤，而部隊實得者僅一萬餘斤，餘盡拋歪為共軍所獲。外國人笑我無膽，不敢低飛。[131]

原經杜聿明之要求，蔣決定自12月9日起，空投糧彈三日後，以飛機百架協助，再興攻擊，以圖突圍。詎自9日夜起，天氣驟變，大雪紛飛，一連旬日，陰霾蔽天，無法空投，官兵飢餓已極，民間糧

---

127 《大事長編》，民國37年12月31日。卷七，上冊，頁207。
128 中共〈軍委關於淮海前線的指示〉，1948年12月28日。《中共文件》，第十七冊，頁626。
129 《事略稿本》（78），民國37年12月25日。頁237-238。
130 《徐永昌日記》，民國38年元旦。第九冊，頁194。
131 《徐永昌日記》，民國38年1月5日。第九冊，頁197。

食，無可徵集。軍中馬匹，宰食殆盡。官兵時有餓斃者。故突圍無從實施，且不斷遭受共軍夜襲。[132]在無計可施的情況下，蔣只好以「精神治療」之法，鼓勵被圍官兵，其電杜聿明曰：「想念將士忍飢耐凍，與匪奮鬥之忠勇苦志，焦灼不可名狀。此時惟有高級將領以身作率，鼓勵全軍堅忍不拔之革命精神，時時以軍歌與各種雪地運動方法，倍增所部之興奮，以漸忘其飢凍之痛苦。……軍歌在喪膽灰心之際，更易轉移心理，振作精神也。」[133]

惟自1949年1月6日起，共軍大舉進攻。7日，杜聿明電稱：「自昨申（6日下午）起，激戰至今（7日）晨，受匪優勢步砲聯合，並施放窒息性毒氣之攻擊，我各軍整個犧牲九個團以上，官兵無一生還，該各級預備隊已使用殆盡。」[134]

在此之前數日，即1月3日，天氣轉晴，國方原定4日至6日，空投食糧三天，使官兵恢復體力，7日、8兩日，空投彈藥兩天，9日開始出擊。而共軍卻先發制人，集中約三十萬人，於6日起向杜部猛撲，歷時五日，戰況慘烈空前，雙方均有重大傷亡。[135]10日晨，杜率所部已傷亡殆盡，邱清泉自戕，杜被俘，李彌突圍。這天，蔣自記所感曰：「杜聿明部今晨已大半犧牲，聞尚有三萬人自陳官莊西南方突圍，未知能否安全出險，憂念無已。」[136]11日，空軍偵察報告：昨夜我永城、宿縣間突圍部隊，尚在包圍圈外三十里之處戰鬥，今日則蹤

---

132 《事略稿本》（78），民國37年12月29日。頁281。

133 《事略稿本》（78），民國37年12月26日。頁246-247。

134 《事略稿本》（78），民國38年1月7日。頁408-409。

135 《事略稿本》（78），民國38年1月10日。頁469-470。

136 《事略稿本》（78），民國38年1月10日。頁467-468。

跡杳然，不知下落矣。[137]

　　至此，淮海戰役結束，國軍被殲滅的有二十二個軍，五十六個師（內有四個半師投共）。[138]計五十五萬五千餘人。[139]

　　淮海戰役失利的原因，據國防部李正先、龍韜兩位視察官的報告，認為是徐州勦總措置失當。大意是說劉峙總司令「為人溫厚，威信未立，畀以獨當一面之責，遠非陳（毅）、劉（伯承）二匪之敵。」且會戰前後，部隊調動頻繁，致士兵疲勞。繼因馮治安部之叛變，頓呈慌亂現象。指揮不統一，即以勦總而論，一國三公，意見分歧，莫衷一是等等。[140]龍韜又一報告檢討此役之失誤現象，指出：第一，作戰指導錯誤，國防部主負作戰指導者，每值重要關頭，即分散兵力，打擊士氣，造成予共軍以各個擊破之機，此種指導，似有政治陰謀，或高級人員有通共之嫌。第二，情報不靈確，尤以諜報費中飽，謊報敵情，以致指揮部署失當，貽誤實大。第三，指揮官怯懦低能，此役除杜聿明、邱清泉外，多數低能，一味消極，此為失敗之重要因素。第四，將氣不和，各兵團臨時指撥序列，部隊既無情感，自無信心，加以指揮官缺乏道德修養，對於配屬部隊，恆置諸危險之一面，造成將氣不和，致蹈同歸於盡之悲境。第五，指揮失當，黃維之失敗，由於該兵團遠道馳援，後方補給脫節，北進既然受阻，應即東進，以與李

---

137 《大事長編》，民國38年1月10日、11日。卷七，下冊，頁228。《事略稿本》（78），民國38年1月11日。頁472。

138 《淮海戰役親歷記》，附錄四，頁610-611。

139 《毛澤東年譜》，1949年1月2日。下卷，頁429。

140 《事略稿本》（78），民國37年12月5日。頁52-55。

延年兵團連繫，可獲補給。緣該部一師已與李兵團相隔密邇，彼此砲聲可聞，乃該部一遇情況，不將主力東進，反令西撤，斷補給之路，致遭全軍覆沒。[141]

古人有言：「天時不如地利，地利不如人和。」而此戰役，國方三者皆不具備，失敗固也。總之，淮海戰役的潰敗，促使國民黨的分裂和蔣介石的下野，加速了國民黨政權的崩潰。

（三）平津戰役

平津戰役，起自共軍楊成武兵團於11月29日進攻張家口，至1949年1月31日，華北「勦匪」總司令傅作義指揮的部隊撤出北平，接受中共的改編為止，為時六十四天。

遼瀋戰役結束，下一目標便是平津。在遼瀋戰役結束的第三天，即11月4日晚，蔣召集高級將領會商，到會者有國防部長何應欽，及傅作義、張治中、林蔚、劉斐、鄧文儀、徐永昌等，首先蔣說明共黨已得東北，蘇聯直接支持下之李立三、林彪等，必先趨熱河，繼而察綏，然後再對平津。蔣氏此一判斷誤矣。

即由何應欽報告傍晚國防部會議情形，關於華北方面之擬議：

> 對華北軍事咸主上計，撤青島與徐州，聯合攻擊陳毅股（在山東）；中計撤海州以助徐戰；下計放棄平津，撤察綏，但希望西北軍隊（按應指傅軍）撤西北，而其他軍隊（按應指中央軍）撤華中。

---

[141] 《事略稿本》（78），民國38年1月3日。頁363-365。

　　何報告畢，傅作義問劉斐意見如何？劉謂如能以天津作根據，南下過黃河，可與徐州、青島合攻陳毅股，亦為勝圖；因吾人船少，大軍無法輸送。但如西去，在大同能與太原打通，亦可持久。且云以彼觀察，可能林彪軍先來平津，聶榮臻股向察綏。鄧文儀謂天津只有二十日糧，北平亦僅一月糧，此兩地四百萬人口糧食即成問題，所以北平學生已在主張應宣布北平為不設防城。最近共方廣播即將以大量空軍轟北平，因之人心更為震動。意即北平難守也。

　　蔣問徐永昌對將來華北軍事作戰有何意見？徐以為敵人作戰不需後路，我則無此素養，必須保有可恃的後路，官兵心情方安。所以在綏遠、包頭及其以西也好；在青島也好，須及早切實計劃而預為之備。軍心既固，作戰自然有力而可持久。至由津指濟，固為勝著，但敵今時交通實較我為便，如為黃河所限，又有大敵據守，後路未見固也。蔣亦以黃河阻礙太大。[142]蔣氏顯然同意徐的最後意見。

　　會議情形，據張治中回憶：是日晚餐後，談平津問題，主要是何應欽表示主張撤退平津兵力，全部南下，或部分撤到察綏，部分南下。傅緊皺著眉頭，露出不安的神態。蔣問傅的意見，傅連說：「很困難，很困難！」蔣看這情形，只得說：「明天再談。」次日上午，蔣約張治中談話，詢其意見，張說：「這個仗絕對不能再打下去了」，並主張由蔣來倡導和平。蔣謂：「要和我就得下野；但是現在不是我下野的時候。」張說：「現在如果不講和，將來我們一定失敗。」蔣云：「革命黨人是不怕失敗的」。並告訴張以後不要再談和平的事。[143]

---

142 《徐永昌日記》，民國37年11月4日。第九冊，頁150-151。
143 《張治中回憶錄》，下冊，頁778-779。

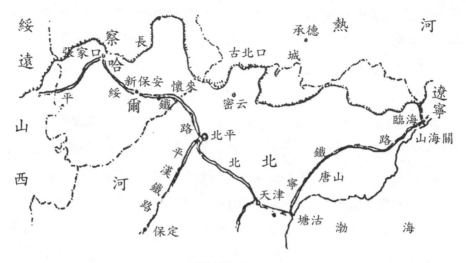

平津戰役作戰圖

　　張治中與共謀和之意，乃為與中共「劃疆而治」。此與馬歇爾之
最後計劃相近。蔣以為「此為必不可能之事」。[144]

　　同日，蔣再約傅商談，告以華北必須固守，非萬不得已不得放
棄，並以全權任其決定。蔣於6日召見何應欽、顧祝同商華北軍事方
略，決令傅固守，並增加其兵力。繼與傅談，說明華北不能放棄，並
以全權交彼，切勿有所顧慮。[145]

　　以上何應欽報告之國防部所議三計，結果是採取中計，即為兩日
後（11月6日）淮海戰役的開始。劉斐判斷林彪軍先來平津，則至準
確，其對華北國軍西撤或南下的意見，則為上、下兩計。而徐氏的意

144 《事略稿本》（77），民國37年11月5日。頁370。

145 《蔣介石日記》，民國37年11月4日、5日、6日。《徐永昌日記》，民國37年
　　11月5日。第九冊，頁152。

見，對部隊的安全，多所顧慮，顯然不大贊同劉斐的主張。對於上、下兩計，傾向審慎。最後的辦法，是蔣之必須固守華北。[146]

蓋此時共軍提前發動淮海戰役，蔣之決定固守華北，顯為減輕淮海戰役之壓力。可以說是沒有辦法的辦法。其後事實證明這個辦法失敗甚慘，華北全軍覆沒。

是役共方的兵力分兩大部分，一為聶榮臻的華北野戰軍，轄兩個兵團，即楊得志的第二兵團和楊成武的第三兵團，計十一個縱隊，三十一個步兵旅，約二十萬人；一為林彪的東北野戰軍，有十三個縱隊，五十七個步兵師（熱河四個獨立師在內），約八十萬人，兩部共約百萬之眾。由林彪、羅榮桓、聶榮臻三人組成平津前委及司令部，統一指揮平津地區作戰。[147]

國軍在華北「剿匪」總司令傅作義的指揮下，分北平、天津兩個地區。

北平方面（含張家口），李文的第四兵團（轄第十六、第九十四軍），石覺的第九兵團（轄第十三軍），孫蘭峰的第十一兵團（第一零五軍、獨立第三一八師、三個騎兵旅），不屬兵團的軍隊，有廖慷的第三十一軍，郭景雲的第三十五軍，李士林的第一零一軍，安春山的第一零四軍。計八個軍、一個獨立師、三個騎兵旅。[148]

天津地區（含塘沽），陳長捷為警備司令，直轄三個師，一個警備旅。配置有林偉儔的第六十二軍，劉雲瀚的第八十六軍。另有保

146 《大事長編》，民國37年11月6日。卷七，上冊，頁166-167。

147 中共〈中央軍委關於統一全軍組織及番號的規定〉，1948年11月1日。《中共文件》，第十七冊，頁448-449。

148 《平津戰役親歷記》（北京：中國文史出版社，1989年），表，頁507-510。

警、保安總隊、騎兵團等。

塘沽、蘆台方面，第十七兵團司令侯鏡如為防守司令，轄第九十二軍（一個師），段澐第八十七軍，獨立第九十五師，一個交警總隊，及非正規部隊交警等。[149]

至於天津兵力的實際狀況，據國防部次長鄭介民1949年1月6日自平回京述稱：天津計有第九十四軍兩個師（僅五個團堪用），第六十二軍三個師（內有一師老兵），第九十三軍之散兵一師（無械），第八十六軍三個師（僅有一師之兵力，而其軍長劉雲瀚不聽命令，此君為陳辭修部下）。此外有東北散兵萬餘，現令其做工。另兩個地方旅。[150]

就以上平津地區國軍部隊的番號估計，人數約在五十萬至六十萬之間。系統複雜、零亂，士氣低落。

作戰地區首在張家口、宣化、懷來一帶，次為天津，北平是最後和平解決。張、宣、懷一帶的國軍為傅作義系統的第三十五軍、第一零四軍、第一零五軍，計六個步兵師、三個騎兵旅。[151]這個地區的部隊，尤其第三十五軍，是傅作義的基本隊伍，也是華北最能作戰的軍隊。如果垮了，北平也就完了。故為共軍主要攻擊的目標。

12月6日，張家口的第三十五軍兩個師乘汽車三百餘輛東撤，即被共軍包圍於新保安（宣化、懷來之間）。[152]同時駐張家口、懷來之

---

149 《平津戰役親歷記》，表，頁507-510。

150 《徐永昌日記》，民國38年1月8日。第九冊，頁199-200。

151 《毛澤東年譜》，1948年12月4日。下卷，頁409。

152 《毛澤東年譜》，1948年12月7日。下卷，頁413。《中央文件》，第十七冊，頁549。

第一零四軍、第一零五軍及兩個騎兵旅亦被包圍。[153]

　　此對華北戰局之影響，至為嚴重。如蔣所記：「華北戰局，因第三十五軍於新安堡（保安）被圍，新三軍又遭匪襲擊，以致宜生（傅作義）大受刺激，其精神亦受到嚴重威脅，似有神經失常之象，此為全局最大之打擊也。原定集中全力，固守平津之計劃，恐難實現。果爾，則華北戰局，已等於失敗。」[154]此時傅作義堅主死守北平，蔣則希將主力轉移津、沽，因守平則後援絕望，與其坐困待斃，不如冒險轉進，期得九死一生也。[155]事實上，轉移主力雖有擬議，但有實際困難而未能實施也。

　　20日，東北野戰軍四萬餘人開到張家口附近，與楊成武兵團五萬餘人會合，計近十萬人，形成對張家口傅軍五萬六千餘人的優勢兵力。新保安之第三十五軍於22日被殲，軍長郭景雲自戕。張家口兵團司令孫蘭峰於23日率領部分騎兵向綏遠商都撤退。[156]

　　自張家口突圍部隊，僅第十一兵團司令官孫蘭峰部隊約三個團到達商都，其餘軍師長多被俘，部隊情況不明。[157]

　　傅作義的基本部隊，已被殲滅，北平所剩餘的部隊，以中央軍系為主，據鄭介民1949年1月6日自平回京述稱：北平計有青年軍一師（第二零五師），第六十二軍之一師（好），第十三軍四個師

153 《毛澤東年譜》，1948年12月10日。下卷，頁415。《中共文件》，第十七冊，頁549。

154 《事略稿本》（78），民國37年12月12日。頁125-126。

155 《事略稿本》（78），民國37年12月17日。頁171。

156 《毛澤東年譜》，1948年12月15日、20日。下卷，頁419、422。

157 《事略稿本》（78），民國38年1月8日。頁439。

（好），第十六軍四個師（僅一師為舊人），第九十四軍（兩師在平、兩師在津），第九十二軍四個師（內有一師新兵），第一零一軍三個師（僅可作一師用），暫三軍之一師。新兵幾個師（兩個月後可打仗）。[158]

以上計為二十個師，至少有四個師不堪使用。面對中共野戰軍百萬之眾，幾如以卵擊石耳。

此時傅作義已準備與共言和，並已致電毛澤東，毛則希望傅派一個有地位的能負責的代表，偕同崔載之（《北平日報》社社長）和張東蓀（燕京大學教授）一道出城祕密談判。[159]但條件一直談不攏。

蔣派鄭介民到北平去會晤傅作義。[160]傅要鄭和北平的各軍師長個別晤談，不必言他本人與鄭的意見，僅詢彼等個人如何見解。大家都表示信仰傅總司令，並願效忠；且謂就現在兵力論，只要糧不缺乏，打一年也不怕。傅且與鄭研商塘沽機場事，擬空運一個軍去青島，轉船去塘沽開展範圍，修建機場，由此運糧赴平津，或將守北平的軍隊運出去。認為此實上策也。[161]

但在時間上，已不可能。東北林彪共軍自12月9日向平津、塘沽外圍進攻後，塘沽防守司令侯鏡如即向共方接洽投降，共方答應編為一個軍，仍任侯為該軍軍長。[162]塘沽地區易守難攻，林彪決以五個縱

---

158 《徐永昌日記》，民國38年1月8日。第九冊，頁199。

159 《毛澤東年譜》，1949年1月1日。下卷，頁428。

160 《平津戰役親歷記》，頁286，記蔣派鄭赴平，在徐永昌之後，依徐之日記鄭在先。

161 《徐永昌日記》，民國38年1月8日。第九冊，頁200。

162 《毛澤東年譜》，1948年12月23日。下卷，頁423。

隊包圍天津，待時機成熟，發動總攻。毛指示以和、戰兩手之策奪取天津，如果敵據學校頑抗，非用戰鬥不可，即便有所破壞，亦在所不惜；但如果使用勸降方法亦能解決時，則使用勸降方法。[163]

圍至1949年1月11日，林提出最後通牒，限天津國軍至遲須於13日十二時以前開出，否則將於14日進攻。[164]天津警備司令陳長捷召集林偉儔（第六十二軍軍長）、劉雲瀚（第八十六軍軍長）、杜建時（天津市長）商量，沒有一個說應該和可以放下武器的，大家卻也願意談判，以為緩衝。同時請示傅作義，傅的回覆是「堅定守住，就有辦法。」[165]但共軍不允拖延矣，即發起攻擊。15日下午，「天津解放」。[166]陳、林、劉、杜等被俘。[167]塘沽守軍三萬人則自海上撤出。[168]

天津失陷，對北平之影響，至為嚴重。傅作義函蔣，謂大津情況影響北平士氣民心至為嚴重，社會言論竟明示對守城者之怨懟，士氣消沉，一般幹部至認為已無前途，面對危局，憂心如擣。[169]

傅聞蔣即下野，復於1月20日派參謀廉壯秋自平來京向蔣請示。下午三時半見蔣，言由元旦文告起，北平和談氣氛太濃；又因北方軍官眷屬多居天津，第九十二軍及九十四軍之被俘放歸的軍官，因其本部在平，皆來歸部，而本部中自不能禁其不來，以是士氣益墮，今已無法再戰；但談判可以牽絆敵人，即現要求各守防地，不談改編或繳

163 《毛澤東年譜》，1949年1月6日。下卷，頁430。
164 《毛澤東年譜》，1949年1月11日。頁433。
165 《平津戰役親歷記》，頁132。
166 《毛澤東年譜》，1949年1月14日。下卷，頁435。
167 《平津戰役親歷記》，頁202。
168 《徐永昌日記》，民國38年1月17日。第九冊，頁208。
169 《徐永昌日記》，民國38年1月17日。第九冊，頁208。

械；若不如此便打。傅擬得到一定辦法時，將軍隊交李文（第四兵團司令）。傅本人去綏遠。

次（21）日，蔣即派國防部長徐永昌飛平，向傅傳達以下意見：第一，謀和希望與中央一致。第二，希望傅南來。第三，大量運出精銳部隊；如能給時間，有限度運出軍隊，可和平交出北平。傅謂第一項原亦擬如此，但限於環境，已由鄧寶珊等出城談判，軍隊原建制原番號開到指定地點，其高級官長去留聽便；唯共方須先派遣政工人員，此層為傅所拒絕，正續商中。第二項傅初意去綏遠，尚有步兵四師、騎兵三旅，仍可整頓效力國家。經徐述蔣之意，以南方必須有幾個忠貞負望之軍官，方可撐持。傅至此遂允俟部署竣事，即去作總統（蔣）一隨員。至於第三項，現正擴修機場，但恐無大效果。

徐於當晚九時許飛回南京，蔣已離京去杭州。[170]

事實上，到了1949年1月7日，毛澤東提出較為寬大的條件，同時北平已在四面包圍之中。傅於9日派代表周北峰、張東蓀等與共軍代表林彪、羅榮桓、聶榮臻、劉亞樓正式談判，共方開出的條件，是傅部人員一律不咎既往，所有張家口、新保安、懷來戰役被俘的軍官一律釋放。但為部隊之整編問題，雙方仍有距離，傅準備打，共方於16日提出最後通牒。傅以鄧寶珊為代表，與共談判。[171]至22日，與共方代表蘇靜正式簽訂〈北平和平解放實施辦法〉。次日，傅致電徐永昌說：

　　自津陷落後，北平戰局即萬分困難，士氣民心消沉浮動，迫

---

170 《徐永昌日記》，民國38年1月20日、21日。第九冊，頁211-213。

171 林桶法，《戰後中國的變局》，頁159-160。

不得已，於養（22）日上午十時雙方訂定軍隊保持原建制原番號，一個月後實行整編。在此期間，成立聯合辦事機構。希望中央全面和平早日實現。[172]

最後華北勦總所屬第四、第九兩個兵團八個軍二十五個師，完全改編為人民解放軍，並宣稱其五項優待條例。[173]連同天津被殲和被改編的國軍，計五十二萬餘人。[174]

傅之「局部和平」的經過，在一些當事人事後的回憶中，頗多分歧，但就當時的文獻來看，較之一般見風轉舵者，顯有不同。

在此之前，蔣曾歸咎於「宜生（傅）又為政治與虛榮所牽制，不願放棄北平而企圖固守，是無異自滅也。」[175]

（四）三大戰役致敗原因之檢討

國共三大戰役統計表

三大戰役名稱	起訖時間	經歷天數	估計損失兵力
遼瀋戰役	1948.9.12～1948.11.2	52 天	47.2 萬
淮海戰役	1948.11.6～1949.1.10	65 天	55.5 萬
平津戰役	1948.11.29～1949.1.31	64 天	52 萬

遼瀋、淮海、平津三大戰役，國軍之潰敗，固因兵力、士氣不及共軍，尚有其他諸多致敗之因素，較為重要者，有如共諜之滲入與軍事機

---

172 《徐永昌日記》，民國38年1月24日。第九冊，頁217。

173 《徐永昌日記》，民國38年3月2日。第九冊，247頁。

174 《周恩來年譜》，1949年1月31日。頁810。

175 《蔣介石日記》，民國37年12月12日。《大事長編》，民國37年12月12日。卷七，上冊，頁197。

密之洩露，不同軍系之互相猜忌，以及前線將領之通共與投共等。

國方察覺共諜之滲入與軍事機密之洩露，是11月4日軍事會議關於徐州之撤退事，僅隔二、三日，東京即有廣播。徐永昌向秦德純言，國防部及徐州總部之機要幹部中，似有敵諜潛伏。秦謂如郭汝瑰廳長與何基灃、張克俠等極莫逆一事以觀，即頗須注意之人物也。[176]何基灃、張克俠是駐徐州外圍的第三綏靖區副司令，是中共地下黨員，一週前率三個半師投共。郭為國防部第三廳廳長，主管作戰，早年加入中共，一度脫黨再思歸隊，與中共取得聯繫，被安排提供情報。[177]11月4日國防部會議的內容，顯然為郭所提供。所以共方迅即知之，立即提前發動淮海戰役。

例如蔣電召杜聿明由徐州來京研商前線作戰計劃時，杜甚懷疑參謀部有間諜洩露機密；而尤懷疑參謀次長劉斐為不可靠。故不敢公開向蔣陳述其腹案，而要求與蔣單獨談話。蔣允之。[178]

又如濟南之失，蔣說王耀武過去表現都好，惟此次之表現，最使人慚愧而恥辱，其失敗乃由人事，其司令部第一處長為其外甥，第三處長為其親信，但當最後乃兩處長首先領導叛變。[179]再如東北「勦匪」總司令衛立煌的副祕書長兼辦公廳主任汪德昭，胡宗南身邊的親信機要人員熊向暉等，均為中共地下黨員。[180]諸如此類事例，不勝枚舉。

---

176 《徐永昌日記》，民國37年11月17日。第九冊，頁160。

177 楊奎松，《國民黨的聯共與反共》，頁675。《郭汝瑰回憶錄》，頁173。

178 《事略稿本》（77），民國37年11月28日。頁633。據記杜之腹案為「主張由鐵路西側，直衝劉伯承匪部之側背，此與公（蔣）所見相符也。」

179 《徐永昌日記》，民國37年10月11日。第九冊，頁137。

180 楊奎松，《國民黨的聯共與反共》，頁674。

　　不同軍系之相互猜忌，是1920年代北伐統一以來，久已存在的問題。大的區分有中央系與非中央系（雜牌）之分，後者總是認為受到歧視。前者自視「正牌」，不免驕橫。且各系之內，亦非團結，而難以合作。其間最大的矛盾為桂系李宗仁、白崇禧與蔣介石之間的猜忌。蔣、李之積怨，早在北伐時期即有之，蔣在1927年8月第一次下野，即由於李之「逼宮」。行憲後李為競選副總統，與蔣幾致決裂。白為李之同系，足智多謀，在蔣、李鬥爭中，常為李之有力支持者，故蔣對白忌恨至深。1947、48年的軍事潰敗，白謂一切軍事失利，由於蔣直接指揮之所致，而歸咎於蔣。蔣對白亦有所感曰：

　　　　近日何（應欽）、白（崇禧）之言行態度，謂一切軍事失利由於余（蔣）直接指揮之所致，而歸咎於余一人，……惟因前方將領遝電請示，余身為統帥不得不披露督導責任。[181]

　　　　戰局逆轉，情勢不利之際，一般高級將領往往乘機爭權，挾匪要脅，往往如此。白（崇禧）則乃以每月要令武漢私籌一千萬金元為其個人支配，且不令中央知道也，可痛。時局稍變，則不測之徒，即起異心。[182]

　　淮海戰役失利，蔣更認為白崇禧與共黨「勾結」，別有「企圖」。其自記曰：

　　　　陳毅股匪之主力集結於固鎮附近，對蚌埠作監視脅制之形

---

181 林桶法，《戰後中國的變局》，頁280。
182 《蔣介石日記》，民國37年9月26日。

態，而不加進犯，此其與桂（系）白（崇禧）互約，……留作聯合政府組織之地點。[183]

其次如晉綏系之傅作義，蔣雖賦以重責，彼此似非完全信任，如徐永昌所記：

> 多時來每為宜生（傅字）悚懼，何以蔣先生對之不似過去，亦有人忌而讒之歟？其如國事何？如此下去，責任日重，兵力日損，以宜生之血性，恐有不諱之一日。蔣先生或以為中央若干師歸其指揮，不知中央軍多數已至無人能指揮，雖蔣先生亦然。[184]

廖耀湘兵團為黃埔嫡系，瀋陽警備司令楚溪春說：廖至驕橫，任何人不能指揮，參謀總長兼東北行轅主任陳誠於四平街戰役後之檢討會議，原擬對廖有所懲戒，乃廖率黃埔軍師長若干人向蔣跪懇，卒以暫置勿議，以觀後效了事。因之，陳亦不能久任。[185]

蔣為打通瀋陽和錦州的交通，命熱遼邊區司令范漢傑進駐錦州，督訓錦州部隊，東北「勦匪」總司令衛立煌不滿范駐錦州，表示不同意，廖耀湘另派其副司令舒適存至錦州負督訓部隊之責，范不能指揮。凡作戰、訓練、裝備諸事，衛逕下令給兵團司令孫渡，甚至各軍長，但不通知范。勦總參謀長趙家驤及廖等表面擁衛，暗中各處活動，不惜以造謠手段，期使杜聿明回東北。范也採取各種辦法拉攏駐錦部隊。[186]

---

183 《蔣介石日記》，民國37年12月31日後「上月反省錄」。

184 《徐永昌日記》，民國37年3月24日。第九冊，頁34。

185 《徐永昌日記》，民國37年10月30日。第九冊，頁148。

186 楊奎松，《國民黨的聯共與反共》，頁670。原據資料：「王叔銘呈蔣校長電」，民國37年6月15日。國史館蔣中正檔，特交檔案勦匪003卷51074。

　　前線國軍將領之暗通中共或投共，無論是雜牌或中央嫡系，可謂比比皆是，如濟南戰役吳化文之變，而為濟南失守之關鍵。淮海戰役之何基灃、張克俠之投共，李彌兵團不得不調，而致徐州之敗。[187]黃維兵團第八十五軍第一一零師師長廖運周之叛，使黃維兵團陷入混亂，且使第八十五軍第二十三師失去黃之信任，致黃兵團很快被殲。[188]凡此皆由暗通中共而投共者。由中共策反而投共者，有如駐守長春之第六十軍軍長曾澤生（滇系）等。其間尤以廖運周師長之投共，蔣聞之至為不安，喟然曰：「廖某果投匪乎？彼為黃埔軍校第六期生也。此息如果屬實，則前途更為可慮。」[189]

　　總計遼瀋、淮海、平津三大戰役，國軍損失共約一百五十萬人，其中被俘的約八十六萬人，降共者約十七萬人。[190]

四、金融的崩潰

　　持續的內戰，不斷的消耗，龐大軍費的開支，物資匱乏，收入短缺，物價飆漲，通貨膨漲，終致金融崩潰。幣制改革，以金圓券取代法幣而失敗，更是火上加油，一發而不可收拾。

　　1945 年 8 月抗戰勝利時，法幣的發行額為 5,569 億元，到了這年 12 月即達 10,320 億元，1946 年 12 月達 37,280 億元，1947 年 12 月達

---

187 《徐永昌日記》，民國 38 年 1 月 10 日。第九冊，頁 202。
188 楊奎松，《國民黨的聯共與反共》，頁 678。
189 《事略稿本》（78），民國 37 年 12 月 3 日。頁 30。
190 林桶法，《戰後中國的變局》，頁 170。三大戰役國軍損失一百五十萬人，為估計數字。

331,890億元，1948年8月19日幣制改革時猛達6,045,340億元。

抗戰前（1937年6月）為14億元。[191]抗戰八年，法幣發行增三九七倍多（5569÷14），戰後內戰三年，則增加一〇八五倍多（6,045,340÷5,569）。較戰前則增加四三一八一〇倍（6,045,340÷14）。

法幣的發行額，在1947年的一年，較上年增加八點九倍。到1948年8月19日幣制改革前，僅八個多月時間，就較上年增加十八倍以上。

支出增加，收入減少，赤字龐大。國府1947年到1948年1月至7月財政收支與赤字比較如下表（單位：法幣百萬）：[192]

年度	支出	收入	赤字
1947	43,393,805	14,064,383	29,329,512
1948.1～7	655,471,108	220,905,475	434,565,612

入不敷出，赤字加大，端賴印發鈔票，小面額不足以應付，1947年12月9日發行二萬、四萬、十萬面額的大鈔。物價立即波動。郵資加價三倍（平信二千元），電報二倍（每字二千元）。[193]7月18日，發行關金券，票面一萬至二十五萬元（每元合法幣四元）。[194]

茲將1948年各月份米價波動的情況，整理表列如下[195]：

---

191 林桶法，《戰後中國的變局》，頁189。原據中國人民銀行參事室編，《中華民國貨幣史料》（上海：人民出版社，1991年），第二輯，頁595-596。

192 林桶法，《戰後中國的變局》，頁187。原據資料：孫震等，《中華民國經濟發展史》，第二冊，頁146。

193 郭廷以，《中華民國史事日誌》（臺北：中央研究院近代史研究所，民國74年），民國36年12月9日、11日。第四冊，頁708。以下簡稱《史事日誌》。

194 《史事日誌》，民國37年7月18日。第四冊，頁773。

195 本表資料據《史事日誌》有關月日。第四冊，頁727、729-730、738、763、772。

時間	米價（單位：法幣萬元／石）
2月6日	160
2月16日	190
2月20日	220
2月21日	300
3月20日	440
6月10日	1,000
7月12日	3,000

一年前的6月底，每石米為二十萬元。[196]僅一年之間，漲了一五〇倍。

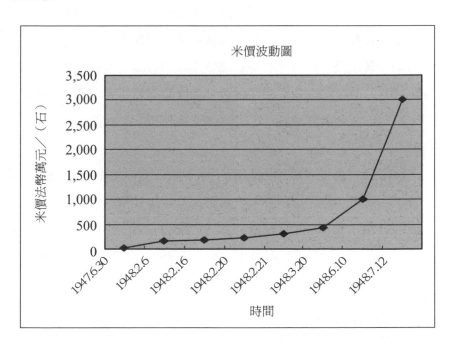

196　林桶法，《戰後中國的變局》，頁194。

1948年各月份黃金波動情況整理表列如下：

時間	黃金價（單位：法幣萬元／兩）
2 月	2,200 [197]
6 月 25 日	20,000[198]
8 月 13 日	60,000[199]

上年1947年2月黃金每兩九十萬元，[200]一年半（從1947年2月到1948年8月）之間，黃金漲了六六六倍多。小民不得一飽。公職人員三餐不繼，軍中高級軍官得到軍餉後，多先購黃金，再行出售。等到法幣到了士兵之手，已不及原值的十分之二、三了。[201]

這裏所說的高級軍官得到軍餉先購黃金，並不是為了保值，而是從中牟取暴利，例如某一軍長一次領得全軍軍餉即搶購黃金，屯積一個時期待其漲價，再出售其中一部分，收回成本，轉發所屬，其餘部分則據為己有。中間或再如法炮製，最後轉至基層士兵或基層軍官所得，錢數依舊，而其實質，較之原值就大打折扣了。如此也加速了黃金的飛漲。

法幣形同廢紙，國府乃於1948年8月19日頒布財政經濟緊急處分令，廢法幣，發行金圓券。收兌法幣及金銀外幣，法幣三百萬元折合金圓一元，金圓二元折銀幣一元，金圓四元折合美金一元，發行總額以二十億元為限。自即日起，黃金、白銀、外幣，禁止流通或持

---

197 郭廷以，《近代中國史綱》（香港：中文大學出版社，1979年），頁779。

198 《史事日誌》，民國37年6月25日。第四冊，頁766。

199 《史事日誌》，民國37年8月13日。第四冊，頁780。

200 《王世杰日記》，民國36年2月11日。第六冊，頁23。

201 郭廷以，《近代中國史綱》，頁779。

有，限11月20日以前，無限制兌換金圓券。所有物價以8月19日為準。為加強經濟管制，特於上海、天津、廣州設置經濟管制委員會，其中尤以上海為重要，以俞鴻鈞為督導員，蔣經國協助督導。[202]實際負責者為蔣經國。蔣介石自記曰：

> 此舉實為國家存亡成敗所關，明知此於其個人（按指蔣經國）將為怨府與犧牲之事，但除經兒外，無人能任其事，故不能不令其負責耳。[203]

幣制改革實施後，人民至國家銀行以金銀外幣兌換金圓券者，亦頗踴躍，十日之間，收兌現金約合美金二千七百萬元。蔣以為「民心猶在」。[204]

長期以來，法幣不斷大肆貶值，人民以及軍公教人員，無不身受其苦，一旦改制，大有「脫離苦海」之感。人民踴躍兌換金圓，亦此故也。徐永昌記曰：「改革幣制公布後，大多人民無不慶幸已獲生路。」其子元明很興奮的問徐：「新幣制實行後，是否從此物價就不漲，生活就可安定了。」徐以不掃其子元明之興，乃以他語岔之。實則徐閱當日公布幣制改革全案，以及財政當局之解釋，認為在今日內亂之下，生產事業不能增進，交通破壞不已，稅收難以激增，尤其軍費不易限制，以過去失信到極點的政府，僅僅為此而欲改革幣制達成願望，真有令人不敢置信者。徐且認為「當局此時所岌岌者，完全在

202　郭廷以，《近代中國史綱》，頁779-780。
203　《大事長編》，民國37年8月21日。卷七，上冊，頁128。
204　《大事長編》，民國37年8月31日。卷七，上冊，頁129。

於奪獲國人外匯與金銀，但此而愈亟，則補救上愈難。」徐甚盼其言「未能合於事實也」。[205]然而未久，徐氏之言，竟見諸事實也。

8月19日施行的幣制改革，財政狀況並未好轉，仍舊每況愈下。根據中央銀行的記錄數字，該年最後四個月的收支，情況如下：[206]

月份	收入	支出	赤字佔支出的百分比
9 月	108,854,000	343,414,000	69%
10 月	145,090,000	282,833,000	49%
11 月	172,410,000	674,944,000	75%
12 月	446,747,000	2,649,609,000	83%

發行金圓券後，原規定的20億元發行限額，不到三個月就被突破，改為「發行總額，另以命令行之。」致其發行數額如脫韁之馬，至1949年6月，發行額高達1,303,046億元以上，為原定發行限額的六五一五二倍多。[207]

物價又起波動。糧食因限價而不運入市場，上海、南京搶米，搶購之風愈熾。1948年10月31日，政府放棄限價政策，都市仍難買到米糧。11月11日，准許人民持有金銀外幣，黃金每兩兌換金圓券一千元，美鈔一元兌換三十元（發行時原為四元）。發行不到三個月的金圓券，完全失敗。前此以金銀外幣兌換金圓券的守法良民，為之破產，怨聲載道，加速了大局的崩潰。[208]

---

205 《徐永昌日記》，民國37年8月20日。第九冊，頁113-114。

206 孫宅巍，〈抗戰勝利後國民政府財政狀況剖析〉，《民國史論叢》，頁570。

207 孫宅巍，《民國史論叢》，頁580。

208 郭廷以，《近代中國史綱》，頁780。

蔣自記曰：

　　自金圓券發行以來，中下級人民皆以其金銀外幣依法兌換，以示愛國擁護政府之真誠。不意於數月間，軍事節節失敗，經濟每況愈下，物資枯竭，物價飛騰，金圓券之貶值，人民遂怨聲載道，而政府之信用全失矣。[209]

　　政府高級官員悉認國事不可藥救，臺灣省主席魏道明痛恨新幣制之害事害人，臺灣固然受損失極大，尚不似內地之勢如燎原。日來京滬縱依議價，亦難於購到物品，尤其是米麵，一日數漲，公教人員苦不可言，滬上搶糧不得，變亂堪虞，京滬交通阻斷，誰敢保證何時發生變亂。[210]

　　徐永昌記曰：

　　搶米已至第四天，漂亮西服的中年市長（似指上海市長吳國楨）、警察局長、衛戍司令、行政院、內政部，不聞有所救正。外人日言我政治無能，今日表現的更十足。

　　白下路（南京）萬人搶麵粉踏死三人，全城搶米，已死五人。……據聞街市隨便議論，叫罵總統夫婦，警察付以同情之笑。[211]

209　《事略稿本》（77），民國37年11月3日。頁355。

210　《徐永昌日記》，民國37年11月7日。第九冊，頁153。

211　《徐永昌日記》，民國37年11月10日。第九冊，頁155-156。

五、國民黨內訌蔣氏下野

　　軍事潰敗，物價高漲，人心惶惶，怨聲載道。1948年3月底至5月初，國民大會集會南京期間，代表以國民黨籍居多，借此發洩怨氣，表示不滿。蔣為安定人心，向國大代表作施政報告時，謂經濟軍事誠有若干危機，但不如外傳之甚，其所以傳說紛紜，完全由我們自己造成恐懼，完全由共黨造謠而動搖。截至現在，法幣發行未超過七十萬億，國有之黃金、白銀、外匯及國營事業出售（按：共可折合約美金七億元），均為穩定經濟主要力量。現在問題不是經濟軍事問題，而是物價高漲，人心不安。共黨與外國人皆傳六個月可以擊潰政府。蔣則斷言三個月至六個月以內，必定肅清黃河以南共軍之主力。[212]

　　稍後，蔣在國民大會堂紀念週中，向中央委員及國民黨籍代表（仍二千數百人）致詞，略謂同志信心動搖，受人宣傳，自失立場，即是毀滅自己。日前施政報告絕對確實，絕對負責，絕無欺騙。從前赤手空拳，尚能革命，今日有如此大力，為什麼害怕！下午即有代表發言，云如總裁（蔣）報告之經濟，國家銀行可作基金者當有七、八億美金；既如此，何必懇美借債；又何必不以一億美金收回濫發法幣，而盡使國家社會如此受罪。又有若干代表在休息時說：總裁講我們當初赤手空拳打倒滿清，今日有此大力決可消滅共匪云云。不知當初是以新銳打腐化，今日是以腐化打新銳，前後恰是相反，國民黨永不知革新，國民黨從此已矣。[213]

---

[212] 《徐永昌日記》，民國37年4月9日。第九冊，頁44。
[213] 《徐永昌日記》，民國37年5月3日。第九冊，頁59。

　　大會期間發生一驚人事件，即東北代表孔憲榮在寓所之自縊。孔為東北抗日游擊名將之一，勝利後隸屬杜聿明，任松江支隊司令，陳誠整編時，將其所部萬人撥歸吉林省主席梁華盛指揮，孔即閒散。在永吉國軍撤退時，其一子一媳於中途失散，其妻與幼子尚在長春。大會中，東北代表攻擊陳誠尤激烈。在勵志社晚宴中，蔣致詞為陳解釋，謂陳總長去東北，為東北人士歡迎去的，勝敗無常，誰能保險不敗，謂張代表請斬馬稷（喻陳），未免過當。是晚之會，一般情緒，均極不佳。[214]

　　國民黨內訌之升高，為總統與副總統之選舉問題而起紛爭。4月4日，國民黨中央臨時全體會議，討論總統、副總統候選人提名問題，蔣表示不出任總統候選人，願居公職地位，擔任勘共戡亂，保障行憲之責任。並主張提出一黨外人士（按：已徵得胡適的同意）為總統候選人。[215]

　　黨內人士為此爭論，有兩派不同意見，一派認為蔣不任總統，對於軍事經濟立即會發生不良影響；一派認為此一退讓果能實現，凡不滿政府與蔣者，其印象必能立即轉好，寄予同情，且轉生信賴，謂之為國民黨復生，亦無不可。但前者聲浪至高，大有斯人不出，如蒼生何！嘵嘵不休。蔣頗不耐，乃決定交國民黨中常會研究。

　　中常會開會時，蔣未出席，與會者賀衷寒、黃宇仁等三青團人士主張接受蔣之意見；陳果夫、立夫等黨中幹部以為蔣必須出任第一屆總統。黨之元老戴季陶發言由開天闢地至原子力量，證明斯人不出如

---

214 《徐永昌日記》，民國37年4月16日、19日。第九冊，頁49、52。
215 《大事長編》，民國37年4月4日。卷七，上冊，頁70。

蒼生何。會議建議仍請蔣為第一屆總統候選人。劉公武起立發言，以為應尊重蔣所指示，不計名位，為國家作有效之服務。潘公展即作斥責聲調，謂已決議通過，劉之所言殊屬不當。戴季陶發言，除指責劉之所言不當外，言論越出範圍。時間既久，吳忠信送一紙片給戴，戴似不勝其惡煩，仍講若干乃止。散會後，戴即質詢並責吳。吳謂非盡己意（谷正綱覺戴言太多，書一請少言紙片，請吳轉遞，以吳長者，戴或不之責也）。戴遂大發其神精病。[216]

4月5日，國民黨中常會仍推蔣為總統候選人，蔣接受，對胡適深感歉疚。胡則有「如釋重負」之感。王世杰是日《日記》記曰：

> 今午蔣先生與五院院長等商談後，約予（王）往談。意謂彼之計劃將無法實現，一因黨中同志不贊成，二因彼如本人拒絕為總統候選人，則李宗仁必競選總統，其結果必甚壞。……予退出後，往晤胡適之先生，告以實情，彼（胡）甚愉快，如釋重負。[217]

蔣改變初衷的原因，據其自述：「余（蔣）當時在中央全會提議，應由本黨提簽黨員或黨外賢達為候選人時，白崇禧即緊問如提簽黨內，究屬何人？可知若輩之計，如余不應選，則桂系必先競選總統，毫不謙讓，則余之目的，不僅不能達成，而且黨與國更亂，而人民之痛苦，亦不知伊於胡底。故不得已而不敢再辭，願以一身忍受恥辱，擔當大難。」[218]

---

216 《徐永昌日記》，民國37年4月4日。第九冊，頁40-43。
217 《王世杰日記》（排印本）（臺北：中央研究院近代史研究所，民國101年），民國37年4月5日。上冊，頁895。按《王世杰日記》（手稿本）從1948年3月29日到4月6日之間的十頁內容漏印。排印本發現列入。
218 《事略稿本》（74），民國37年4月30日。頁309。

　　惟總統、副總統之選舉，黨不提名，蔣與居正由國大代表連署提名為總統候選人。連署提名為副總統候選人者，則有孫科、于右任、李宗仁、程潛、莫德惠、徐傅霖六人。[219]

　　蔣之「讓賢選能」為黨內保守勢力所阻礙而改變初衷，事後認為這是一大失策。他於6月27日在西安曾對張治中說：「從4月到現在，是最黑暗的局面。癥結就在我（蔣）當了總統，我在盧山已經決定不當總統，希望胡適之出來當選。這是一種轉機，一個重大的關鍵，能夠照我的願望做到便好了！但是大家不贊成這樣做，這是最大的失敗！這個失敗是一時挽轉不過來的。」[220]

　　副總統之選舉，蔣支持孫科而反對李宗仁，但一向親蔣之徐永昌則巡投李票。其原因，徐以為：

1. 年來時局江河日下，若不即有改革，必至於崩潰無救。

2. 孫、于、程諸氏，數年來身居中樞要職，迄無匡救建議與言論，任何人均不能信賴其今後能有所振作。

3. 李競選宣言曰：肅清貪汙，改革政治，清算豪門資本。此皆總統立場之言，在副總統似無發表上項宣言權利。但水深火熱的今日，卻獨能抓獲人心；然彼固亦接近豪門資本者，而任用李品仙（安徽省主席）有貪汙之稱，與其夫人之干涉政治等等，其疵點亦多，不過彼倔強有信譽。在無可如何之今日，多數人士總冀其能以去就匡救蔣先生之失，較其他諸氏所宣布者，既不能痛下針砭，恐仍依附其間，不得已而求其次，此亦多數代

219 《大事長編》，民國37年4月8日、20日。卷七，上冊，頁72、77-78。
220 《張治中回憶錄》，下冊，頁776-777。

表之意見也。[221]

蔣對李宗仁不服勸告,至為憤慨,4月12日,在紀念週中援引民國二年黨員不聽孫中山之命而致黨之分裂,作為鑒戒,矛頭指向李宗仁,並自記曰:

> 競選副總統之黨員,至今仍不相上下,而李(宗仁)之行態更為卑劣。[222]

根據保防單位之密報:李「利用人民厭戰心理,散布其能調和李濟深反蔣健將與政府關係,團結國民黨陣營,並透過李濟深與中共洽商和平等空氣,爭取思想左傾代表同情。」[223]

是以副總統之選舉,暗潮洶湧,投票三次,各候選人皆未超過半數,第四次以得票較多之二名李宗仁、孫科競選,李以較多票當選。[224]蔣至失望,感曰:「此非只政治上受一重大打擊,而且近受桂系之侮辱,亦從來所未有者矣。」[225]

孫敗李勝主要原因,為桂系結合對中央不滿的派系,與蔣對抗。李之同系程思遠認為:「當時對現狀不滿和反對CC這兩股主流,恰巧為李宗仁用上。」[226]

國民黨之內訌,隨戰局之逆轉而加劇,對共和平之幻想,亦相對

---

221 《徐永昌日記》,民國37年4月23日。第九冊,頁53-54。
222 《事略稿本》(74),民國37年4月17日。頁204。
223 林桶法,《戰後中國的變局》,頁296。
224 《大事長編》,民國37年4月29日。卷七,上冊,頁79。
225 《事略稿本》(74),民國37年4月29日。頁296。
226 林桶法,《戰後中國的變局》,頁299。

的提升。當淮海、平津戰役失利之際，謠諑繁興，大家「以為蔣先生一走，和平立現；尤其美國人以為出現了聯合政府，即是和平。所以一般人民聞蔣先生出國，多有放炮竹以誌欣慶者。」一向支持蔣氏的徐永昌，此時對蔣亦頗有微詞，認為蔣「自欺乃驕」，有勸蔣「罪己下野」之意。[227]

張群謂蔣曰：「本（國民）黨幹部及立法委員中，對公（蔣）皆有不滿之表示，且聞已有二百餘人簽名，要求公下野之消息。」蔣曰：「若輩之意，欲使余心灰氣餒，翩然引去，以遂其對匪求和之願望。可慨也夫！」[228]

蔣即約見國民黨中常委代表及高級幹部，商討時局及應付方針。邵力子發言時，謂此時雖欲與共黨言和，而已不可得矣。蔣測邵意，以為「似舍投降一途，已無路可走矣。」聞之「至為痛心」。

談及政府遷徙事，有以此舉將使人心渙散，不啻分崩離析，其將何以再樹重心為言者。蔣曰：「所謂重心也者，不在乎首都之在何地，而繫我一人之所在也；如我在世一日，即反共之一日，以底於成而後已。故我在何地，即其重心所在。」

最後蔣告以勦共作戰到底之決心。並謂「萬一南京將來不守，我亦必於其他地區繼續勦共。須知今日共匪所欲得者，非南京也，而為我一人也。」[229]

蔣氏之自信如此，未必能信於人也。

---

227 《徐永昌日記》，民國37年12月18日。第九冊，頁182。

228 《事略稿本》（77），民國37年11月19日。頁516。

229 《事略稿本》（77），民國37年11月19日。頁517。

華中勦共總司令白崇禧統率三十萬大軍，保持完整，鎮守武漢，有舉足輕重之勢，在其推動下，乃發起「和平運動」。長期致力「反蔣運動」與桂系關係密切的李濟深，也從香港密電勸李宗仁、白崇禧、黃紹竑（桂省主席）等，要他們共同攜手反蔣，配合中共，「贊成開新政治協商會議，組織聯合政府」。[230]

在李濟深密電後的第三天，白崇禧即於12月24日自漢口致電蔣氏，促與中共言和，實即要蔣下野。同時提出與共談和建議三項如下：

1. 先將謀和誠意轉知美國，請其出而調處，正式徵其同意，約同蘇聯共同斡旋和平。

2. 由民意機關向雙方呼籲和平，恢復和談。

3. 雙方軍隊應在原地停止行動，聽候和平解決。[231]

白氏之電，由張羣、吳忠信呈蔣，蔣即表示苟利國家，出處進退，絕不縈懷。當由張、吳與李宗仁商談，希李代理總統職權。李亦希蔣早日引退。[232]李對徐永昌說：「吳禮卿（忠信）昨（25日）銜命來訪，謂渠（吳）曾勸蔣先生暫卸仔肩。蔣先生曰：交與何人？自然是德鄰（李字）了。即令渠來見告此意，並屬預作準備。李語竟曰：此何等事；我如何作此準備耶？」[233]

李之表態，似對蔣之「暫卸仔肩」有所疑慮，乃要張羣、張治中、吳忠信等轉達彼之建議，勸蔣下野。謂此已成定局，且須從速，即於年前有所表示，否則恐不及矣。如此激情，蔣云：余去不成問

230 楊奎松，《國民黨的聯共與反共》，頁686。

231 《大事長編》，民國37年12月26日。卷七，上冊，頁203-204。

232 《大事長編》，民國37年12月27日。頁204。

233 《徐永昌日記》，民國37年12月25日。第九冊，頁187。

題，惟對共方須有把握，究否有無接談之人，斷難片面言和；軍隊亦
須安排，且須得到把握，斷無丟下即走之理；須顧全法統。[234]

　　李之左右力勸李應旗幟鮮明，表明立場。乃草擬條件，經李同意
交蔣。要點是：蔣主動下野；李繼任，宣布和平主張；和談以內閣為
主，總統授權；和談前改組內閣；撤銷戡亂令，部隊主動撤離戰場，
釋放政治犯等。蔣對李之草案亦有修改，其中主要之點有「李先生依
法代行總統職權」，及「為保證和平談判之順利，軍事應有嚴密之部
署，尤須鞏固軍心，團結一致。」白崇禧堅決反對，主張「蔣下野必
須辭職，由德公正式就任總統，不能用代理名義。」[235]

　　12月30日，白再通電「言和」，其真正目的，是為藉此逼蔣下
野。只靠本身力量不行，非用共黨的壓力不可。他找來與中共有關係
的劉仲容，[236]去聯絡中共，共同反蔣。劉到上海會見中共祕密聯絡人
吳克堅，遲未獲復。黃紹竑即到香港，急找李濟深，李已去大連，參
加中共新政協籌備工作。但找到民革另一負責人黃琪翔，乃交給他一
封信，謂白早有反蔣決心，只因時機未熟，不敢發動。上（12）月
24日致蔣之電，實際就是為了倒蔣。蔣不會輕易下野，須以武力解
決，必須有軍事行動之準備，尤應與中共方面取得諒解與合作。請任
公（李字任潮）向中共中央通告：第一，武漢反蔣經過及以後決心與
行動；第二，請中共中央轉知華中當局，與武漢方面達成軍事諒解；
第三，商定以後作戰計劃。經黃琪翔聯絡，兩人與中共駐香港代表潘

234 《徐永昌日記》，民國37年12月29日。第九冊，頁191。
235 楊奎松，《國民黨的聯共與反共》，頁687-688。
236 劉仲容，當時是白崇禧華中剿總的參議。

漢年見面，說明聯合反蔣必要，且謂桂系反蔣決無美國背景。[237]

　　潘報告中共中央，得到的指示是：同意和白崇禧聯合對蔣，要白立即派代表到鄭州與中共前線負責人聯絡。黃更向潘要求，願以私人身份奔走和平，請潘派人同他一起去同中共中央負責人商談，作出一個和平基本協議的草案，給李、白考慮。潘表示拒絕，謂李宗仁如能效法傅作義，明確接受毛澤東的八項條件作為先決條件，就好商談和平解決方案。黃至武漢向白報告接洽結果，據黃回憶，因蔣下台，李上台，白的態度有了很大的變化。[238]

　　原先白崇禧派到上海的劉仲容，與中共方面吳克堅的聯絡，此時有了答話。毛澤東在中共中央給吳的電報上，加寫一段話說：

> 望要劉仲容即去告李、白，絕不要相信蔣介石的一套，桂系應準備實行和蔣決裂，和我方為配合解決蔣系，才能在人民面前和蔣系有所區別。[239]

　　1949年1月28日，劉仲容和黃啟漢到了北平，會見中共北平市長葉劍英，說李宗仁交待：第一是局部和平，並與中共併肩作戰；第二是切實在八項條件下裏應外合，推動全面和平。在西柏坡的周恩來看到葉的簡報後，在起草中央復電中，指出「加深李、白與蔣系的分裂」方針，十分重要。要劉仲容立即返回南京，告訴李宗仁：「即應迅速與蔣分裂，逮捕蔣之嫡系將領如顧祝同、湯恩伯、俞濟時、陳大

237　楊奎松，《國民黨的聯共與反共》，頁691-692。原據資料：「潘漢年致周（恩來）、李（克農）並中央電」，1949年1月18日。

238　楊奎松，《國民黨的聯共與反共》，頁697。

239　《毛澤東年譜》，1949年1月28日。下卷，頁447-448。

慶及特務頭子毛人鳳……等人，方能站穩腳跟，進行和談。」但劉估計，李在南京既無力量，也無膽量逮捕中共所提到的那些人。[240]李也頗感為難，說：「不要說逮捕他們，今天我不被他們捉去已算很好了。」[241]

　　蔣下野後，李、白努力之和談，終無所成，共軍於4月21日渡江，政府遷往廣州，蔣、李鬥爭仍繼續不斷。5月22日，蔣指示祕書周宏濤致電在美國的俞國華，要他將李、白的罪惡廣為告知其部屬。此電稍長，但可從中了解李、白聯共反蔣的一些梗概。此電由楊奎松《國民黨的聯共與反共》書中引自國史館的檔案。特轉引一段如下：

　　　　去年（1948）秋，桂系勾結共匪以要求總統下野，作為和平條件，於是有所謂和平運動。在李、白主持策動之下，在華中發動。當時徐州會戰正酣，華中方面不但按兵不動，甚且阻止中央調遣援軍，卒致會戰歸於失敗。此役以後，桂系主和益亟，倡言總統如不下野，則共黨不願言和。總統乃向李德鄰（宗仁）、孫哲生（科）、吳禮卿（忠信）諸同志指明：中（正）可尊重大家之主張，潔身引退；惟個人引退後，共黨將不但不與政府謀和，並將要求政府無條件投降。自本年（1949）1月22日，總統毅然引退，由李宗仁代理總統職務後，共匪行徑果如所言，初則遲遲不與李、白談判和平，繼則提八條二十四款，迫使政府無條件投降。至是方忍無可忍，羣起反對，使李、白無法簽降。因之有4

240　楊奎松，《國民黨的聯共與反共》，頁698-699。

241　楊奎松，《國民黨的聯共與反共》，頁701。《周恩來年譜》，1949年2月1日。頁811。均書為「劉仲華」，應即劉仲容。

月22日總統與李、白等在杭州之會商。當時議定，如李、白決心反共到底，則本黨當予全力支持，以貫徹戡亂政策。惟此後李、白仍繼續與共匪暗通聲氣，放言如欲再戰，必須總統出國。事之不合理者，實無逾於此。蓋其意欲逼使總統出國，俾能遂其任意處分國家財產，背叛反共國策，達其所以勾結共匪之目的。[242]

上函將此會戰失敗責任，歸諸白氏之「按兵不動」及「阻止中央調遣援軍」，似嫌過當。而白在此緊急關頸，扯蔣「後腿」，致兩敗俱傷，乃國民黨之不幸也。

蔣卸職到溪口後，曾反省此失敗之原因：「此次革命失敗，並非失敗於共匪，乃失敗於俄史（史達林）；亦非失敗於俄史，而實失敗於美馬（馬歇爾）。蓋以馬歇爾誤聽俄共之宣傳與英國之中傷，對於其本國之利害與中國之存亡，以及太平洋之安危，與全世界人類之禍福，皆置而不問，而唯以個人之愛惡，洩其私憤。……而余之外交運用，因過信美國之能急公好義，致有今日之失敗，亦應引咎自責。」[243]

六、結論

遼瀋、淮海、平津三大戰役，為蔣、毛二氏最後之決戰，是蔣氏失去大陸政權的直接原因。但此三大戰役並非孤立事件，蔣氏之敗，與毛氏之勝，是果而不是因。明其因果關係，須從全盤考量。套用自

---

242 楊奎松，《國民黨的聯共與反共》，頁734。原據資料：「周宏濤致華盛頓俞國華兄電」，1949年5月22日。國史館蔣中正檔案特交一〇卷。

243 《事略稿本》（78），民國38年1月31日。頁642-643。

古以來成敗得失之常例，不外天時、地利、人和三大要素。

天時即時機，蔣在有利時機而不能利用之。例如1946年5月東北四平街之戰，擊敗林彪共軍，進據長春後，因馬歇爾之勸阻，未能乘勝追擊，致遺後患。負責指揮四平戰役的白崇禧將軍，始終引以為憾。而毛則相反，1948年9月濟南戰役後，乘勝追擊，接連發動遼瀋、淮海、平津三大戰役，不使國方有喘息之時機。

毛在劣勢時期，則能爭取時間，例如四平戰役之敗，指示林彪：「爭取時間，休整補充，恢復元氣，再行作戰。」周恩來即利用馬歇爾對蔣施加壓力，爭取到二十三天的休戰時間，只是談而不和。蔣之目的，則是以戰逼和，雖然戰勝，並未獲得和之目的，故勝亦非勝也。

戰爭時間的拖延，對國方最為不利。王世杰於1945年11月初向蔣建言：「我國（如）于對日戰爭結束以後，續有一個五年至十年戰爭，則一切建國之業，勢將無期擱置，前途不堪設想。」實際上，從1946年打到1947年的兩年戰爭，即支持不住了。

1946年11月，周恩來回到延安後，對蔣氏在時間上的評估，認為蔣之一切計劃，均以半年為期。半年後，即無打算。蔣對長期作戰計劃，亦無任何把握。美式彈藥，只夠半年。兵員補充，困難更多。財政上，宋子文實在拿不出錢。周氏這個評估，至為正確。半年以後，即是1947年的下半年，即是本著第六章所謂「挫折頻仍」的現象。

至於國共和解之時機，曾有五次：一為重慶會談，是和解最佳時機；二為蔣之先安關內再圖關外之際，俄及中共均有和解之願意；三為政治協商決議之實施，國共雙方均有明確之承諾；四為四平街戰役前，中立長春，和解非無可能；五為屆至1946年6月的談判，周恩來認為「已解決了問題百分之九十」。觀其6月27日所提之方案，並非

不可接受。以上五次時機,未能適時掌握,而致失之,其後雖欲求之,而不可得矣。

就地利言,共方戰略,以廣大鄉村包圍國方有限空間的城市。大肆破壞交通,陷國軍於分割孤立據點,便於各個擊破。東北國方最後剩下長春、瀋陽、錦州三個孤立據點。華北剩下北平、天津、張家口三個孤立據點。華東剩下青島、徐州孤點。交通隔絕,除港口外,進退不得,困守挨打,終被殲滅。茲舉二例如下:

例一,為東北撤退問題,1948年1月,衛立煌接任東北勦總總司令後,以糧彈兩缺,運輸補給困難。蔣於2月間,決定將東北國軍主力撤至錦州集中,以保存此僅有之兵力。即手書令衛立煌實施。但衛以瀋陽以南已經解凍,為濫泥季節,道路田野,均沒膝難行,大軍行動,異常困難。蔣只得放棄此一撤退計劃。而林彪之共軍,不因解凍問題而進攻不已。至3月中,國軍在東北地區之長春、瀋陽、錦州,乃益陷於孤危中矣。

例二,淮海、平津戰役之前,蔣介石於1946年11月4日晚召集會議,商討戰守問題,國防部長何應欽報告國防部傍晚會議,議定三計,供蔣裁決,其中咸主上計,撤青島與徐州,聯合攻擊陳毅股,中計撤海州以助徐戰,下計放棄平津,西撤與南下。會中華北勦總總司令傅作義問參謀次長劉斐意見,劉謂如能以天津作根據,南下過黃河,與徐州、青島合擊陳毅,亦為勝圖。蔣問係永昌意見,徐以為敵人作戰,不需後路,我則無此素養,必須保有可恃的後路,官兵心情方安。至由津指濟,固為勝著;但敵今時交通,實較我為便利,如為黃河所限,又有大敵據守,後路未見固也。這是說地利不如共軍,雖有勝圖,亦難實施也。蔣氏亦以黃河阻礙太大,決令傅固守華北。這

是沒有辦法的辦法；但此辦法最慘，結果全軍覆沒。

就人和言，中共的統戰機構，即為專做人和的工作。毛澤東、周恩來，皆為統戰的能手。統計重慶會談期間，毛氏自 1945 年 8 月 28 日至 10 月 7 日，在重慶會晤的人士，除國民黨的要人不計外，民主人士約六十人次之多，其中著名者有如張瀾、宋慶齡、柳亞子、沈鈞儒、侯外廬、黃炎培、章伯鈞等。張瀾為民主同盟主席，毛尊之為朱德的老師，吳玉章的老友，以拉攏關係。張亦向毛「交心」，要毛不要相信蔣介石。重慶會談中，中共提出三大原則中的政治民主化、黨派平等合作（後改合法），均為拉攏民主人士，人和的工作也。

周恩來的人和工作，最為傑出。西安事變時，曾把蔣的親信張學良統戰過去。國共和戰時期，國方的雜牌高級將領如孫良誠、張克俠等，都曾請周派人去做他們的工作。更為重要的，周在 1947 年 2 月 1 日中共政治局會議上作了國民黨統治區人民運動的報告，首次把這一運動，特別是學生運動，稱作「第二戰場」，同「第一戰場」人民解放戰爭相配合。其所造成全國性的澎湃洶湧之學潮，對國方之威脅，不下於軍事攻勢之嚴重。蔣記其所感云：

> 共匪在我後方各大都市，發動其各階層宣傳之威脅攻勢，一面擾亂社會秩序，由大學而中學、而工廠，運動全國罷課、罷工、罷市，企圖前後方響應，推翻政府，奪取政權。而一般自由知識分子之校長、教授，皆由中立而附和共匪之可能。

蔣之失人和、失人心，以 1948 年 8 月金圓券發行後之貶值，最為嚴重。如蔣所記：

　　自金圓券發行以來，中下級人民，皆以其金銀外幣依法兌換，以示愛國與擁護政府之真誠。不意竟於數月間，軍事節節失敗，經濟每況愈下，物資枯竭，物價飛騰，金圓因之貶值。人民遂怨聲載道，而政府之信用全失矣。……尤以一般知識階級，與立法、監察委員，及公教人員等，現為生計所迫，又為匪謠所惑，遂使失敗主義，瀰漫於全國。其情況實為以前所未有也。

　　《徐永昌日記》亦記：「街道隨便詈總統（蔣）夫婦，警察付以同情之笑。」「一般人民聞蔣先生出國，多有放炮竹以志欣慶者。」一向親蔣之徐永昌，認為人心已失，蔣應「罪己下野」。

　　張羣向蔣反映，說國民黨幹部及立法委員中對蔣有不滿之表示，且聞已有二百餘人簽名，要求蔣下野之消息。蔣曰：「若輩之意，欲使余心灰氣餒，翻然引去，以遂其對匪求和之願望。可慨也夫！」

　　所以華中勦總總司令白崇禧要蔣下野之電，說「默察近日民心離散，士氣消沉，遂使軍事失利」等情，亦事實也。

　　總之，戰後國共之戰，無論天時、地利、人和，國方皆不具備，尤其淮海戰役，最為顯者。其敗固然也，非偶然也。

第八章

蔣毛功過，蓋棺暫定

一、由「神」到「人」

　　蔣介石（1887-1975），毛澤東（1893-1976），國共兩大領袖，所處時代相同，對中國，甚至對亞洲的局勢，均為極具影響之人物。從 1920 年代中期到 1970 年代中期的五十年間，兩人的對抗、鬥爭，可分為前後兩大時期，前期在大陸，為時二十二年（1927-1949），後期分隔在兩岸，為時二十六年。大陸時期前有十年勦共戰爭（1927-1936），後有四年戰後內戰（1946-1949），兩人相鬥十四年。中間八年抗戰（1937-1945），雖云合作，實則貌合神離，仍未停止鬥爭。從 1949 年到 1975 年的分隔臺海兩岸，持續對抗的二十六年，蔣要反攻大陸，毛要解放臺灣，然均齎志以歿。

　　蔣毛二氏之歿，象徵一個時代的終結，封閉之中國大陸，由「四人幫」之被捕而改革開放，結束了階級鬥爭，大力發展經濟，成為世

界市場，躍居經濟強權；臺灣則由經濟現代化，邁向政治民主化。長期以來的國共鬥爭，為之終結，代以兩岸交流，合作互惠，展現另一個嶄新的局面。

回顧蔣毛二氏的鬥爭史，其功過是非，論者至多，常因時、地之不同，而有不同的評價，甚至兩極化，擁之者，各視之為「神」，盡量美化之；反之者，各視之為「鬼」，盡量醜化之。而蔣毛兩人之間，亦相互醜詆，蔣詆毛為「匪」，毛罵蔣為「賊」。你來我往，似乎皆非善類也！

近年由於政局的變遷，禁忌的解除，以及資料的開放，尤其蔣氏日記的公開，蔣之歷史評價，學者認為蔣比毛較早走下祭（神）壇，恢復了「人」的面目。蔣的研究，成為「顯學」，公正客觀的評價，便易出現。這一點，蔣比毛幸運。[1]

不過，要研究蔣，便不能缺毛，因為兩人交鋒半世紀，不提毛，怎能弄清史實真相？因此，研究蔣毛關係，也就成為一種重要的學問。要使蔣毛接軌，也必須使毛由「神」變「人」，才不致「南轅北轍」。近年也有學者朝此方向努力，使毛充滿「人味」，來做蔣毛比較的研究。

研究蔣毛二氏異同之比較，究竟用什麼準標來衡量？目前常見的，不外以出身背景、生長環境、性格傾向、生活嗜好等。就出身而言，兩人相似，均為當時社會的中間階層，地位不高，但後來均為國家領導人，其間地位則大有差距。就生長環境而言，皆生於十九世紀

---

1 呂芳上，〈蔣介石的日記與民國史研究〉，《民國史論》（臺北：臺灣商務印書館，2013年），下冊，頁1378。

末，成長於二十世紀初，五四時期同屬激進的革命青年，傾向俄國學習，惟以分屬國共兩黨，思想不同而分道揚鑣，勢不兩立。就性格、生活方面來作比較，兩人性格有相同處，亦有相異處。其相同處，皆有極強的的自尊心和反抗心理；相異處，蔣比較內向，毛則外向；蔣生活簡單嚴謹，作息時間規律，毛不拘小節，不僅談話嬉笑怒罵，海闊天空；而且日常生活隨便，隨心所欲，天馬行空，自由自在。茲舉一例：《西行漫記》作者斯諾（Edgar Snow）首次訪問延安和毛見面，毛一邊與斯諾談天說地，一邊很自然地解開褲腰帶，在褲腰裡捉虱子，一邊捉，一邊把吸滿血的虱子用指甲擠破，擠得拍拍聲響。[2]

另一習為人知的毛之糗事：某次毛在北京人民大會堂看京戲，演到精彩處，毛與觀眾起身喝采時，褲子忽隨聲落地。因其看戲時，常解開褲腰帶以求輕鬆也。[3]

看來毛氏生活隨便，不大注重衛生。蔣則不同，其生活起居，極有規律，尤其注重衛生，故其提倡新生活運動，與其早年接受軍事教育及其個人生活經驗，不無關係。

由於兩人性格之不同，故其氣度有別，蔣比毛寬宏，遵從孔孟之道，常常自省其身，與宋美齡結婚後，信仰基督教，經常懺悔，故能寬容。毛則自謂「和尚打傘」（無髮〔法〕無天），從不認輸。[4]

極為傳神的，有用「兩支桿子」來比較二人之異同者，學者戴鴻

---

2 楊奎松，〈毛澤東與蔣介石的比較研究〉。取自《和訊讀書》網站http://data. book.hexun.com.tw/chapter-125-1-1.shtml。

3 南京大學教授張憲文與筆者閒聊時，曾不只一次的談此趣事。

4 齊東野，〈毛澤東與蔣介石的器量分析比較〉，《傳記文學》，第六一三號，2013年6月，頁43。

超引用毛的生動俗語，說是他與蔣兩人的主要統治技術，是如何運用槍桿子和筆桿子。前者是用以擊敗敵人，取得與維護政權的工具；後者用以一統人心，發號施令的工具。兩人運用這兩項工具的方式截然不同，所得效果也大有差別。[5]

蔣毛二氏分別領導國共兩黨，皆以「兩支桿子」搞革命，歷經內戰、抗戰而至兩岸對抗，其對國家社會以及人民所造成的影響如何？是利是弊？是福是禍？就其個人而言，是功是過？爭論至多，是非莫辨。本章則擬就事論事，試從抗戰、內戰、兩岸三個角度，並參考各家之論，比較研究之。

二、蔣毛與抗戰

抗戰八年，贏得最後勝利，功莫大焉。過去國共雙方皆爭功諉過，國方說共方「游而不擊」，「破壞抗戰」；共方說國方「消極抗日，積極反共」，抗戰是中共領導的。近年論調，則有改變。例如近年由中共官方中共黨史出版社出版的《中國共產黨的七十年》，即有這樣的幾句話：「國民黨最高領導人（蔣介石）承認第二次國共合作，實行抗日戰爭，是對國家民族立了一個大功。」學者楊天石就此發揮，認為蔣對抗戰勝利是有功的，對世界反法西斯戰爭的勝利也有功的。抗戰勝利的結果：第一，促進了不平等條約的廢除。第二，促進了中國國際地位的提高。第三，收復失地，洗雪國恥。第四，促進

---

5 戴鴻超，〈蔣毛治國異同（二）〉，《傳記文學》，第六二五號，2014年6月，頁60。

了世界反法西斯戰爭的勝利。但此成功，固非蔣一人之功，而他順應天理和人情，領導抗戰，堅持到底，這些成績，自然和他個人密不可分。[6]美國學者陶涵對蔣領導抗戰之貢獻，評價為：

> 大戰結束，中國在蔣介石領導下，躋身世界五大強國之列，成為聯合國安全理事會常任理事國之一。在蔣主政下，他達成廢除一切不平等條約，終止中國百年之恥。除了外蒙古、香港、澳門和沙皇在東北之權利，他收復了前人失去的領土。難怪蔣在中國又成為全民擁戴的人物。[7]

學者戴鴻超更指出蔣為統一與鞏固中國國土所作出的貢獻，並未贏得公眾應有的認識。就是他交互運用軍事和外交措施，控制了中央政府多年來沒有實際統治的三大區域：川黔桂等西南區域；雲南、新疆邊疆區域；青海、寧夏、甘肅、西康等內陸區域。二十世紀之初的幾十年間，中央在上述省份，都處於缺位狀態。而在中日戰爭結束之際，蔣已成功地在這些地方建立起中央統治的權勢。此外，他還光復了東三省和臺灣。所有這些國土加在一起，共占中國總面積的三分之二。[8]這是一項少為眾所注意的創見。

至於毛澤東在抗戰中扮演的角色如何？大陸學者認為：「毛澤東關於持久戰的思想，在國民政府上層軍事領導者中，產生了良好的影

6　楊天石，〈蔣介石與中國抗戰〉，《找尋真實的蔣介石：蔣介石日記解讀》（香港：三聯書店，2008年），附錄，頁508-510。

7　陶涵著，林添貴譯，《蔣介石與現代中國的奮鬥》，頁731。

8　戴鴻超，〈試論蔣介石、毛澤東功過〉，《傳記文學》，第五九六號，2012年1月，頁12。

響。周恩來、朱德等多次向國民黨方面就軍事建設、軍事戰略方針和部署問題，提出了有價值的建議。在戰役戰鬥上的配合，也不乏其例。」[9]簡言之，屬於配合的角色。

惟據莫斯科共產國際派駐延安的聯絡員彼得・佛拉第米洛夫（Peter Vladimirov）的觀察，認為毛在利用抗戰，無意對日作戰。他說：

> 到前線去了一次，使我堅定的深信，中共領導階層並無意於與日軍作戰。他們把戰爭看做是一個建立他們自己基地的絕好良機，不是由他們的部隊進行戰爭，而是由互相對抗的另外兩造來進行：日本人和國民黨。如果日本擊敗國軍，中央政府的權力受到破壞，八路軍的部隊便立即滲入到那個地區。如果必要的話，他們便幹掉他們在統一陣線中袍澤戰友，來攫取政權。
>
> 毛澤東在來犯的敵軍之前退卻後撤，尋找一個機會，使中央軍和日軍的衝突，成為對他有利之事。[10]

據毛澤東1973年和他的兩個親信王洪文、張春橋一次談話，談到抗戰問題，毛說：實際希望日本人「最好打到重慶、西安去」，「最好把蔣委員長也打死」，「中國的地方越占得多越好」。[11]

1958年7月31日，毛澤東在廬山召開的中共中央常委會上，與林

---

9 張憲文，〈總論〉，《中國抗日戰爭史》（南京：南京大學出版社，2010年），頁12。

10 彼得・佛拉第米洛夫（Peter Vladimirov）著，周新譯，《延安日記》（臺北：聯經出版公司，民國65年），1942年9月16日至30日。頁86-87。

11 嚴之貴，〈毛澤東與抗日戰爭〉，《傳記文學》，第五九六號，2012年1月，頁25-26。資料原引：毛澤東，〈與王洪文張春橋的談話〉，記錄：王海容、唐聞生。胡佛檔案館藏。

彪、彭德懷之間的對話，談到抗戰的問題，也有類似的意思。根據當時的會議記錄：

「主席（毛）：打蔣介石十年，打紅了眼；抗日一來，蔣介石突然漂亮了。不知道這是暫時的朋友，不久以後的敵人。

林彪：平型關吃了虧，頭腦發熱，是（任）弼時作的決定。

主席：一些同志認為日本占地越少越好，後來才統一認識：讓日本多占地，才愛國；否則變成愛蔣介石的國了。國內有國，蔣、日、我，三國志。

林彪：百團大戰是大戰觀念。

主席：三個師只三萬二千人，號稱四萬八。當時打大戰觀念轉不過來，本應該分散發動群眾。

彭總：百團大戰……是幫了蔣介石的忙，但對以後整偽軍有好處。華北會議，鬥了我（彭），以後對守紀律比較注意。」

8月1日，毛在會中繼續說：

「同蔣介石抗日聯合是暫時的，……互相利用，暫時同盟。……不願國民黨擴大，準備條件消滅之。」

根據以上資料，學者認為：「毛澤東晚年，將抗日大功一股腦地攬在自己身上，以及所謂抗戰是中共領導的，中共是抗戰的『中流砥柱』等一類說法，和歷史事實相距多麼遙遠！」[12]

國民黨方面對於中共抗戰態度的看法，亦多與上述情況相同，例

12　嚴之貴，〈毛澤東與抗日戰爭〉，《傳記文學》，第五九六號，頁26-27、30。
　　資料原引：李銳，《廬山會議實錄》（春秋出版社、湖南教育出版社，1989年）。

如蔣介石告知來華訪問的美國副總統華萊士（Henry Wallace）說：
「共產黨希望看見中國的抗日垮臺」，「祈禱國民黨將先於戰爭結束
而崩潰，因為這個崩潰將使他們取得政權。」[13]

　　1941年4月13日，日蘇簽訂中立條約，日本解除後顧之憂，得以
集中兵力，用於中國戰場。即動員六個師團以上兵力，進攻黃河北岸
中條山國軍根據地。5月5日，蔣令參謀次長劉斐面詢周恩來，共軍
能否擊敵，或即放棄抗日立場？周答即電延安。[14]毛回電說：「國民
黨現已大慌，卻仍想用激將法使我為他拚命，……對配合作戰，可滿
口答應，請其速發餉彈等。」[15]5月10日，第一戰區司令長官衛立煌
致電彭德懷要求八路軍予以配合。對此，毛澤東致電彭等說：「在太
南、太岳兩線者于戰事發生時，雖不是猛打，但應準備施行之，在其
他地區者只做樣子，不應實施。」[16]

　　毛氏行徑，正如軍令部長徐永昌所瞭解的，其在《日記》中記云：

　　　　共軍之打敵與否，全視與彼有利與否；如有利，我不要求，
　　彼亦打（開〔抗〕戰前及開戰初為然）。否則乘我要求答我以必
　　打（是〔其〕實是看我打，遇機尚要撿我便宜）而不打。事前是

---

13 楊天石，〈蔣介石何以拒絕在《延安協定》上簽字〉，《傳記文學》，第六一
　　八號，2013年9月，頁5。原據資料：《華萊士副總統與蔣介石主席談話紀錄摘
　　要》。
14 《徐永昌日記》，民國30年5月5日。第六冊，頁101。
15 嚴之貴，〈毛澤東與抗日戰爭〉，《傳記文學》，第五九六號，頁27-28。資料
　　原引：〈毛、朱、王、葉關於對日寇進攻形勢的分析與我們的方針致彭、左等
　　電〉。
16 嚴之貴，〈毛澤東與抗日戰爭〉，《傳記文學》，第五九六號，頁28。資料原
　　引：〈毛澤東關於配合衛立煌作戰問題致彭、左電〉，1941年5月10日。

宣傳，事後是要求。[17]

抗戰期間國共之磨擦，尤其在華北敵後地區的衝突，可謂兩敗俱傷，據參謀總長何應欽1942年11月在國民黨中央全會之報告，謂日軍在華北實施其所謂強化治安運動，對晉冀察魯的我方游擊區，大舉進攻。我方以往在此地區可以一軍一師的部隊自由出入，襲擊敵軍。但自去年（1941年）我軍退出這個地區後，十八集團軍（中共軍）在日軍的進攻下，也不能存在；尤其河北平原自平漢路以東一直到海邊，我軍現在一連一營人進去都極困難。何見到共軍的師長林彪時，問他共軍在華北敵後能否有一營人的活動，林說一連都很困難。何對林說：「你們以前要和我們自相殘殺，要趕走我們的軍隊，現在還不是同歸於盡！否則就不會有這種情形。」林無言以對。[18]

事實上，共軍在抗戰過程中，並非無所表現。學者認為中共動員基層農民，建立敵後根據地，雖然無法阻止日軍的侵略，但可以阻止日軍擴大和鞏固其占領區，也可以阻止日軍達到以戰養戰的目的。[19]

至於蔣氏領導抗戰，雖有大功，但也不無錯失，即以淞滬會戰而言，學者認為蔣犯了戰略上的錯誤，以七十萬軍隊用於消耗戰，只知用正規軍去抗日，不懂得像毛澤東在《論持久戰》中所謂深厚的偉力，存在於民眾之中。而其更大錯誤，是在抗戰過程中，堅持反共及

---

17 《徐永昌日記》，民國30年5月9日。第六冊，頁103。

18 何應欽，〈十八集團軍在北戰場之態勢〉，民國31年11月18日，國民黨五屆十中全會軍事報告速紀錄。國民黨黨史館藏。

19 陳永發，《中國共產革命七十年》（臺北：聯經出版事業公司，2001年，二版），上冊，頁367。

一黨專政，致埋下戰後內戰的伏筆。[20]

平情而論，西安事變，和平解決，促成國共合作抗日，取得抗戰勝利，此為值得肯定之事。但在抗戰時期，不斷磨擦，彼此防範，相互攻擊，不僅抵消抗戰力量，且為同盟友邦所輕視。雅爾達密約之被出賣，蘇聯漁利，外蒙脫離；戰後為爭奪政權而內戰，造成極大的災難，生靈塗炭，國共及蔣毛二氏均難辭其咎也。

三、蔣毛與內戰

中國近代以來，內戰不息，致召外侮，似成定律。軍閥割據時期的混戰，中國幾遭瓜分與共管。南京國民政府時期，中原大戰後，而有九一八事變之大國難。軍閥之內戰，兵與槍為其命脈，權利與地盤為其爭奪的目標。[21]對於國家民族，有害而無益，甚至可謂禍國殃民。縱是內戰禍首之一的奉軍首領張作霖，亦視內戰為不光榮之事。1924年12月4日，孫中山晤張於天津，對其推倒曹錕、吳佩孚之功，表示賀忱之意時，張直率而答曰：「自家人打自家人，有什麼大驚小怪！更談不上可喜可賀。」場面一度為之尷尬。[22]至於國共內戰，是否可作如是觀？此為值得思考之問題。

國共前後兩次內戰，學界曾有不同的評價，前次十年勦共內戰，蔣行安內攘外之策，頗有不以為然者，認為國難當頭，槍桿對內，鎮

---

20 楊天石，〈蔣介石與中國抗戰〉，《找尋真實的蔣介石》，附錄，頁510-511。

21 郭廷以，《近代中國史綱》，頁487。

22 蔣永敬，〈孫中山晚年北上與最後的奮鬥〉，《國民黨興衰史》（增訂本）（臺北：臺灣商務印書館，2009年），頁256。

壓異己，有違國家民族利益。但由於此策對中國之統一與抗戰之準備，成效卓著，故亦受到史家之肯定。認為蔣之安內政策，在先求國民黨自身的一致，首先促成寧粵團結。1932年2月，所擬訂的對日作戰全盤計劃，特別重視大後方的經營。鄂、豫、皖勦共軍事結束，中央軍移駐甘肅，趕築公路，準備開戰時將中央政府遷往西北。第五次圍勦完成，整飭行政，推進建設，中央權力及於西南三省，此為二十年來未有之事，改定四川為將來抗日根據地。此為蔣的統一成就。[23]

學者黃仁宇在其所著《從大歷史的角度讀蔣介石日記》中，對於蔣在安內攘外這段期間的貢獻，即曾指出：

> 很少人能想及，即使蔣氏自己也可能未曾料及，自九一八事變至盧溝橋抗戰開始前的五年九個餘月的時間，也是他一生對祖國最有貢獻的一段時間。其貢獻的方式，不是戰勝攻取，而是忍辱負重。[24]

近年大陸學者對於蔣之安內攘外政策，亦多持以肯定的態度。認為從蔣的執政立場而言，不完成國家統一，聽任地方割據；甚至在前面抗戰，而在後方乘虛而入，如何能集中力量來抵禦外侮！[25]

也有學者認為蔣在十年勦共或十年內戰時期，提出了「攘外必先安內」的方針，是為要攘外，要反對日本侵略，當然要內部團結，要

23 郭廷以，《近代中國史綱》，頁665。
24 黃仁宇，《從大歷史的角度讀蔣介石日記》（臺北：時報文化出版公司，2013年，二版），頁127。
25 楊奎松，〈毛澤東與蔣介石的比較研究〉。取自《和訊讀書》網站data.book.hexun.com.tw/chapter-125-1-1.shtml。

統一，要穩定，否則，怎能攘外？從這個意義上說，「攘外必先安內」這六個字，有它合理的因素。[26]

至於戰後的國共內戰，與戰前的國共內戰，殊不相同，戰前的國共內戰，是為準備攘外；戰後國共內戰，則為爭奪政權，實無必要。因為八年抗戰，已是民窮財盡，人民流離失所，無不渴望和平，休生養息。內戰不僅違反民心，更是違背時代潮流。故在抗戰結束之前，國共雙方已在進行和平商談，國方的代表為張治中、王世杰，共方的代表為周恩來、林祖涵，從1944年5月到9月，以及1945年2月，前後經過六個月的商談，且有美國駐華大使赫爾利從中調解，均無結果。其原因，據王世杰的報告：說是中共的要求，不斷的在變；政府是委曲求全，中共不讓步；中共的報紙攻擊國民黨，國民黨則否。這是為了避免在國民前和國際上、社會上造成嚴重的形勢，故對共方的宣傳攻勢，「採用少說話」的方式。[27]

至於共方，則是無所顧忌，而其聲勢一天天的提高，就是宣傳占了上風，使美國的輿論同情它。[28]這是因為談判期間，正值日軍「一號作戰」，國軍連遭挫敗；復以史迪威（Joseph W. Stilwell）事件，中美關係陷於低潮。而國方所顧慮者，則為目前對敵戰事，既迭遭挫折，中共方面之叫囂固意中事；倘因史迪威事件之爭執而使中美聯軍不能成立，則中國東三省與蘇聯之關係乃至中共問題，均將更趨複雜

26　楊天石，〈蔣介石與中國抗戰〉，《找尋真實的蔣介石》，附錄，頁496。
27　王世杰，〈國共談判情形報告〉，民國34年2月16日，國防最高委員會第一五五次常務會議速紀錄。
28　孫科之發言，國防最高委員會第一五五次常務會議速紀錄。

而危險。[29]故當時國共談判，國方力求妥協。中共反而不斷升高其要求，迫使國方難以接受，以致談判不成。中共代表周恩來則認為是「由於國民政府在談判中堅持要中共交出軍隊，堅持不結束一黨專政，反對民主的聯合政府，所以談判毫無結果。」蔣介石認為：「組織聯合政府，無異於推翻政府。」[30]

　　由於內戰對中國和執政的國民黨絕對不利，故「委曲求全」，以求避免內戰。相對而言，對於革命、亟圖推翻國民黨政權取而代之的共產黨，則有其需要。毛澤東看準了蔣的這一「盲點」，在日本宣布投降的前一天，即曰：「蔣要放手發動內戰，也有許多困難。」[31]但毛氏必欲將內戰責任，歸諸蔣氏，硬說蔣要內戰。故同一天，毛在延安《解放日報》發表〈蔣介石在挑動內戰〉一文指出：「對於蔣介石發動內戰的陰謀，我黨所採取的方針是一貫的，這就是堅決反對內戰，不贊成內戰，要阻止內戰。」[32]與此同時，毛又指示所屬：在蘇聯參戰，日本投降之時，「應乘機擴大地區，奪取武裝，奪取小城市，發動羣眾，準備內戰。」[33]

　　蔣則深知內戰對其不利，認為「如有萬一轉機，絕不願冒此艱危，使人民再受戰亂苦痛；而國內經濟與幣制狀況，如再兵連禍結，社會將起不安，共匪更可乘機煽亂矣。」[34]因此，蔣在日本宣布投降

29《王世杰日記》，民國33年9月29日、30日。第四冊，頁408。

30《周恩來年譜》，1945年2月13日、15日。頁602。

31 毛澤東，〈抗日戰爭勝利後的時局和我們的方針〉，1945年8月13日。《毛澤東軍事文集》，第三卷，頁15。

32《毛澤東年譜》，1945年8月13日。下卷，頁4-5。

33《毛澤東年譜》，1945年8月10日。下卷，頁1。

34《蔣介石日記》，民國34年11月9日。

之時,即曾三次電邀延安毛澤東來渝商談。故有1945年8月28日至
10月11日重慶會談,蔣毛握手的一幕。但由於兩方地位和力量之差
距,對於和的需求,各不相同。蔣的需求是軍令、政令的統一。毛之
需求,是其已經控制的地區,求其合法化。前者是要改變現狀,做到
實質的統一;後者是先斬後奏,造成事實,維持形式的統一。兩者需
求雖異,但是亦為和解的良機。因為國方此時居於優勢,需要和平;
共方處於弱勢,要求條件不高,且在史達林壓力下,故其提出的條
件,只限於地方政權,較之後來的政治協商的條件,寬鬆多了。政治
協商是在美國駐華特使馬歇爾將軍對蔣的壓力下,作成的決議,除了
承認中共重慶會談所要求的地方政權外,且接受共方更大的加碼。其
中最大的加碼:政治協商會議就是共方所堅持的黨派會議,其所決議
的擴大政府組織案,實即聯合政府;亦即毛澤東的《論聯合政府》的
路線,是中共長期的奮鬥目標。[35]此案在重慶會談時,共方為求妥
協,根本未提。[36]在政協提出並被接受。所以蔣曰:「政治協商會議
中所決議各事,其實皆已逾越其(中共)所希冀者矣。」[37]

　　蔣作此重大讓步原因,是希望國民代表大會能夠順利開成,並使
共軍改編為國軍。[38]更重要的,是為換取和平,實現政協所通過的
《和平建國綱領》,達到「全國力量在蔣主席領導之下,團結一致,
建設統一、自由、民主之新中國。」[39]但這些希望,均告落空。此亦
蔣之失算也。

35　周恩來,〈談判使黨贏得了人心〉,1946年11月21日。《談判文選》,頁706。
36　重慶會談第一次談話會紀錄,民國34年9月4日。《戰後中國》(二),頁47。
37　《大事長編》,民國35年1月31日。卷六,上冊,頁32。
38　《王世杰日記》,民國35年1月30日及2月3日。第五冊,頁259、263。

重慶會談中，共方所提條件，雖不滿意，並非不可接受。而政協條件，蔣在美馬壓力下而接受之。正是所謂「敬酒不吃吃罰酒」。在有利時機，未能掌握；不利時機，雖欲求之，而不可得矣。蔣深悔自反曰：

> 政治全在把握時機，必須劍及履及，速決速行，不可錯過，以待第二時機。否則稍縱即逝，時不再來，機亦不必再得也。余之一生多少黃金時代與特別機勢，皆為余臨時不決或處（置）無口（度），以及待至下一時機意念所誤。[40]

前次十年勦共，國共力量懸殊，毛不能敵，乃「逼蔣外戰」（抗日），這是「借刀殺人」。戰後中共羽毛已豐，毛乃「逼蔣內戰」，使之「自殺」。毛氏之計，至為狠毒。即如莫斯科派駐延安的佛拉第米洛夫的觀察，認為「毛澤東的立場已很明顯，主要的事是把蔣介石迫入絕境，也就是發動一次內戰。」[41]又云：毛澤東的主要目的，是不計代價，在國內奪取政權。中共1945年6月召開的全會，便在準備內戰。不論與會代表講了些什麼話，歸根到底，便是和國民黨開戰。[42]是以蔣在被動形勢下，以戰逼和，毛是戰而不和，以拖待變；周恩來則利用馬歇爾之調解，談而不和。前者是將內戰的罪責，歸之於蔣；後者是將和平的假象，歸之於己。即如周恩來所云：經過和

---

39 〈政治協商會議協議事項〉，民國35年2月1日。《戰後中國》（二），頁21。

40 《蔣介石日記》，民國38年3月24日。轉引陳鐵健、黃道炫，《蔣介石：一個力行者的思想資源》（太原：山西人民出版社，2012年），頁185。

41 佛拉第米洛夫著，周新譯，《延安日記》，1945年2月21日。頁372。

42 佛拉第米洛夫著，周新譯，《延安日記》，1945年6月26日、28日。頁473。

談，把「中國共產黨的和平、民主方針與蔣介石的獨裁內戰方針，為
羣眾所認識。」而中共所需要的「是和平、民主、團結、統一，而以
武裝鬥爭為根本。」用以「戰勝蔣介石集團」。「和平雖不可能，但
為了教育人民，談判是必須的。」[43] 為此，中共乃在全國各地發動
「反內戰」運動，幾乎使國民黨難以招架。當時擔任國方談判代表的
徐永昌記其所感曰：

> 中共日日在發動攻戰，而同時又日日發動反內戰，陰險極，
> 亦巧妙極！其中共以外之人士，為其所迷惑，無乃愚蠢極！[44]

迨至和談決裂，毛乃大大地鬆了一口氣說：「中國人民中間以及
我們黨內都有打不打的問題，但這個問題現在是解決了，剩下的問題
便是勝不勝。現在揭破蔣的陰謀、清除和平幻想，已退為第二位的問
題。第一個問題就是要建立堅定的勝利信心。」遂即提出「打倒蔣介
石」的工作。[45] 這是 1946 年年底的事。

1947 年開始，毛即發動大規模內戰，僅僅兩年的時間，到了
1949 年開始，蔣即被「打倒」而宣告下野。

於此可以了解，要內戰而不要和平者，以毛氏為主，蔣氏為從。
蔣雖明知內戰對其不利，必欲以戰逼和，終致敗滅，使毛得遂其願，
此為蔣之重大失策。

---

43 《周恩來年譜》，1946 年 11 月 21 日。頁 706。
44 《徐永昌日記》，民國 36 年 5 月 29 日。第八冊，頁 422-423。
45 《毛澤東年譜》，1946 年 11 月 21 日。下卷，頁 150。

四、蔣毛在兩岸

　　戰後國共四年內戰，毛勝蔣敗。毛在 1949 年 10 月 1 日的開國大典上，宣布中華人民共和國和中國人民政府的成立。從此，「中華人民共和國是工人階級領導的、以工農聯盟為基礎的人民民主專政社會主義國家。」[46]不再是孫中山以三民主義所創立的中華民國。此舉反予蔣氏以大好機會，使中華民國和三民主義繼續在臺灣生存發展，與中華人民共和國相對峙。

　　大陸與臺灣，無論就面積和人口而言，均不成比例，但兩人在兩岸留下的歷史紀錄，卻大有不同。蔣在臺灣的成就，即如美國學者陶涵的評述：在臺灣的二十六年期間，蔣主持一個穩定、和平的微型中國，有機會建設國家；以經濟和社會指標而言，他相當成功，替臺灣的經濟奇蹟奠定基礎──這份成績在他撒手人寰時，可謂功大於過。[47]

　　至於毛氏，雖有廣土眾民的大陸政權，但其經濟建設，遠差於蔣在臺灣的成就。據大陸學者的評析，認為蔣去臺灣，始終堅持穩定高於一切，對臺灣經濟建設就有相當幫助。毛則相反，在其政權鞏固後，不再有戰戰兢兢、如履薄冰之感，其特性中之浪漫主義自然顯露出來，從大躍進到文化大革命，為追求和實現自己理想目標，發動一次又一次運動，使得人們始終處於你死我活鬥爭之中，幾乎沒有可能集中精力經濟建設。大陸經濟之所以落後臺灣，與此不無關係。此外，蔣在臺灣威權統治，只著重於政治及軍事，並不干預經濟。在經

46《中華人民共和國維基百科全書》。取自維基百科 zh.wikipedia.org/zh-tw/ 。

47 陶涵著，林添貴譯，《蔣介石與現代中國的奮鬥》，下冊，頁 732。

濟上大搞「專家治國」，實行自由經濟，任用一批從美國留學回來的知識分子，用經濟的方法，改造臺灣。大陸恰恰相反，與毛對專家和知識分子看法有關。毛總強調「卑賤者最聰明，高貴者最愚蠢」和「書讀得越多越蠢」之類的道理。自詡為「小人物」代言人，鼓動「小人物」來打倒大人物。毛痛批知識分子的言論，有時相當激烈，歷次發動大批判和政治運動，使知識分子難以接受。中國經濟在很長一段時間內搞不上去，與毛不尊重知識分子，實有關係。[48]

不過，蔣在臺灣，也做了一些錯事，例如1947年的「二二八」事件，未能有效制止，以及1949年撤守臺灣後頭幾年的大規模行刑。這些行為在在違反人性，而且以蔣本身的目標來講，也沒有必要。即使毛澤東在中國大陸已經和平時也殺了數以百萬計的無辜人民，並不能改變蔣氏此一錯事。[49]

毛在大陸大肆屠殺，是在1951年1月，他接到地方資料，有一個中共軍在湘西二十一個縣，共殺了「匪首惡霸特務」四千六百餘人。毛認為這正是重新掀起鎮反運動的時機，隨即親自掌握全國鎮反工作，四天之內，連下數道指示，要求嚴厲鎮反。要在上海、南京、廣州各地各殺數百人、數千人不等。自2月起，北京、天津、重慶等大城市遂開始大殺「反革命分子」，在3月間殺了一百五十人，毛指示要在年底前再殺八百五十人。[50]

---

48 楊奎松，〈毛澤東與蔣介石的比較研究〉。取自《和訊讀書》網站 data.book.hex-un.com.tw/chapter-125-1-1.shtml。

49 陶涵著，林添貴譯，《蔣介石與現代中國的奮鬥》，下冊，頁731。

50 陳永發，《中國共產革命七十年》，上冊，頁572。原據資料：毛澤東，《建國以來毛澤東文稿》。

　　據這年5月中共的全國公安會議為了貫徹毛的指示，作出具體的規定：「關於殺反革命分子的數字，必須控制在一定比例內，其農村不應超過千分之一，城市不應低於千分之一。」這一運動的結果，據中共公安部副部長徐子榮1954年1月的報告：「前後共逮捕二百六十二萬餘人，處死七十一萬二千餘人，監禁一百二十萬九千餘人，管制一百二十餘萬人。」就處死人數而言，是人口的千分之一點二。與毛的「比例」指示相符合。[51]

　　另一數據顯示：當時中共中央決定把殺人的數字限制在人口的0.05％到0.1％之間。假定大陸人口是六億，則應殺三十萬至六十萬人。估計被殺的，可能為五十萬人，二百五十萬人被捕。[52]以上兩項數據接近。

　　而其更為殘酷的，是為鎮反運動中的實行土地複查，特別強調階級鬥爭，致有一、兩百萬的地主被殺，而其家屬則被掃地出門，流為農村中的賤民。[53]

　　當時廣東省即流行這樣的一個口號：「村村流血，戶戶鬥爭」。全國被鬥爭而喪生的人民，更估計為二百萬到四百五十萬之間。[54]

　　大陸人民最大的災難是毛澤東號召的大躍進，造成三年（1958-1960）大饑荒，根據中共公布的人口統計，從1958年到1960

51　戴鴻超，〈蔣毛治國異同（七）〉，《傳記文學》，第六三〇號，2014年11月，頁88。

52　陳永發，《中國共產革命七十年》，上冊，頁575。原據資料：毛澤東，《建國以來毛澤東文稿》，卷二，頁267。

53　陳永發，《中國共產革命七十年》，下冊，頁594。

54　戴鴻超，〈蔣毛治國異同（七）〉，《傳記文學》，第六三〇號，2014年11月，頁89。

年的「非正常」人口死亡率，分別為 11.98％、14.59％、25.43％。據中共內部資料研究，全部死亡人數在四千三百萬到四千六百萬之間。[55]

此外，以筆者的故鄉安徽省定遠縣為例，據該縣 1996 年出版的《定遠縣誌》記載：1959 年戶數為 144,083 戶，人口為 642,984 人，出生率為 18.15％，死亡率為 20.02％。1960 年戶數減為 114,377 戶，人口減為 468,807 人，出生率為 5.45％，死亡率為 31.32％。實際戶數減少了二萬九千餘戶，人口減少十七萬四千餘人。據《縣誌》記述：1959 年至 1960 年，「因工作上的失誤和自然災害原因，出現大量死亡，人口銳減。」換言之，即是人禍造成天災。《縣誌》並記述對「四類」分子的管制、改造。所謂「四類」分子，是指地主分子、富農分子、反革命分子及壞分子。經過鎮壓和土改運動，除「依法」懲處外，則實行「靠人民羣眾就地監管、勞動改造政策。」對全縣「四類」分子進行全面清理，將四千四百三十名「四類」分子認定其類別，施以長期勞動。一直到 1979 年以後，始告解除。

如以該縣為例，在鎮反、土改中，被監管四千餘人；1960 年大饑荒死亡十七萬四千餘人，依此推算，中國全國約為三千個縣，被懲處、監管、勞改的人，應不少於千萬；而大饑荒死亡的人數為四千萬人以上，應是可信的數字。

但在毛氏看來，大躍進帶來許多人的死亡，沒有甚麼了不起。他在 1958 年 12 月 9 日中共八屆五中全會中以調侃的語氣說：「人要不滅亡那不得了。滅亡了有好處，可以做肥料。」1959 年 11 月 21 日又對中共的高級幹部說：「我（毛）看搞起來（大躍進），中國非死亡

55　陳永發，《中國共產革命七十年》，下冊，頁 753。

一半人不可；不死一半，也要死三分之一或者十分之一，死五千萬人。」[56]

　　隨之而來的，是毛澤東發動的十年（1966-1976）文化大革命，更是慘不忍睹。從1966年5月開始，北京的中等學校出現一個紅衛兵的組織，響應毛澤東造反的號召，批鬥學校負責人和師長，僅在北京西城區，便有七個中學校長被活活打死。隨後各黨政機關和工廠企業中也出現造反派的組織，鬥爭當權派。1967年1月，中南海內部的造反派包圍國家主席劉少奇住宅，對劉大肆批鬥。等而下之者，遭受批鬥的高級幹部，包括政治局常委、書記局書記、國家副總理、軍隊老帥、政府部長、軍區司令和省委書記等，比比皆是。其中如「十大將」之一的羅瑞卿，被毛打為反黨分子，在文革中跳樓自殺未死，跌斷雙腿，造反派仍不放過，把他放在籮筐裡，拖到鬥爭會場，所過之處，血跡斑斑，作無休止的批鬥。[57]

　　明史專家吳晗，抗戰時期執教西南聯大，加入民盟，解放後任北京副市長。加入中共，「唯毛是從」，文革時期，為《海瑞罷官》事，被批鬥毒打，據其養子吳彰回憶：「我永遠忘不了他們（紅衛兵）把爸爸綁跪在烈日下的枯樹幹上，往他脖子裡灌曬得滾燙的沙子。他們掄起皮帶抽他，揪他的頭髮，擰他的耳朵，用各種想得出的法子侮辱他。……以後我們聽說爸爸戴著手銬被押到人民醫院看病，他滿頭的白髮被揪光了，還大口大口地吐著鮮血。」1968年吳晗被

56　戴鴻超，〈蔣毛治國異同（七）〉，《傳記文學》，第六三〇號，2014年11月，頁90。

57　陳永發，《中國共產革命七十年》，下冊，頁809、813-814。

公安逮捕，1969 年 10 月 11 日死在獄中。還有吳妻、老共產黨員袁震，雖臥病多年，仍被送去勞改。[58]

劉少奇，原為毛之親信，確立毛的「尊神」地位，曾有大功。只因毛發動大躍進，引來大飢荒，劉如實指出「三分天災，七分人禍」。毛被迫檢討敷衍了事。但兩人再起爭論，劉憤而說：「餓死人要上歷史」。由此毛耿耿於懷，發動文革，將其折磨至死，最後用假名火化。至於彭「大將軍」德懷，只因盧山會議為饑民請命譴責大躍進，成了囚徒，文革中多番批鬥，打斷三根肋骨，也被折磨至死。[59]

以上所舉，僅是其中少數的例子而已。至於十年文革究竟有多少人遭受迫害而致死亡？葉劍英 1978 年 12 月 13 日在中共中央工作會議閉會式時說：整了一億人，死了二千萬人。學者認為此一數字無法證實。美國學者魯密爾（R. J. Rummel）研究估計死亡人數為七百七十三萬。海外華裔學者丁抒在《開放》發表文革死亡人數為二百萬左右，為以後若干著作所採信。[60]

一項比較保守的數據，認為死亡人數是一百七十二萬八千餘人，其中黨員幹部占 9.4％，為十六萬二千餘人，知識專業界人士占 14.6％，為二十五萬二千餘人。此外為一般群眾。在整個文革期間，共有四百二十餘萬人被關押和隔離審查，其中一百三十餘萬人為公安機關

58　齊東野，〈毛澤東與蔣介石的器量分析比較〉，《傳記文學》，第六一三號，頁 31-32。

59　齊東野，〈毛澤東與蔣介石的器量分析比較〉，《傳記文學》，第六一三號，頁 35-36。

60　金鐘，〈最新版文革死亡人數〉。取自 secretchina.com。（2012 年 9 月 20 日，香港）

拘捕，判處死刑的有十三萬五千人。[61]

　　惟據最新版的文革死亡人數達三百四十二萬，失蹤五十五萬，認為接近中外學者研究推算的數字。[62]

　　儘管文革死亡的人數，不及大躍進的十分之一，但其造成的嚴重影響，遠超過大躍進。紅衛兵在「革命無罪，造反有理」的口號下，帶來極大的破壞。不僅摧殘中國的歷史文物及倫理道德，也影響了人民生活及社會秩序，交通、生產為之大亂。為了「破四舊」，他們闖入知識分子、富人及官員的家中，焚書、羞辱，甚至毒打，殺死屋主。破壞寺院、道觀、佛像和名勝古蹟、字畫、古玩等。

　　十年文革對教育文化的破壞，也是極嚴重的。全國所有學校進入停課狀態，大學入學考試被取消。紅衛兵占據學校，批鬥教師，甚至將教師打成「牛鬼蛇神」，圖書、藏書被焚燒，在校園發動武鬥，教師被羞辱、打罵，大多數教師被下放作體力勞動，有些則遭到殘酷對待，財產被沒收，知名學者往往不堪羞辱，選擇自殺。[63]

　　比起秦始皇，毛澤東發起的文化大革命，對中國文化遺產造成了不可彌補的損失。文物被掠奪損散，書籍被焚毀，損失之大，難以想像。秦始皇在兩千多年前焚書坑儒，遭到了後人世世代代的譴責，但他僅處死了四百六十個儒生，焚毀了不明數量的書籍，與毛在文化大革命中所破壞的相比，秦始皇對中國文化的摧殘算是「小兒科」了。[64]

61　陳永發，《中國共產革命七十年》，下冊，頁846。

62　《文化大革命》。取自 zh.wikipedia.org/zh-tw/。

63　金鐘，〈最新版文革死亡人數〉。取自 secretchina.com。（2012年9月20日，香港）

64　戴鴻超，〈試論蔣介石、毛澤東功過〉，《傳記文學》，第五九六號，頁17。

　　造成文革大災難的毛澤東，也受到歷史的裁判。1981年6月27日中共十一屆六中全會通過《關於建國以來黨的若干歷史問題的決議》：文化大革命是「由領導者（毛澤東）錯誤發動，被反動集團（林彪集團和江青集團）利用，給黨、國家和人民帶來嚴重災難的內亂。」並指出毛澤東應為「這一全局性的、長期間的左傾嚴重錯誤」，負主要責任。[65]但遺憾的，這項決議文又承認：「他（毛）對中國革命的功績，遠遠大於他的過失。他的功績是第一位的，錯誤是第二位的。」事實上，這項決議，也無意地揭露了毛的災難性政策，對廣大群眾以及持異議的同志的損害，則是無以復加。[66]

　　當毛澤東在大陸鬧得天翻地覆之際，蔣在臺灣表現如何？有謂蔣初到臺灣，也有一段時期的恐怖統治，蔣經國掌管內部安全事務，首要工作在肅清潛伏軍中的共諜，1950年上半年破獲三百件共諜案。據蔣經國的副手王昇說：這段期間被祕密警察逮捕的人之中，有百分之五十遭到槍決。同時在高級將領及官員中，如孫立人、吳國楨等，也可能遭到蔣經國人馬的祕密監聽。[67]故有學者認為蔣在臺灣逮捕了一批共產黨人和無辜的百姓，造成白色恐怖，是其一大過錯。[68]

　　最為學者詬病的，是蔣在臺灣施行的戒嚴體制，長期存而不廢。從1949年起直到1987年蔣經國去世前一年，才被解除。在一個地區

65　金鐘，〈最新版文革死亡人數〉。取自 secretchina.com。（2012年9月20日，香港）

66　戴鴻超，〈試論蔣介石、毛澤東功過〉，《傳記文學》，第五九六號，頁18。

67　陶涵著，林添貴譯，《蔣介石與現代中國的奮鬥》，下冊，頁542。

68　楊天石，〈蔣介石其人〉，《找尋真實的蔣介石：蔣介石日記解讀》（三）（香港：三聯書店，2014年），頁427。

實行長達三十八年的戒嚴，全世界絕無僅有。[69]

　　相對而言，臺灣有此將近四十年的安定，才有亮麗的經濟發展。如美國學者陶涵所述：1951年至1964年，美國經濟援助合計十五億美元，占這段期間臺灣資本形成的四成左右，大部分投資在基礎建設和人力資源上面。技術官僚在高階層決策官員領導下，結合許多經濟、財政專家，組成一支高度幹練、相當誠實的專業技術官僚團隊。從一開始，蔣就放手讓這些幹練的官僚去管理財政、經濟事務，包括美援運用和土地改革。農村復興委員會不僅參與土地重新分配，推動農家生產所得，也致力改善農村公共衛生。這是亞洲農村人口生活和平革命的開端，奠定臺灣1960年代城市經濟起飛的基礎。這項沒有暴力的改革，若與毛澤東在大陸沒收土地造成數百萬人喪命相比，尤其可貴。為了使人均所得增加，是快速擴張城市經濟，頭兩個四年計劃期間的進口替代策略，導致增加數以百計輕工業的新工廠，創造數以萬計的新工作機會，吸收過剩的農村勞動力，也減少政府赤字，挪出更多經費，從事基礎建設。十年下來，農村生活有了改善，人民所得差距降低。這段期間所得年增率為7.5％。到了1950年代末期，餐廳如雨後春筍冒出來，舞廳也出現，霓紅燈閃耀在各城市。[70]

　　縱是一向對蔣持以否定的學者，亦肯定蔣在臺灣的經建成就。認為蔣在通過土改、復興農村經濟的同時，還採取了以扶植民營企業為核心工業發展，到1959年，臺灣民營企業達十二萬七千多家，占臺灣工商企業總數的96％，資本額達工商企業資本總額的49.7％。蔣

69　陳紅民，《蔣介石的後半生》（杭州：浙江大學出版社，2010年），頁63。
70　陶涵著，林添貴譯，《蔣介石與現代中國的奮鬥》，下冊，頁608-611。

在 1953 年的〈雙十節講話〉號召推行「四年經濟建設計劃」，在此期間，農業年均增長 6.2 %，工業年均增長 11.7 %，均超過計劃指標。此後繼續推行第二個「四年經濟建設計劃」，在政策、投資各方面保證目標的實現，形成了計劃指導下的市場經濟發展模式。蔣氏這些措施，促進了臺灣經濟振興和發展，提高了民眾生活水準，緩和了社會的衝突。[71]

　　此外，蔣、毛分別在兩岸文化教育方面，一為建設，一為破壞，形成強烈的對比。文化方面，蔣在 1966 年 11 月 12 日孫中山誕辰一百週年發起中華文化復興運動，正是針對毛之文化大革命對中華文化的摧殘，蔣聲稱：「中華文化復興運動，就是要憑藉我們傳統的人本精神和倫理觀念，來喚醒這一代人的理性與良知，以建立起反共鬥爭真正堅強和必需的心理基礎與精神動力，才能徹底地消除共產邪說，摧毀匪偽政權。」[72]

　　文化復興運動的宗旨與目標：第一，以倫理道德為淑世之本。第二，以民主自由為福國之則。第三，以科學技術為正德利用厚生之實。其成果：第一，整理大量古籍。第二，出版中國歷代一百位思想家叢書。第三，編印中國歷代一百位忠孝人物故事及文選。第四，譯介西方名著。第五，翻譯英國人李約瑟著《中國的科學與文明》。第六，編印《中國科學技術史》叢書等。[73]

　　學者評論 1960 年代中期蔣介石推動中華文化復興運動，來對抗

71　陳紅民，《蔣介石的後半生》，頁 188-189。
72　《中華民國史事紀要》（臺北：國史館，民國 55 年），頁 1097。
73　《中華文化復興運動》。取自 zh.wikipedia.org/zh-tw/。

中國大陸的文化大革命。此一文化復興運動不但強調「內修自律的工夫」，而且「把倫理道德涵泳於日常生活教育之中」，以使每一個人「自進於正人君子之域」。這些政策都與蔣個人的想法和作法相互配合。[74]

教育方面，蔣於1967年8月17日命令公告實施九年國民義務教育。此一措施對於臺灣1970年代經濟起飛，奠定了人力資源的基礎。根據統計，臺灣2010年十五歲以上人口不識字比率降低至2.09％。小學畢業生繼續就讀國中比率，1966年為59.04％，1971年增至80.85％，2009年已達99.73％。扣除移民因素，幾乎將近百分之百。[75]

學者認為蔣到了臺灣以後，最大的變化是重視科學，把國民黨改稱科學的、革命的民主政黨，提出要用科學的理論和方法處理各種問題，當毛在搞文化大革命時候，蔣在臺灣提出八個字的口號：「科學第一，教育優先。」所以臺灣後來經濟起飛，跟蔣的基本政策與措施息息相關。[76]

惟毛氏抗美援朝戰役，學者則有至高的評價，認為「中國從1842年鴉片戰爭兵敗以後，從來沒有真正對外打勝過一次戰爭，八年抗戰也只是『慘勝』而已。中共卻能把世界最強大的軍隊打到必須講和，這實在令全世界刮目相看。」[77]但也有學者持以不同的看法，認為這一戰爭，是毛外交上和軍事上的錯誤，因為他為外國而非中國

---

74 黃克武，〈修身與治國——蔣介石的省克生活〉，呂芳上主編，《蔣介石日常生活》（臺北：政大出版社，2012年），頁367。

75 《臺灣九年國民義務教育》。取自維基百科 zh.wikipedia.org/zh-tw/ 。

76 楊天石，〈蔣介石其人〉，《找尋真實的蔣介石》（三），頁430。

77 陳永發，《中國共產革命七十年》，上冊，頁551。

的利益而進行軍事冒險，北韓金日成試圖利用戰爭統治整個朝鮮半島，史達林則為蘇聯使用半島上的不凍港，以及在冷戰中打擊美國的軍事力量而支援這場戰爭。毛為施行一面倒的外交政策，向史效忠，付出可怕的代價，五十三萬軍隊傷亡在外國的戰場上。[78]同時也使毛氏失去「解放臺灣」的機會，然亦臺灣之幸也。

五、總結

　　蔣毛二氏生長在同一時代，有相同的時代使命感，就是要中國的統一和富強。但由於兩人性格和信仰的不同，也就走向不同的道路。陶涵認為毛澤東雖然有他戰術上務實的一面，馬列主義的專制教條以及中國古代法家思想，打造他的嚴苛手段和不切實際的目標。就蔣介石而言，儒家的服從、和諧、穩定和務實觀念，加上孫中山的改革理想和「訓政」主張，構成他威權手段和對人類進步的期許。[79]更為重要的，蔣是虔誠的基督教徒，毛是無神論者，前者自省克己，後者「無法無天」。這種不同的趨向，造成兩岸顯著的差別。蔣在臺灣的溫和改革，造成社會繁榮；毛在大陸的激烈革命，造成生靈塗炭，自非偶然。儘管如此，蔣毛二氏生前雖然勢不兩立，但在死後卻有互補作用，先後消滅軍閥和帝國主義，同為中國將在二十一世紀成為超級大國作了鋪路的工作。[80]但其不同的，蔣是做了開路先鋒，毛則步其

78　戴鴻超，〈試論蔣介石、毛澤東功過〉，《傳記文學》，第五九六號，頁16。　　據中國方面統計，中國參戰的傷亡失蹤人數為三十九萬人。

79　陶涵著，林添貴譯，《蔣介石與現代中國的奮鬥》，下冊，頁729。

80　戴鴻超，〈試論蔣介石、毛澤東功過〉，《傳記文學》，第五九六號，頁19。

後塵。如今二氏蓋棺將近四十年，功過尚無定論。惟就本文以上三個
角度之比較，以及學者的評論，顯然蔣氏功大於過，毛氏過大於功。
至於定論，尚有待也。

附錄一

從「抗日反蔣」到「擁蔣抗日」

一、前言

中共從1935年8月提出〈為抗日救國告全體同胞書〉（〈八一宣言〉），到 1937 年 9 月公布〈國共合作宣言〉（〈共赴國難宣言〉），是中共抗日民族統一戰線由提出到建立的時期。為達成此一戰線，曾先後提出三個口號：「抗日反蔣」、「逼蔣抗日」、「聯蔣抗日」。顯示策略方針運用的轉變。

此一統一戰線的建立，共方稱之為「第二次國共合作」。第一次的國共合作，是指 1924 年到 1927 年的合作，國民黨稱之為「聯俄容共」，共方曰實行孫中山的「三大政策」，聯俄、聯共、扶助農工。從第一次合作的決裂，到第二次合作的形成，為期十年。此兩次之分合，共方皆以蔣介石為中心目標。第一次的分合，由「聯蔣」而「倒蔣」。第二次的分合，則由「反蔣」、「逼蔣」、「聯蔣」，而至

「擁蔣」。四者皆以「抗日」為訴求,突破蔣之「安內攘外」政策,獲得獨立發展的機會。

關於「反蔣」、「逼蔣」、「聯蔣」,以至「擁蔣」口號、方針的提出及其轉變的時期及原因,就共方資料及其相關研究顯示,頗多紛歧。國方較早注意此項問題者,則為1937年5月初張沖與周恩來的談話,對此方針轉變的「真因」及「過程」,向蔣之侍從室主任陳布雷報告,留有〈張沖與周恩來談話概要〉,有如下之記述:

> 抗日的民族革命方針,代替了土地革命政策之後,共產黨對於國民政府與蔣先生,仍持絕對反對的態度,而以「反蔣抗日」為一切活動之中心。其後周恩來與張學良在膚施會見(按:即1936年4月9日周、張延安會談),張對蔣氏之抗日態度與抗日準備,言之甚詳,使周深受感動,曾與共黨高級幹部再三討論,嗣並決定「逼蔣抗日」方針。迨25年(1936)秋季以後,紅軍與外間之接觸益多,同時華北情勢亦日緊,特別是綏遠方面情勢,萬分緊張。共黨乃進而提出「聯蔣抗日」,甚至「擁蔣抗日」之口號。[1]

《談話概要》所記,是周恩來的談話,雖至重要,但亦不免避重就輕,有替張學良開脫「通共」之嫌。甚至有的著作,認為由於張學良延安會談的影響,使中共放棄了「抗日反蔣」,而直接轉向「聯蔣

---

[1] 〈陳布雷主任上蔣委員長轉呈張沖自西安來電報告洽談改編共軍情形電〉,民國26年5月8日。附件一:〈張沖與周恩來談話概要〉。中國國民黨中央委員會黨史會編,《中華民國重要史料初編──對日抗戰時期,第五編,中共活動真相》(一)。(臺北:國民黨黨史會,民國74年),頁267。以下簡稱《中共活動》。

抗日」者，認為：

> 張學良的聯蔣抗日主張，促進了中共中央的決策。周恩來向
> 中共中央反映了張學良的意見後，大多數人感到：如果反蔣口
> 號，連張學良這樣熱心聯共抗日的人，都不能接受，其他的人，
> 就更難了。因此，聯蔣抗日的問題，終於定了下來。[2]

有的著作認為：「中國共產黨從『抗日反蔣』到『逼蔣抗日』方
針的轉變，不是一朝一夕完成的，它歷經了一個過程，大致從1936
年5月開始，到1936年8月結束。所以『逼蔣抗日』方針最後形成的
時間，應是1936年8月。」[3]

由於共產國際與中共之間對於統戰的具體目標，未盡　致。國民
黨與中共之間，或戰或談的持續。地方反蔣實力派的變化莫測，以及
中共本身處境等因素的影響，顯然也造成了中共對蔣方針的矛盾和轉
變。在反、逼、聯、擁的方針下，不免呈現重疊和矛盾的現象。即反
中有逼，逼中有聯，聯中有擁的情況。反過來看，擁中、聯中，何嘗
又沒有逼與反的情況。因此，要想嚴格的釐清它們的界限，是比較不
容易的。

惟就上述因素影響和實際情況來看，其「抗日反蔣」的活動，應
從1935年底中共中央到達陝北後，與張學良、楊虎城的結合，形成
西北大聯合，而以配合兩廣事件，到達一個轉捩點。

---

2 張魁堂，《張學良傳》（北京：東方出版社，1991年），頁156。
3 李義彬，〈關於「逼蔣抗日」方針形成問題〉，《近代史研究》（北京：中國
　社會科學出版社），1989年第二期，頁218。

中共「逼蔣抗日」的活動，應自1936年8月共產國際的指示，必須以蔣為聯合的對象，而以發生西安事變，到達一個轉捩點。

「聯蔣抗日」的活動，應自1937年2月國民黨五屆二中全會，接受中共的要求和保證，而通過的《根絕赤禍案》，至同年7月抗戰發生。

「擁蔣抗日」的宣誓，則是1937年7月盧溝橋事變以後的事了。

二、「抗日反蔣」的意義與目的

「抗日反蔣」方針是否來自〈八一宣言〉，或與共產國際「七大」精神相符合，史家曾有不同的意見。有的認為此一宣言，實際是向國民黨呼籲「共同救國」；其中對於國民黨及蔣氏雖仍然詆毀，只是「表面文章」。[4]

有的認為中共駐共產國際代表王明等公開發表該宣言，在促使國內反蔣勢力的聯合，並使動搖力量改變對蔣的態度，以便掀起大規模的反蔣運動。據此，中共駐共產國際代表團進一步明確地提出了「抗日反蔣」的策略主張。該宣言於1935年10月1日在巴黎《救國報》正式發表。同時刊出由王明等起草的〈中國人民之曙光〉的社論，宣稱「要救國必須抗日，要抗日必須討蔣，要抗日討蔣必須有全國反蔣力量的大團結」[5]。

也有的認為〈八一宣言〉發表時，以王明為首的中共代表團，都在設想方法，沖淡其反蔣色彩。刊登〈八一宣言〉的《救國報》，不

---

4 郭廷以，《近代中國史綱》，頁664。
5 楊奎松，〈王明在抗日民族統一戰線策略方針形成過程中的作用〉，《近代史研究》，1989年第一期，頁211。原引據1935年10月1日《救國報》。

僅在〈中國人民之曙光〉的社論中，取消了反蔣口號，而且專門發表了所謂〈中國共產黨中央委員會啟事〉，斥責有人「散布有一種用中共中央所發表之宣言，宣布蔣介石死刑」，說「這完全是敵人偽造的文件」。[6]

以上各說，頗有令人困惑之感。以下則就實際情況來進行了解。

1935年10月，中共中央毛澤東、周恩來、張聞天等一行率領約四千人的紅軍，「長征」到達陝北，與稍早到達陝北的紅軍徐海東部會合，編為第一方面軍，兵力合約萬餘人。[7]中共中央總部旋設瓦窯堡。奉派回國負責向中共中央傳達共產國際「七大」決策和〈八一宣言〉的張浩（林育英），約於這年11月18日左右由莫斯科到達陝北蘇區。[8]

在張浩到達陝北之前，中共中央所發布的文件，實已充滿強烈的「抗日反蔣」詞句，例如中共中央在10月間的〈為目前反日討蔣的祕密指示信〉中標題之一，即有「統一戰線是反蔣的總的策略」。[9]又如11月13日頒布的文件，要全中國的民眾們來擁護和參加中共領導的「抗日反蔣」的戰爭。[10]

6　盧培青，〈中國共產黨的「抗日反蔣」主張與共產國際的關係〉，《中共黨史研究》，1988年第三期，頁51。

7　姜任耕，〈關於長征結束後的紅軍人數問題〉，《中國現代史》，1983年第九期，頁129。謂在1935年12月時，合計一萬二千九百餘人。

8　楊奎松，〈蘇聯大規模援助中國紅軍的一次嘗試〉，《近代史研究》，1995年第一期，頁262。

9　中共〈中央為目前反日討蔣的祕密指示信〉，1935年10月。《中共文件》，第十冊，頁564。

10　〈中國共產黨中央委員會為日本帝國主義併吞華北及蔣介石出賣中國宣言〉，1935年11月13日。《中共文件》，第十冊，頁581。

以上所指的「抗日反蔣」，顯為1933年及1934年的有關「反蔣」文件而來，與〈八一宣言〉或共產國際「七大」精神，似無關係。[11]至於張浩到陝北以後，中共所作出的重要決策，仍與〈八一宣言〉有別，特別以「反蔣」為中心。其在這年12月25日「瓦窯堡會議」所制訂的「策略路線」中，更把日本和蔣介石列為「當前主要的敵人」，並認為兩者是「全國人民的公敵」。[12]

中共中央的態度，顯然仍不脫離「左」的積習。蘇聯史家認為中共中央決議中，「還存在一些嚴重的錯誤」；「妨礙了建立廣泛的反對日本帝國的共同戰線。」[13]

中共之熱衷於「抗日反蔣」，當然有其實際的需求。套用中共的話說：「削弱蔣賊的勢力，以增加革命的力量。」[14]就是「要利用一切反蔣力量，即是軍閥國民黨內部的一切反蔣力量，我們都必須盡量利用。」根據中共的評估：「在中國現在條件之下，每一個真正嚴重的反日武裝行動，早遲不免轉變為反蔣武裝鬥爭（例如第十九路軍的行動）。同時，每一個大的反蔣武裝行動，也有可能變成與日本帝國主義的公開戰爭（如吉鴻昌、方振武、馮玉祥等在北方行動）。因此，我們的黨，不應當對反蔣派別底反蔣軍事行動，採取旁觀態度，而應當盡力企圖把這些反蔣軍事行動，轉變成為中國人民反對日本強

---

11 趙舒，〈張聞天與瓦窯堡會議〉，《中共黨史研究》（北京：中共黨史資料出版社），1990年第五期，頁23。

12 中共〈中央關於目前政治形勢與黨的任務決議〉，1935年12月25日。《中共文件》，第十冊，頁604-605。

13 盧培青前文，頁49。

14 中共〈中央為目前反日討蔣的祕密指示信〉，《中共文件》，第十冊，頁565。

盜和本國賣國賊底一般民族解放鬥爭之某種組成部分。」[15]這是中共
要結合國民黨的地方實力派，來共同反蔣。

　　在中共與地方實力派早期關係的發展中，已累積有成功的經驗。
其發現實力派對紅軍的態度，除了普遍的「養敵自重」外，更逐漸出
現了「化敵為友」的傾向。例如1934年秋，廣東地方實力派陳濟棠
為了保存實力，不願與紅軍兩敗俱傷，使蔣坐收漁利，採取了「外打
內通」、「明打暗和」的方針，與紅軍達成就地停戰，互通情報，解
除封鎖，互相通商，互相借道等協議。使紅軍得以突圍成功。隨著蔣
之「安內攘外」政策的進展，對地方實力派的威脅也越來越大，促使
彼等將尋找同盟者的目光，由黨內轉向黨外。[16]

　　在此傾向下，西北兩大實力派的張學良和楊虎城，便很順利地與
中共「化敵為友」，形成一個西北大聯合的局面。

三、中共與張楊的西北大聯合

　　中共1935年11月13日的宣言中，尚把張學良列為「不抵抗將軍
賣國賊」和「日本帝國主義忠實走狗」。[17]但兩個月後，便與中共開
始「化敵為友」了。

15　楊奎松，〈王明在抗日民族統一戰線策略方針形成過程中的作用〉，《近代史
　　研究》，1989年第一期，頁205-206。
16　顧關林，〈簡述地方實力派與中共早期的關係〉。《中共黨史研究》，1988年
　　第一期，頁43。
17　〈中國共產黨中央委員會為日本帝國主義併吞華北及蔣介石出賣中國宣言〉，
　　《中共文件》，第十冊，頁574-575。

　　張學良與蔣之關係，自1930年「九一八」命其東北軍入關，助蔣取得中原大戰勝利後，即被視為蔣之「親密戰友」，亦為「反蔣」各派之「共同敵人」。1931年「九一八」事變，兩人共負「不抵抗」之責，蔣去而張留。1932年上海「一二八」戰役發生，蔣氏重掌軍權，與汪精衛合作，實行「一面抵抗、一面交涉」及「安內攘外」政策，以外交掩護軍事，以勦共掃除軍事障礙。[18]汪精衛以行政院長負外交對日交涉之責，蔣以軍事委員會委員長負勦共之責。即所謂「蔣汪合作」政策。

　　1933年3月初，戌守熱河之東北軍，再度未經抵抗而喪失國土，張在輿論指責下，離開華北赴歐考察。於1934年1月回國後任豫鄂皖「勦匪」副司令代行總司令〔蔣〕職權。次年3月，任武昌行營主任，所部東北軍經過改編，計有二十個師，屬四個軍，即第五十一軍（于學忠）、第五十三軍（萬福麟）、第五十七軍（何柱國）、第六十七軍（王以哲）。另劉多荃之獨立師。[19]兵力約計二十萬。[20]

　　張自海外歸來之初，頗慕墨索里尼之治義大利，擁護蔣為領袖之口號，幾為張所首倡。其所部在豫鄂勦共，屢受損失。1935年7月間，所部調往西北，張於是月下旬自漢口到西安，召集各將領開會商討整頓隊伍，參謀長晏道剛（蔣派任）以為不如先開勦共會議，俟勦共會議畢，留一部分將領作一整軍計劃。會議甫畢，蔣即來電，嚴令即日進勦。東北軍整頓會議未能開成。張頗疑中央有意阻撓其集會。[21]

18　汪精衛，〈兩年來關於救亡圖存之工作〉，民國23年1月23日在國民黨四屆四中全會之政治報告。國民黨黨史會藏檔。
19　司馬桑敦，《張學良評傳》（版本未詳），頁195。
20　張魁堂，《張學良傳》，頁125。
21　《徐永昌日記》，民國24年8月4日。第三冊，頁297。

　　此時因「華北事件」，地方軍人如山西閻錫山，及西南軍人陳濟棠、李宗仁等，有「倒蔣」密謀，張亦參與其間。[22]

　　蔣於9月26日在西安成立西北「勦匪」司令部，自兼總司令，張為副司令代行總司令職權，統一指揮陝、甘、寧、青、晉五省軍事。[23]其大部分東北軍，已先後調入陝甘地區，擔任勦共工作。

　　1935年10月及11月，東北軍在陝北與紅軍的三次交鋒中，連遭挫敗，損失兵力達兩師之眾，數千名官兵被俘。張受此衝擊，觸動對中共「和平」的意念。[24]同時，中共對其俘虜的東北軍官兵的工作重點，曉以「抗日反蔣」後，大都釋放。[25]

　　張學良與中共之「化敵為友」，即是經過被中共釋放的一名團長高福源的聯絡，而於1936年1月20日，與中共代表李克農在洛川東北軍第六十七軍王以哲軍部，與張學良進行首次會談。毛澤東對其代表李克農的指示是：「向彼方（張）表示在抗日反蔣基礎上，我方願與東北軍聯合之誠意。」會談結果，張學良表示：願為成立國防政府奔走，東北軍中同情中共抗日主張者，不乏其人。對勦共態度消沉，願意目前各守原防，恢復通商。[26]

　　據李克農返回紅一方面軍司令部說：張學良較「滑頭」，王以哲較「誠懇」。[27]關於「抗日反蔣」問題，張學良同意抗日，願意同中

22 《徐永昌日記》，民國24年8月3日。第三冊，頁296。

23 《周恩來年譜》，1935年9月26日。頁293。

24 張學良，〈西安事變懺悔錄〉，收入《張學良評傳》，附錄二，頁383。

25 趙舒前文，頁29。

26 《毛澤東年譜》，1936年1月20日。上卷，頁507；《周恩來年譜》，同年月日。頁299-300。

27 楊奎松，《西安事變新探》（臺北：東大公司，民國84年），頁37。

共訂立互不侵犯協定，但不同意討蔣。不反對國防政府、抗日聯軍口號，但不同意馬上實行。因此，共方的策略是：把張學良和蔣介石分開，求得互不侵犯協定的訂立。但為遷就張學良，把「討蔣」改為「討伐賣國賊」。[28]

為了誘張「上鉤」，毛澤東指示李克農說：

> 暗示彼方如誠意抗日反蔣，則我方可助其在西北建立鞏固局面，肅清蔣系勢力，進一步助其回平津、東三省，軍餉械彈我方亦有辦法助其解決。並暗示彼方如有抗日反蔣誠意，國防政府首席及抗日聯軍總司令，可推漢卿（張字）擔任。[29]

根據張學良的要求，中共中央決定派周恩來為全權代表，與張會談。4月9日，周、張兩人在延安見面。據周會後向其中央的報告，說張學良完全同意「停止內戰，一致抗日」；張也贊同中共的「國防政府，抗日聯軍」；同意與共方各派代表赴蘇聯接洽；可與中共蘇區經濟通商，保持交通；為中共代辦無線電及藥品，並送彈藥；由中共派人在張處活動；在川康地區的紅四方面軍如北上，他可讓路等等。[30]

關於對蔣問題，張表示：「他（張）的問題部下確有分化問題，

---

28 《周恩來年譜》，1936年2月20日。頁301。

29 楊奎松，《西安事變新探》，頁38。據注引自《毛澤東年譜》，1936年1月20日毛之電報，上卷，頁507。經對證《毛譜》該頁，並無此電。詢原著者，復係未曾公開發表之文件，故未註明來源。

30 〈周恩來關於張學良商談各項問題致張聞天毛澤東彭德懷電〉，1936年4月10日。《中共黨史資料》（北京：中共黨史資料出版社，1990年），第三十三輯，頁3-4。

現在歧路上，他現在反蔣做不到」；蔣如降日，他絕離開他（蔣）。[31]

如此，張對「反蔣」問題，非不為也，勢不能也。事實上，張、周所達成的協議，已完全背離了蔣之「安內攘外」政策。只要依此協議進行下去，必致造成蔣、張的決裂。

中共與楊虎城之間的關係，在1935年以前，即有聯繫。主要是地方組織或黨員個人與楊共事。[32]

楊原屬陝西之西北軍，北伐時期，加入馮玉祥的集團軍，蔣、馮內戰，離馮歸蔣，編為第十七路軍，兩個師及三個旅，有三十個團，計約五萬人。任陝西綏靖主任兼第十七路軍總指揮。楊之「養敵自重」與中共「化敵為友」的歷史，當為共方所深知。毛澤東於1935年12月5日派地下黨員汪鋒送信給楊，要他加入「抗日反蔣」行列，進行「抗日討蔣」大計。[33]惟楊與中共的交往，較有經驗，曾吃過虧，上過當。經汪鋒之說明並認錯，取得楊之諒解，允與共方合作。[34]與共方達成協定：各守原防，互不侵犯，互派代表，建立交通等。[35]

周恩來在4月5日的中共中央常委會中，介紹東北軍、第十七路軍的情況，說楊虎城過去和我們有關係，這兩支軍隊不僅有可能聯合反蔣，而且可能聯合陝甘其他部隊及孫殿英、宋哲元等部。會議認為楊虎城是可靠的同盟者，應真誠地同他談判。會後北方局負責人王世英

---

31 楊奎松，《西安事變新探》，頁65。著者楊奎松就原檔查證，認為周之電文，經過《中共黨史資料》編者整理，明顯有誤。予以更正。（見頁76-77註文）

32 王功安、毛磊，《國共關係史》（武漢：武漢出版社，1989年），頁369。

33 《毛澤東年譜》，1936年12月5日。上卷，頁494-495。

34 王功安、毛磊，《國共關係史》，頁369-370。

35 《周恩來年譜》，1936年3月中旬。頁303。

到西安，將中共中央意見轉告楊虎城，並請楊搞好和東北軍的關係。[36]

至此，陝甘地區兩大實力派，都與中共有了同盟之約，西北大聯合的計劃，有了規模。

西北大聯合計劃起於何時？應在1936年5月中旬。據駐張部中共代表劉鼎5月4日給中共中央的電報，說此間悉紅軍西渡（由山西回陝北），張學良要求早日與周恩來見面商談。毛澤東等電復認為必要。討論東北軍與紅軍今後行動方針，同楊虎城、閻錫山、馬鴻逵等部建立聯合戰線問題。隨後周恩來即和張學良會商。[37]

周恩來與張學良再次會談，是5月12日在延安。這次會談內容，尚未見諸直接文獻。但就會後中共所發出的文件來看，肯定在這次會談中，確定了西北大聯合的計劃。據中共中央5月20日給紅二、四方面軍的電報，有如下之說明：

> 西北國防政府的計劃，在目前僅能使黨內高級幹部知道，對外應守祕密。關於紅軍與東北軍密切合作，以進到西北大聯合，建立西北國防政府，打通蘇聯。同蘇聯及外蒙訂立抗日互助條約的計劃，我們正在進行全國性與國際性的政治、軍事、經濟、外交各方面布置。[38]

5月28日，周恩來在中共中央政治局會議發言指出：張學良、楊

---

36 《周恩來年譜》，1936年4月5日。頁305。
37 《周恩來年譜》，1936年5月7日。頁308。
38 〈林育英、張聞天、毛澤東等同志給朱、劉、徐等電〉，1936年5月20日。中共中央，《抗日民族統一戰線文件選編》（北京：檔案出版社，1985年），中冊，頁147-148。

虎城，現在已不完全接受蔣介石的指揮。為了擴大西北局面，現在要創造以甘肅洪德為中心的新蘇區，迎接紅二、四方面軍北上。[39]

在張學良的合作下，洪德新蘇區在8月、9月已告完成。紅二、四方面軍於10月7日，與紅一方面軍在甘肅會寧會合。[40]

四、配合兩廣事件效果未彰

1936年6月初，兩廣軍政首領陳濟棠、李宗仁、白崇禧等藉口抗日出兵進入湖南，是為兩廣事件。[41]名為「抗日」，實即「反蔣」。與中共之「抗日反蔣」活動，頗有南北呼應之勢。共方迅即作了支援的反應。6月8日，毛澤東答《紅色中華》記者問，對西南軍事將領的行動，表示讚賞。號召「全國人民及一切真正愛國的黨派團體與軍隊，一致起來響應西南的抗日救國行動，推翻漢奸頭子蔣介石。」[42]

毛氏這種強烈的表態，顯然認為大好機會已經來到，決定利用此一事件，提早發動西北新局面。即於6月16日致電中共駐國際代表王明說：

> 為了策應兩廣及華北局面，西北發動決定提早，發動的時機，擬在兩個月內，發動的部署，以接近蘇聯與解決西北蔣介石力量為原則。大體以一方面軍經於甘北，二、四方面軍經於甘

---

39 《周恩來年譜》，1936年5月28日。頁311。
40 《周恩來年譜》，1936年10月7日。頁325。
41 《大事長編》，民國25年6月7日。卷三，頁300。
42 李良志，〈關於王明對建立抗日民族統一戰線的作用〉，《史學月刊》（河南：河南大學、河南省歷史學會），1989年第二期，頁71。

南，以東北軍一部入蘭州，解決朱紹良（甘肅綏靖主任第一路軍
總指揮），並控制蘭州到哈密要道。[43]

此時張學良和楊虎城之間，對兩廣事件似有不同意見。楊在兩廣
事件發生後，曾主動向張提議，由他和張分別通電，要求和平解決。
倘蔣同意，即開救國會議；否則，即出兵援助兩廣。張之部屬第六十
七軍軍長王以哲向張進言，對兩廣事件，不妨先觀察一下，不必立即
表示態度。因此，張決定去南京看看形勢。[44]

事實上，張所顧慮的，是其東北軍內部的分化問題，老派與少壯
派之間，為聯共與反蔣問題，已存在嚴重的矛盾。一旦反蔣，可能發
生分裂。根據中共對東北軍的分析，認為：「東北軍內部轉變的速
度，是不平衡的，有的部分則處於最先進的地位，有的則轉變的異常
遲緩，有的則尚未開始轉變。」[45]例如何柱國（第五十七軍軍長）、
于學忠（第五十一軍軍長）兩部，一直到9月間，尚少受到中共的影
響。何與蔣且有聯繫，張不能以聯共事告訴他。[46]

蔣介石為解決兩廣事件，於7月10日到14日召開國民黨五屆二
中全會，張學良、于學忠等7月7日去南京出席全會，張直到7月28
日始回西安。這段期間，除在南京參加會議外，其他時間多在上海，
顯為觀望時局的變化。為在西北自成局面，也在延攬人才，拉攏救國

43 楊奎松，〈中國紅軍打通國際戰略方針演變〉，《中共黨史研究》，1988年增刊。
44 張魁堂，《張學良傳》，頁177。
45 中共〈中央關於東北軍工作的指導原則〉，1936年6月20日。《抗日民族統一
戰線文件選編》，頁171。
46 張聞天等，〈抗日反蔣不能並提電〉，1936年9月8日。《文獻和研究》，1985
年第三期，頁4。

會人士，並提供經濟支持。惟此時兩廣事件，已有變化，廣東內部發生分化，多數將領及空軍歸向南京中央，陳濟棠被迫離粵（7月18日）。廣西勢孤，願聽命中央（7月22日）。[47]

與此同時，蔣在南京中央全會上，明確宣示對日禦侮之「最低限度」，表示抗日的決心。毛澤東也承認「南京已開始了切實轉變」。[48]

同時，張在南京時，蔣向他表示要聯俄；但俄態度不明。張向蔣提出要抗日，又要打紅軍是不行，問蔣有無辦法。蔣說不用著急，將來有辦法。不久，國府發表蔣廷黻為駐蘇大使。張認為南京中央對外政策，是有新變動，可能與中共妥協。[49]

基於上述情況，張回西安後，心情顯得有些矛盾。其時潘漢年自莫斯科回國經香港至南京，與國民黨方面代表張沖接洽，於8月初經西安，將轉往陝北保安，向中共中央報告經過。潘在西安也見到張學良，進行商談。據潘的報告，關於張的意見，其中說到「打通蘇聯的實現，暫以紅軍為主，東北軍目前暫做隱蔽的配合。」而「目前西北發動的最大問題，是東北軍自身的統率與改造問題。依目前條件，必須盡快物色和訓練一批可靠軍官。為此，請派有力幹部前來協助。」[50]

從潘的報告中，可以看到張的態度，似有動搖。而中共中央政治局在8月10日開會討論戰略方針時，決定打通蘇聯，應放在第一位，對此不應有任何動搖。[51]

---

47 《史事日誌》，第三冊，頁609-610。

48 《毛澤東年譜》，1936年8月26日。上卷，頁574。

49 張魁堂，《張學良傳》，頁178-179。《西安事變新探》，頁154。

50 楊奎松，《西安事變新探》，頁142-143。原據資料：1936年8月7日的〈潘漢年報告〉。

51 楊奎松，《西安事變新探》，頁143。

潘於10日離開保安回到西安，帶來中共中央給張的信，要東北軍「須立即準備配合紅軍，選定9月、10月間有利時機，決心發動抗日局面，而以占領蘭州、打通蘇聯、鞏固內部、出兵綏遠，為基本戰略方針。」[52]

此時蘭州駐軍為東北軍于學忠之第五十一軍，擬由紅二、四方面軍攻城外之中央軍毛炳文部。成功後，紅軍即由寧夏與東北軍出綏遠。必要時把陝西交給楊虎城。[53]

當潘漢年要將上述信件面交張學良時，張卻稱病拒見。同時潘也發現王以哲和王之參謀長趙鎮藩態度不佳，聲言東北軍反蔣無出路。趙且表示，如俄援無把握，決不能輕動。經過多方的努力，潘於8月21日、24日和30日，始與張見面三次。張對王以哲的動搖，亦坦承不諱；對於聯共事，張始終不願向其部屬公開；對於蘭州，張願單獨控制，紅軍切勿進城。[54]

看來，張對「反蔣」與其西北大計劃問題，顯得猶豫和動搖。

至於楊虎城的態度，此時也有了變化。當毛澤東派其親信張文彬於8月26日到西安，持毛之函見楊時，楊亦託病拒見。其原因，據張文彬向毛報告，是楊害怕與共合作後，其部隊將為共黨所爭取，並怕蔣之發覺。經過多方努力，張於9月6日、7日，始得與楊見面兩次，雙方僅作了一些口頭協定。楊表示：因部隊基礎的關係，不能立即與紅軍走一條路，願走「人」字路。對於俄援，表示懷疑。楊怕紅

---

52 《毛澤東年譜》，1936年8月9日。上卷，頁567。

53 楊奎松，《西安事變新探》，頁144-145。

54 楊奎松，《西安事變新探》，頁149-150。

軍奪其陝西地盤。其內部共黨分子，多是右派張慕陶的幹部。楊打算
離開西安幾個月，藉養病離開難關，暫觀形勢。[55]

看來，西北張、楊兩大實力派有了動搖，中共之「抗日反蔣」方
針，似乎難以為繼了。

五、張學良幫中共「逼蔣抗日」

正當中共積極進行大西北聯合，及張、楊態度有所動搖猶豫之
際，共產國際忽來指示，要中共拋棄張學良，而與蔣介石聯合。這個
指示，是共產國際1936年8月15日的發出電報。要點是：

1. 批評中共「抗日反蔣」的錯誤，說是「把蔣介石與日寇等量齊
   觀，是不對的，這個方針在政治上是錯誤的。」

2. 要和蔣介石共同抗日，中共「必須正式向國民黨和蔣介石提出建
   議，立即就停止軍事行動和簽訂共同抗日具體協議，進行談判。」

3. 拋棄張學良，「不能把張學良本人看成是可靠的盟友，特別是
   在西南失敗以後，張學良有可能再次動搖，甚至直接出賣我
   們。」[56]

共產國際為何有此指示？不難想像，這與蘇聯外交政策有關。

中共接得共產國際上項指示時，似乎難以立即適應。其所作出的
反應，好像是「陽奉陰違」，對蔣的方針，一再改變，8月26日是用
「聯蔣抗日」，30日則用「迫蔣抗日」。9月1日才確定為「逼蔣抗

---

55 張文彬，〈給毛澤東的報告〉，1936年9月8日。《中共黨史資料》，第三十三
　　輯，頁11-16。

56 楊奎松，《西安事變新探》，頁165-166。

日」。重複共產國際的指示，說日本是中國的主要敵人，把日本與蔣同等看待是錯誤的；但在「逼蔣抗日」的方針下，卻不放棄同各派反蔣軍閥進行抗日的聯合。[57]

這個「逼蔣抗日」的工作，後來卻由張學良發動西安事變達成之。依此推論，張則成為「反蔣軍閥」了。

針對張學良的猶豫態度和怕蔣之心理，潘漢年恫嚇張說：

> 據我（潘）的觀察，蔣對你（張）與紅軍妥協，實已洞悉。如你希望做到蔣完全不知道你的真相，這是不可能的事。何況過去許多事情，據你說：材料蔣已完全知道。
>
> 如桂事被他解決，回頭來對付你，你早已預備妥當，已無可慮。如為著要欺騙他，而真的不動手做準備工作，那麼你的危險很難克服。[58]

潘言可謂擊中張之內心要害，必欲使張走上不歸之路。而張亦再下決心，仍照原定計劃，作軍事的準備工作。但中共卻於此時把「抗日反蔣」，變為「逼蔣抗日」，又要張來扮演後一角色。

8月25日，中共發出〈致中國國民黨書〉，呼籲「停止內戰，一致抗日，實現國共兩黨重新合作。」準備派出全權代表，談判訂立「抗日救國」協定。[59]即致電在西安的潘漢年，說政策重心在「聯蔣

---

57 《毛澤東年譜》，1936年9月1日。上卷，頁574-575。確定「逼蔣抗日」口號及方針的正式文件，見中共中央〈關於逼蔣抗日問題的指示〉，1936年9月1日。《中共文件》，第十一冊，頁90-91。

58 楊奎松，《西安事變新探》，頁152-153。

59 《毛澤東年譜》，1936年8月25日。上卷，頁572-573。

抗日」，要張學良「繼續保持與南京的統一」。[60]潘在8月30日與張談話時，要張「對蔣在表面上仍擁護他」，利用「擁蔣」旗號，在幹部提出「聯俄聯共」的口號，把藍衣社特務當做「漢奸」，說他們「違反蔣要抗日」，和破壞蔣之「威信」，藉此來打擊他們，驅逐他們。[61]

如此，不但解決了張之公開反蔣的猶豫，也可使用「外逼內勸」、「內外夾攻」之法，和中共表演「雙簧」之戲。

同時，毛澤東即制定一項「逼蔣」方針：第一，迫蔣抗日，造成各種條件，使國民黨及蔣軍，不能不與共黨妥協。第二，緊密聯合東北軍及西北其他各部，造成西北新局面。第三，準備冬季打通蘇聯。第四，發展甘南根據地，使與陝北、甘北相呼應。第五，迫使胡宗南中央軍停止於甘東。[62]

潘回保安後，毛澤東得知張學良願從中斡旋國共談判。[63]亦即要為中共承擔「逼蔣抗日」的工作了。

10月2日，潘漢年和紅軍參謀長葉劍英來到西安，帶來中共與南京方面談判的條件。張說：蔣恐難接受，最好由毛等寫一封信給他，先談停戰，由他將此信轉蔣。毛即照辦。[64]張擬飛南京向蔣面陳，請允他先入中共蘇區調停。蔣復電日內來陝，商討對共問題。蔣打算10月16日到西安。中共亦交涉由蔣派飛機到延安，接周恩來來西

60　《毛澤東年譜》，1936年8月26日。上卷，頁574。

61　楊奎松，《西安事變新探》，頁152-153。

62　《毛澤東年譜》，1936年8月30日。上卷，頁574-575。

63　《毛澤東年譜》，1936年9月23日。頁585。

64　張魁堂，《張學良傳》，頁186。

安，與蔣直接談判。[65]但其間有了變化，這是蔣在杭州先召徐永昌商談，可能接受徐之建議，而於10月22日始到西安，對張進行安撫工作，並未與周見面談判。

這時紅二、四方面軍已抵隴東，和紅一方面軍會師會寧，集中陝甘地區的紅軍，已達七萬之眾，聲勢大振。其談判的籌碼，亦為之大增，「逼蔣」的條件，更為具備。據毛澤東致朱德等之電文：

> 李毅（張學良化名）與我益加接近，楊虎城與我們實行停戰，李（宗仁）、白（崇禧）有代表來，求訂抗日協定。華北宋哲元、傅作義、韓復榘，均接洽中。馬步芳亦有妥協線索。[66]

張學良與中共的關係，已引起蔣的憂慮，其《日記》記曰：「東北軍之隱患，所謂『聯共抗日，自由行動』之企圖，乃因桂事和平解決而消乎？」[67]同時陳誠亦有電致蔣，說張「名為抗日，實脫離中央，而走聯俄投共之途徑。」認為「漢卿（張字）此舉，較之兩廣問題，更為嚴重。」[68]

蔣解決桂事後，於10月17日在杭州，和徐永昌（山西省主席）談東北軍「通共」事，認為問題嚴重。這天徐之《日記》記云：

65 毛澤東等致朱德等電，1936年10月17日、18日。《文獻和研究》，1985年第四期，頁7。

66 毛澤東等致朱德等電，1936年9月27日。《文獻和研究》，1985年第四期，頁3。

67 蔣中正《日記》，民國25年9月21日。國民黨黨史會編印，《革命文獻》，第九十四輯，頁57。

68 陳誠，〈上蔣委員長申述馮庸所言非虛電〉，民國25年9月21日。《革命文獻》，第九十四輯，頁58。

渠（蔣）云：東北軍通共事，已為不可掩事實。然在張漢卿指揮下，尚不至為國家害，否則不堪想。余（徐）以為閻（錫山）先生擬請東北軍守綏，（蔣）謂不妥。余因詳論東北軍之未必通共；有之，亦幾個人的單獨行動。本無其事，疑而激成事實，甚可畏也。渠（蔣）云：共絕不能容，俄非不可聯，但須我們清共後。[69]

在兩人的談話中，對張是否「通共」，都避而不談。仍寄望張去收拾，顯有「投鼠忌器」之嫌。蔣接受徐之建議，先去西安，督飭勦共，撫慰東北軍，使與中央一德一心，尤為緊要之事。[70]

10月22日，蔣到西安，駐節臨潼華清池，為紓解張之不安情緒，培養融洽氣氛，首先和張、楊、邵力子（陝西省主席）同遊華山兩天。[71]

蔣介石為適應張之抗日願望，准張設立東北軍整編委員會，以張為主任委員，何柱國副之。重立預算編制，由南京中央補助。[72]這原是張之願望，今予彌補之，志在安撫。然已非其時矣。此時張之唯一要求，乃為「聯共抗日」。蔣來西安，正其進諫機會。蔣在10月28日的《日記》中，感歎「漢卿乃如此無識，可為痛心！」[73]顯然拒絕了張之進諫。兩天後，徐永昌來到西安，張對徐說，他勸蔣與共妥

---

69 《徐永昌日記》，民國25年10月17日。第三冊，頁480-481。
70 《徐永昌日記》，民國25年10月23日。第三冊，頁482。
71 孫銘九，〈西安事變前張學良的幾件事〉，吳福章編，《西安事變親歷記》（北京：中國文史出版社，1986年），頁86。以下簡稱《親歷記》。
72 何柱國，〈西安事變前的張學良〉，《親歷記》，頁4。
73 李雲漢，《西安事變始末之研究》（臺北：近代中國出版社，民國71年），頁22。

協，蔣說：即使共黨當面以手槍擬之，亦不與之談妥協。蔣又云：共黨能無條件的交槍受編乎？否則不論矣。張說將再請於蔣。[74]

張也將他諫蔣情形告知葉劍英，說他向蔣說明首先應當抗日，抗日必須聯俄，要聯俄不能不容共時，蔣斷然說：匪日皆應打，共產國際要中共和國民黨合作，他要中共投降，匪如不降，決不抗日，如俄要他容共，他決不聯俄。因此，葉向中共中央報告說：「蔣、張會談結果亟（極）惡。蔣表示匪不勦完，決不抗日」；「此路已絕，張將無能作為」；「此間人士對蔣之主張，大為不滿，正醞釀反對言論」；「有主駐蔣說」。所謂「駐蔣」，有解讀為「捉蔣」者。[75]

此時綏遠發生戰役，日本組織的偽蒙軍，供以軍火，進犯綏東。蔣駐洛陽指揮綏遠抗戰。11月24日，國軍傅作義部攻占百靈廟，蔣派陳誠赴晉指揮，意在擴大綏遠抗戰，得到傅作義的支持。張則連續電蔣，請往洛陽面陳意見。[76]並上書「請纓抗敵」，請調東北軍北上作戰，否則，彼之「統率馭使，必增困難。」[77]似有要脅之意。蔣不同意，仍要他勦共。說「張學良要求帶兵抗日，而不願勦共，此其作事無最後五分鐘之堅力也。」[78]

但張之急於要求調東北軍赴綏作戰，是為實現晉軍、東北軍、紅軍三方面合力抗戰的前議。為此，張要中共駐其總部代表劉鼎轉告中

---

74 《徐永昌日記》，民國25年10月30日。第三冊，頁485-486。

75 楊奎松，《西安事變新探》，頁264-265。

76 郭廷以，《中華民國史事日誌》，民國25年11月24日。第三冊，頁645。

77 張學良，〈請纓抗敵書〉，民國25年11月27日。畢萬聞編，《張學良文集》（北京：新華出版社，1992年），第二冊，頁1044。

78 李雲漢，《西安事變始末之研究》，頁25。

共中央，設法在軍事上遷延一、二個月，屆時各方力量，會有變動。[79]

　　毛澤東根據張的告知，致其紅一方面軍總司令彭德懷說：張學良承認盡力使全線停戰，但又無法長停，似蔣尚不願取長期守勢。一、二月後，綏遠、西北、全國，有起較大變化可能。張建議我軍熬過一、二個月。[80]

　　毛並兩次致電北方負責人劉少奇，要他急須同晉綏當局成立友好關係，以便紅軍行動。其條件：為晉綏容許紅軍參加抗日，劃定一定防地，幫助解決給養、彈藥。紅軍願服從閻之統一指揮等。[81]

　　張學良於12月1日得到毛澤東電，得知葉劍英再來西安，協調兩軍行動「新步驟」。[82]張於次日自駕飛機飛洛陽，向蔣聲稱西安將有變亂情勢，已迫不及待。[83]因而使蔣改變了綏遠抗戰計劃，決定去西安處理「危局」。據蔣這天《日記》所記：

　　　　東北軍之兵心，為察綏戰事而動搖，則勦赤之舉，或將功虧一簣。此實為國家安危最後之關鍵。故余（蔣）不可不進駐西安，以資鎮懾，而挽危局。[84]

　　即在張學良到洛陽的第二天（12月3日），陳誠告知晉方：「已不主動攻商都矣」。[85]這是取消了擴大綏遠抗戰計劃。

79　張魁堂，《張學良傳》，頁191。
80　《毛澤東年譜》，1936年12月1日、2日。上卷，頁617。《西安事變新探》，頁274。
81　《毛澤東年譜》，1936年12月2日。上卷，頁617-618。
82　楊奎松，《西安事變新探》，頁277。
83　李雲漢，《西安事變始末之研究》，頁26。
84　李雲漢，《西安事變始末之研究》，頁41。

　　蔣原計劃攻取綏東商都，擴大綏遠抗戰，閻錫山與徐永昌均不以為然，蔣不因此而停止。[86]未嘗不是欲藉攘外以安內，轉移目標對外，消弭內部的矛盾和衝突。如今張學良來到洛陽，說是因綏戰而兵心動搖。在蔣聽來，認為後方出了問題，前方何能抗戰！因於4日進駐西安，全力勦共。這又回到「安內攘外」的原點了。逼張勦共，而不允其出兵綏遠抗日。蔣、張之間的矛盾更為尖銳了。值此難以化解的情勢下，口諫既告失效，唯有採取兵諫，以求一逞。

　　1936年12月12日，轟動中外的西安事變終於爆發了，張學良終於幫助中共達成了「逼蔣抗日」的目的。張發動西安事變的首通電報，即是向中共中央「報功」說：

　　　　吾等（張、楊）為中華民族及抗日前途利益計，不顧一切，今已將蔣及其重要將領陳誠、朱紹良、蔣鼎文、衛立煌等扣留，迫其釋放愛國分子，改組聯合政府。[87]

　　張、楊當日並向各方公開通電，除強烈指責蔣之「誤國」政策外，並提出以下八項主張：

　　1. 改組南京政府，容納各黨各派，共同負責救國。

　　2. 停止一切內戰。

　　3. 立即釋放上海被捕之愛國領袖。

　　4. 釋放全國一切政治犯。

---

85 《徐永昌日記》，民國25年12月3日。第三冊，頁502。

86 《徐永昌日記》，民國25年10月27日。第三冊，頁484。

87 《西安事變新探》，頁289。

5. 開放民眾愛國運動。

6. 保障人民集會結社一切政治自由。

7. 確實遵行總理（孫中山）遺教。

8. 立即召開救國會議。[88]

以張、楊的本身背景來看，上項主張的提出，似乎有些滑稽。

中共方面的反應是：

> 立即宣布西北抗日援綏聯軍之組成，以張學良為西北抗日援
> 綏聯軍總司令；東北軍編為西北抗日援綏聯軍第一集團軍，張學
> 良兼第一集團軍總司令；十七路軍編為第二集團軍，楊虎城為總
> 司令；紅軍編為第三集團軍，朱德為總司令。設立西北抗日援綏
> 軍事政治委員會，以三個集團軍高級將領為委員，每集團軍三至
> 五人。以張學良、楊虎城、朱德三人為主席團，張為主席，楊、
> 朱為副，統一軍事政治領導。[89]

中共中央同時提出：揭發蔣介石對外投降，對內鎮壓民眾之罪
狀，號召人民要求罷免蔣介石，並交人民審判。[90]中共中央政治局於
13日的擴大會議中，毛澤東肯定此一事變，「是有革命意義的，是
抗日反賣國賊的」。既然事變已經發生，「把蔣除掉，無論在那一方
面，都有好處。」[91]這是中共完全支持張學良的行動。

---

88 楊奎松，《西安事變新探》，頁319。引自《張學良文集》第二冊，頁1055。

89 楊奎松，《西安事變新探》，頁302。原引〈毛澤東等致張學良、楊虎城電〉，
　　1936年12月14日。

90 楊奎松，《西安事變新探》，頁298-299。原引中共〈中央書記處致胡服（劉少
　　奇）電〉，1936年12月12日。

　　出乎意料之外的，西安事變爆發後，全國形成聲勢浩大的擁蔣潮流。國外如蘇聯之輿論，也極呼籲保障蔣介石的安全。[92]莫斯科方面並公開譴責張學良利用抗日製造分裂。中共中央又於15日改變了態度。決定保持第三者的姿態，由支持者的角色，變為調停者的角色。南京方面，亦有鷹、鴿兩派。鷹派何應欽等主張討伐，鴿派宋子文、宋美齡以救蔣為先，主張妥協。因與來到西安的周恩來和張學良等進行談判，於12月25日達成釋放蔣之條件。條件中有：孔（祥熙）、宋（子文）組行政院；釋放政治犯；三個月後抗戰發動，紅軍再改番號，統一指揮，聯合行動；抗戰發動，共產黨公開；外交政策，聯俄，與美、英、法聯絡。[93]

　　當日下午，蔣首次接見了周恩來。據周報告，蔣表示：

1. 停止勦共，聯紅抗日，統一中國，受他指揮。

2. 由宋（子文）、宋（美齡）、張（學良）全權代表他（蔣）與我（周）解決一切（所談如前）。

3. 他（蔣）回南京後，我可直接去談判。

　　（蔣臨行時對張、楊說：今天以前發生內戰，你們負責；今天以後發生內戰，我負責。）[94]

　　西安事變到此，可謂落幕，也可說是張學良幫中共的「逼蔣抗日」工作的完成。

91　楊奎松，《西安事變新探》，頁299。

92　陳鐵健，《書香人多姿》（北京：社會科學文獻出版社，2012年），頁166。

93　周恩來，〈關於西安事變的三個電報〉，〈與宋子文、宋美齡談判結果〉，1936年12月25日。《周恩來選集》（北京：人民出版社，1980年），頁72。

94　周恩來，〈與宋子文、宋美齡談判結果〉，《周恩來選集》，頁73。

六、從「聯蔣抗日」到「擁蔣抗日」

中共「聯蔣抗日」工作的進展，而以1937年2月10日中共中央的通電，向國民黨提出的五項要求和四項保證，以及國民黨三中全會通過的《根絕赤禍案》為交結點。中共的四項保證是：

1. 在全國範圍內，停止推翻國民政府之武裝暴動方針。
2. 蘇維埃政府改名為中華民國特區政府，紅軍改名為國民革命軍，直接受南京中央政府與軍事委員會之指導。
3. 在特區政府區域內，實施普選的徹底的民主制度。
4. 停止沒收地主土地之政策，堅決執行抗日民族統一戰線之共同綱領。[95]

國民黨三中全會根據蔣介石的提議，針對中共的四項保證，於2月21日通過《根絕赤禍案》，大要為：

1. 取消紅軍名義。
2. 取消蘇維埃政府組織。
3. 停止赤化宣傳。
4. 停止階級鬥爭。[96]

對於共方所提五項要求，共方認為國民黨中全會上，確認和平統一的形式；對民主方面表示相當的擴大；承認開放言論和釋放政治犯。即是接受了他們的要求。對於四項保證，共方認為：「與我們給

---

95 〈中共中央給中國國民黨三中全會電〉，1937年2月10日。《中共文件》，第十一冊，頁157-158。

96 《大事長編》，民國26年2月21日。卷四，上冊，頁19。

三中全會的通電原則上，是相當接近的。因此，國共合作的原則，是已確定。」[97]

此時共方雖曰「聯蔣」，以示「對等」，但蔣不以為然，要求「擁蔣」。3月26日，蔣在杭州接見周恩來、潘漢年時，蔣要中共檢討過去的決定，不必談國共合作，只是與他（蔣）合作，擁他為領袖。[98]周恩來聞之，甚表意外。[99]但為了換取代價，似乎遷就一下，也是值得的。因於4月20日由其中央政治局擴大會議決議：只要蔣承認《民族統一綱領》，可以承認他為領袖。[100]可謂各取所需。

盧溝橋事變之次日（7月8日），中共所有的要員毛澤東、朱德、周恩來、彭德懷、賀龍、林彪、劉伯承、徐向前、葉劍英等九人聯名致電蔣委員長，表示「紅軍將士咸願在委員長領導之下，為國家效命與敵周旋。」[101]至其公開喊出「擁蔣」，則是蔣放寬了對中共的條件。8月22日，國府軍事委員會以中共宣稱服從國民政府指揮，參加對日作戰，遂改編共軍為國民革命軍第八路軍，任命朱德為總指揮，彭德懷為副總指揮，轄林彪之一一五師，賀龍之一二零師，劉伯承之一二九師，令赴晉北作戰，受第二戰區司令長官閻錫山之指揮。[102]這是雙方爭執已久而未能談攏的問題，今因抗戰爆發，迅獲解決。

---

97 〈國民黨三中全會後我們的任務〉，1937年4月3日。《中共文件》，第十一冊，頁169。

98 《周恩來年譜》，1937年3月下旬。頁359。

99 《大事長編》，民國26年3月26日。卷四，上冊，頁24。

100 《周恩來年譜》，1937年4月20日。頁362。

101 〈紅軍將領為日寇進攻華北上蔣委員長電〉，民國26年7月8日。《中共活動》（一），頁269。

102 〈共軍之改編〉，《中共活動》（一），頁291。

朱、彭即於8月25日通電就職。其電曰：

> 部隊現已改編完畢，東進殺敵。德等願竭至誠，擁護蔣委員
> 長，追隨全國友軍之後，效命疆場。[103]

這是中共首次公開「擁蔣」。從「擁蔣」開始，經過八年抗戰，中共大獲豐收。其軍隊由抗戰開始的四萬餘人，到抗戰結束，擴充到一百二十餘萬人；其活動範圍，由陝北一隅之地，進展到全國各地。

七、結論

中共聲稱放棄「關門主義」，實行廣泛的抗日民族統一戰線，大開善門，不計品流，廣交朋友，化敵為友；卻以「抗日反蔣」為口號，獨排蔣氏於門外，以孤立蔣氏，確已助長了國民黨內的分化。其「西北大聯合」，對於蔣之「安內攘外」政策，顯已造成嚴重的威脅，此亦超出蔣氏所能容忍的限度。即如蔣致楊虎城書中所云：

> 中央無論如如何決不能放棄西北。中央確認西北；尤其陝
> 西，為北方國防之根據。關於開發西北，與建設西北之事業，無
> 不本於國防之見地，按照計劃，盡力進行。
> 中央放棄西北，即無異放棄國防，亦即無異於自棄其職責。
> 故無論任何困難犧牲，勢不能不確實掌握此重要之國防根據。[104]

---

103 〈第八路軍總指揮朱德副總指揮彭德懷通電就職〉，民國26年8月25日。《中共活動》（一），頁303。

　　至於中共宣傳蔣「不抗日」而「反」之；而日本侵略者則又認為「蔣介石及其一黨」的反日而要打倒之。何者合乎事實？當時曾有自由派的學者作出評論。胡適指出：「我們的強鄰，都早已認清蔣介石先生領導下的政府，是最可怕的力量。所以他們處心積慮要打倒那個力量。」[105]

　　蔣廷黻也指出：日本華北駐屯軍司令官多田駿宣言中說：「蔣及其一黨與日本帝國之關係，帝國屈伏乎？抑帝國打倒彼黨乎？」意思是說日本與蔣勢不兩立。此足反證「蔣介石及其一黨」是反日的，全體中國人也是反日的，反蔣者如想他們事業成功，就能有抗日的力量，這是欺人之談。[106]

　　中共為求生存，高唱「抗日反蔣」口號，顯已不符國情，其逆勢而行，勢難持久，不得不改變方針，由「逼蔣」、「聯蔣」而「擁蔣」，終能獲致由生存而壯大的機會，亦足見其策略之靈活也。

　　至於蔣介石的收穫，更是無限的，由被說是「不抗日」而「反」之，提升到「抗日」而「擁」之，從而完成歷史性的任務——取得抗戰勝利。這種歷史上的成就，精神上的收穫，實非任何實質的收穫，所能取代的。

104 〈蔣介石致楊虎城書〉，民國26年1月19日。《民國檔案》（南京：中國第二檔案館），1986年第四期，頁14-15。

105 胡頌平，《胡適之先生年譜長編初稿》（臺北：聯經出版事業公司，民國73年），第四冊，頁1548。原引《大公報》民國25年12月20日〈星期論文〉。

106 李雲漢，《中國國民黨史述》（臺北：國民黨黨史會，民國72年），第三冊，頁292。原引《獨立評論》，第一七六號，民國24年10月27日。

附錄二
蔣介石應變國難三大方針

一、前言

（一）「外患急迫不弱於甲午」

　　1931年9月18日，日本關東軍發動事變，占據瀋陽，旋即囊括東北，成立其「滿洲國」，是為九一八事變。此一事變，實為中國近代重大之國難，其「外患急迫，不弱於甲午」。[1] 甲午（1894）之難，與九一八之難，雖因果相關，但兩者結局，殊不相同。前者在二十年後（1914）有歐戰（第一次世界大戰）之發生，日本乘機漁利，四年後（1918）大戰結束，日本成為世界五強之一。後者在十年後（1941）有太平洋戰爭（第二次世界大戰）之爆發，四年後（1945）

---

1 〈胡漢民致廣州唐紹儀等電〉，民國20年10月15日。蔣永敬編，《民國胡展堂先生年譜》（臺北：臺灣商務印書館，民國70年），頁509。

大戰結束，日本敗降，中國成為世界四強之一。

　　兩者結局之不同，就中國方面而言，前者是在滿清末葉，握大權者為深居宮中之慈禧太后那拉氏，為求苟安，割地賠款，以為了局。後者當國民政府初期，握大權者為馳騁疆場之革命家蔣中正氏，為圖復興，忍辱負重，[2]與日周旋。

　　九一八事變，固為中國之不幸，亦非日本之幸，事變之始，其外相「鴿派」幣原喜重郎謂其「鷹派」陸相南次郎曰：「吞併東三省，如吞一炸彈，必爆發而殞身。」[3]蔣介石則曰：「以東三省來做日本的炸彈，來收回東三省，進一步使日本為東三省而亡。」[4]蔣氏此言，就當時情況而言，或被視為「狂言」。然在十四年後，竟成事實。

　　九一八事變，是日本軍方計劃已久之行動，從「文裝武備」到「武力掠奪」，[5]而中國守土有責之軍政當局，則持以「不抵抗主義」。[6]其時日本氣勢之盛，肆行無忌，中國氣勢之衰，幾無還手之力，然而終能挽回頹勢者，國民政府因應之忍辱負重精神，實為重要因素。以此獲致喘息時機，得以整軍經武，以為備戰。迨盧溝橋事變

---

2 黃仁宇，《從大歷史的角度讀蔣介石日記》（臺北：時報文化出版公司，1994年），頁127。

3 《蔣作賓日記》，民國20年9月22日。劉維開編，《國民政府處理九一八事變之重要文獻》（臺北：國民黨黨史會，民國81年），頁402-403。

4 〈蔣中正在國民黨四全大會對「對日問題專門委員會報告」補充說明〉，民國20年11月20日。李雲漢編，《九一八事變史料》（臺北：正中書局，民國66年），頁334。

5 黃自進，〈九一八事變始末〉副標題。國史館，《中國抗日戰爭史新編》，第一編第二章。

6 〈張學良為日軍入侵東省通電〉，民國20年9月19日。《革命文獻》（臺北：國民黨黨史會），第三十四輯，頁891。又24日致南京中央電，同上書，頁897。

爆發，國民政府軍事委員會委員長蔣介石視為「最後關頭」已到，對日不再退讓，而決心應戰矣！[7]

　　從九一八事變到盧溝橋事變的六年，實為其後八年抗戰之序幕戰。此六年國府當局之因應，可概括為三大方針——對日：一面抵抗，一面交涉。對內：團結禦侮，安內攘外。對外：國際路線，公理戰勝。蔣介石之主導，尤具關鍵性。

（二）蔣介石九一八事變後的「豪語」

　　九一八事變後，國人多持以悲觀之態度，而蔣介石之態度，一如孫中山之樂觀奮鬥、百折不撓。蔣之前述要「以東三省來做日本的炸彈」，似非「信口開河」，在此以後的歲月，亦常有此類「豪語」。例如其在1932年9月13日之《日記》記曰：

> 　　倭寇承認偽滿日亟，而國人醉生夢死，麻木不仁，徒以名利與欺詐相尚，誠令人憤愧急躁，盡夜不安。人心已死，惟在我一人提倡力行，以冀挽救也。預期十年以內恢復東三省。……預期民國31年中秋節恢復東三省，解放朝鮮，收回臺灣、琉球。[8]

以上之言，雖不中，亦不遠矣！

1933年3月12日在石家莊紀念孫中山逝世八週年會演說中說：「八年後，不但收復東三省，且要收回臺灣、琉球。」座中聽者徐永

---

7 〈蔣委員長對於盧溝橋事變之嚴正表示〉，民國26年7月17日。《言論總集》，卷十四，頁583。
8 《蔣介石日記》，民國21年9月13日。

昌（山西省主席）暗諷之為「妄人」。[9]

　　1934年7月在盧山軍官訓練團的講話：「如果有六十萬以上真正革命軍，能夠絕對的服從我的命令，指揮統一，我一定有高明的策略，可以打敗這小小的倭寇。」[10]

　　1935年8月21日《日記》中記道：「倭寇失敗，當在十年之內。」學者認為：「蔣個人所見，大體符合日後發展之實情。」[11]

　　以當時中日兩國國力對比，日本是絕對的強勢，中國是絕對的弱勢。蔣氏何以如此自信？必係根據敵情判斷。今據國民黨黨史館庋藏的兩份文件，一為《日本國防綱領》（簡稱《綱領》），一為《日本國防作戰計劃》（簡稱《計劃》）。均為淞滬停戰後，蔣就任軍事委員會委員長兼參謀本部參謀總長時期，由參謀本部編製的。[12]

　　據《綱領》：預想敵國，分陸上與海上，「陸上敵國以俄為主；但為獲得我（日）資源地，亦須預想中國之反抗。」「海上敵國以與

　9《徐永昌日記》，民國22年3月21日。第三冊，頁4。

10 蔣中正，〈抵禦外侮與復興民族〉（下），民國23年7月對盧山軍官訓練團講。秦孝儀主編，《中華民國重要史料初編——對日抗戰時期，緒編》（三）（臺北：中國國民黨中央委員會黨史委員會，民國70年），頁139。以下簡稱《緒編》。

11 呂芳上，〈1935年《蔣介石日記》的考察〉，《民國史論》，下冊，頁1433。原注引民國24年8月21日《蔣介石日記》。

12《日本國防綱領》及《日本國防作戰計劃》為鉛印本，封底註為「參謀部第二廳印」，無年月。據後書〈例言〉：「本計劃於民國二十一年九月整理完成」。前者17頁，後者22頁。封面各注「中國將校外禁閱」。國民黨黨史館藏。據梁敬錞，《九一八事變史述》（臺北：世界書局，1995年），謂日本「假想敵（俄、美、中）祕密文獻，藏於日本參謀部武庫中，殆四十年。設無1945年密蘇里艦上投降之局，此項密件，殆無由與世人相見」，頁173-174。按此《綱領》及《計劃》，實含梁著所述之內容。

太平洋關係最切之英、美二國為主。但受海軍比例之限制，戰爭初期，……僅與美國一國周旋。」[13]

作戰之戰場，陸上以滿洲之西北野為主戰場，以沿海洲及黃河流域為支戰場。海上以東部太平洋（檀香山附近）為主戰場，而以南洋方面為支戰場。[14]

據《計劃》：作戰之方針為「海洋政策，因美、澳移民，均入絕境，不得不藉軍備向東亞大陸猛進，以求實現明治大帝遺詔，而完成大陸政策。」其要領為：第一，以日本海中心主義，鞏固本國（日本）及朝鮮；第二，獨占我（日）生命線之滿蒙，推進國防於滿蒙邊境；第三，擾亂中國政治統一，慫恿滿蒙獨立。（原注：慫恿滿蒙獨立，現已大部完成）。[15]

蔣介石之評析：

日本之國策有二，一曰南守北進之大陸政策，一曰北守南進之海洋政策。其最終目的，皆在獨霸東亞。如北守南進，必與英、美發生正面之衝突；南守北進，必與蘇俄發生不可避免的強烈鬥爭。無論是南進或北進，都須先解決中國問題，以消除其背面或側面的顧慮。其解決的方式，一以強力來控制，使之無能為力；一以協調和睦相處。但依日本一貫行動來看，後者並無可能。如以強力控制，亦有其絕大的危險。如從海上控制，須以海軍封鎖中國沿海，實與世界各國為敵；如從陸上控制，除製造「滿洲國」外，或將製造「華北國」或

---

13 《綱領》，頁1。

14 《綱領》，頁3。

15 《計劃》，頁1。

「蒙古國」，勢須動員大量陸軍，與中國正式作戰。此在戰略上，將拋棄其對美、對俄的主戰場，而將軍隊陷於對華的支戰場。如此下策，實自取滅亡。[16]基於上項分析，蔣氏斷言：「我們中國一定有方法，有力量，尤其有最好的機會，可以抵抗日本，復興民族。」[17]這是蔣氏看破日本的弱點，而有此自信也。其方法為何？可從對日、對內、對外三大方針了解之。

二、對日：一面抵抗一面交涉

一面抵抗，一面交涉，是自1932年一二八淞滬戰役決定的戰略方針。這一方針，一直持續到1936年的調整中日關係談判和同年的綏遠戰役。在此中間，有1933年的長城戰役和塘沽協定，1935年的察東事件與大灘口約、河北事件與何梅協定、張北事件與秦土協定。這一連串的事件和交涉，通稱華北危機。[18]其中以河北事件與何梅協定為嚴重，影響亦大。

從淞滬戰役到綏遠戰役，歷時五載，其間曲折變化，可分四個層次：淞滬戰役與停戰協定，可謂戰而後和；長城戰役與塘沽協定，可謂戰而後屈；河北事件與何梅協定，可謂不戰而屈；綏遠戰役與調整中

16　蔣中正，〈東亞大勢與中國復興之道〉，民國23年3月5日。《言論總集》，卷十二，頁95-96。《敵乎？友乎？》，民國23年10月。《緒編》（三），頁616-618參閱。

17　蔣中正，〈抵禦外侮與復興民族（上）〉，民國23年7月。《緒編》（三），頁108。

18　劉維開，《國難期間應變圖存問題之研究》（臺北：國史館，民國84年），頁267。

日關係談判，可謂戰而不屈，談而不讓。其所發生的影響，各有不同。

淞滬戰役，改變了九一八不抵抗之形象。是役所得之效用，據汪精衛述稱：就外交情勢言，抵抗與不抵抗之間，實有極大之差異。一二八以前，各國對華雖勉強說公道話，但卻很冷淡。自一二八淞滬抵抗以後，世界輿論，即時改變，各國對華態度，亦好於往昔。[19]

時任外交部長羅文榦指出：淞滬戰役，日方初意三日可取上海，後經三十日尚未得手。我軍雖退，而日軍進攻亦難，故願停戰。[20]

蓋因專賴外交，而不能自助，其效必微。九一八事變，我雖竭力呼籲，而國際上影響極少。迨淞滬戰役，我軍奮勇抵抗，世界目光，始為之轉移，國際輿論，亦因改變，外交方面，乃有活動可能。[21]

惟自塘沽協定至何梅協定的兩年期間，因戰而後屈及不戰而屈，其所發生的現象，有如下述：

> 自塘沽協定以來，迄今兩載有餘，政府之中日提攜政策，只造成以下幾種惡果：第一，民氣與士氣之消沉（原因於新聞與言論之取締，排貨之禁止等）；第二，無恥政客與漢奸之公開活動；第三，忠實而有氣節者，漸漸不能安於其位；第四，日本少壯軍人氣燄之高長；第五，國際對華同情心之消失；第六，國民黨道義權威之消失；第七，冀、察、平、津之名存而實亡。[22]

---

19 汪兆銘，〈悲壯抗敵以求我民族生存〉，民國21年2月29日。《革命文獻》，第三十六輯，總頁1580。

20 羅文榦，〈上海停戰協定經過報告〉，民國21年7月9日。專家談話會速紀錄，國民黨黨史館藏檔。

21 〈伍朝樞、陳公博等向國民黨四屆二中全會抗日提案〉，民國21年12月22日。國民黨黨史館藏檔。

22 王世杰，《王世杰日記》，民國24年7月17日。第一冊，頁14-15。

調整中日關係談判及綏遠戰役，又回到一面交涉、一面抵抗的原點。但其不同之處，交涉是談而不讓；抵抗是戰而不屈。尤其後者由過去的戰而後屈及不戰而屈，提升到戰而不屈。此亦盧溝橋事變後「抗戰到底」戰略方針之前驅也。

為時將近一年的調整中日關係之交涉，雖無結果，但其所獲得的代價，是為準備長期抗戰，爭取到一年半的時間。因為若干建設工作，是在1936年這一年中積極進行的。[23]

日本方面，認為這次交涉，是他們外交上的失敗，亦於日本軍人對華政策，大有影響。關於近之外交問題，日政府派以為惟有和華和俄，可免大戰，而其青年將校及反政府派，則以為方今中國備戰未成，外援未至，日本先與德、義締結協定，再乘機壓迫中國，則華北緩衝，共同防共兩條，可望實現。而其首相廣田弘毅、外相有田八郎志在戀棧，乃照軍人意思辦理。孰知德、義之援助，僅有虛聲，而俄、美、英三國之反對日本，先成事實。同時與南京方面幾次之會商，因綏遠戰事而根本推翻。以致日本在國際間之體面完全墜落。凡此皆因軍人之干涉外交所致。故其軍人亦知日本陷於中、俄、英、美之四國重圍。若不改變方針，必遭打擊，故對華北不得不暫停策動。[24]

相反，則是中國方面外交的成功。在國民黨中央政治會議中，李烈鈞聽取外交部長張群關於這次交涉的報告後，有如下之評述：

---

23 吳相湘，《第二次中日戰爭史》（臺北：綜合月刊社，民國62年），上冊，頁345。

24 丁紹伋，〈現時日本各派之對華意見〉，民國26年3月8日。《盧溝橋事變前後的中日外交關係》（臺北：中華民國外交問題研究會，民國55年），頁91。

中日交涉開始以來，歐美各國，對於我國之表示，頗具同情，認我國為確有希望之國家。同時在國內之情形，亦為之一變。從前人民對於政府，往往表示不信任，現在都很信任政府。不過一般人以為中央對日交涉，起初態度強硬，結果恐仍屈服。今天一聽張部長之報告，知道中央非惟未屈服，態度更見強硬。彌覺可慰。[25]

至於綏遠戰役，也使日本軍方有所警惕，認為中國武備充實，將士效死，攻守如意。深悔從前之對華認識，完全錯誤。若不停止綏遠戰爭及華北策動，則中國仇日愈甚，勢必與蘇俄攜手；倘又與共黨妥協，則在中國之日軍，有腹背受敵之虞。[26]

對日之一面抵抗、一面交涉政策，自淞滬戰役到綏遠戰役，由戰而後和到戰而不屈。足以顯示這一政策，對國難之應變，至為有效。

三、對內：團結禦侮安內攘外

（一）團結禦侮

外侮之來，由於內訌，要抵禦外侮，必須團結內部。此為九一八事變後，國人共同的呼聲。蔣中正聞變，即曰：「日本侵我東省，如

---

25 中國國民黨中央政治會議第26次會議速紀錄，民國25年11月18日。國民黨黨史館藏檔。

26 丁紹伋，〈現時日本各派之對華意見〉，《盧溝橋事變前後的中日外交關係》，頁92。

我內部能從此團結，未始非轉禍為福之機，故此時當謀團結為先。」[27]
與蔣立於反對地位的胡漢民亦認為：

> 今日正為吾黨（國民黨）同志徹底覺悟，力圖團結之急要時
> 機。蓋非各自覺悟以改正以往之錯誤，無以求黨內之團結；非黨
> 內團結之堅固，無以集合全國之力量以禦外侮。[28]

在此之前，中國內部處於極度動亂之中，其重要者，有1930年
的中原大戰；1931年3月「湯山事件」，形成寧粵對抗，以及長江流
域大水災，中共軍在江西之暴動。在此天災人禍接踵而至的情況下，
蔣氏除停止勦共軍事外，決定「對廣東，以誠摯求其合作：第一，粵
方覺悟，速來南京，加入政府；第二，只求統一，中央一切均可退
讓；第三，與胡漢民、汪兆銘合作亦可。」[29]

是年11月，國民黨四全大會，是國民黨團結的開始。1935年11
月五全大會，是國民黨團結的完成。由於派系之糾紛，四全大會分別
在南京（蔣派）、廣州（胡派）、上海（汪派）三處舉行。三處均選
出中央執行、監察委員，最後熔於一爐，名額大為擴充，第三屆連同
候補總共八十名，第四屆總共一百七十八名，增加一倍有餘；執委由
原來的三十六名增為七十二名，加了一番。過去被排除的不同派系或
被「開除」者，都當選為第四屆執、監委員。[30]一盤「大拼湊」，只

---

27 《蔣中正總統──困勉記》（臺北：國史館，2012年），民國20年9月20日記。
   上冊，頁302。以下簡稱《困勉記》。
28 〈胡漢民致廣州唐紹儀等電〉，民國20年10月15日。蔣永敬編，《民國胡展堂
   先生漢民年譜》，頁509。
29 《困勉記》，民國20年9月21日記。上冊，頁302-303。
30 國民黨中央第三、四屆執行、監察委員（含候補）名單，見李雲漢，《中國國
   民黨史述》（臺北：國民黨黨史會，民國83年），第五冊，頁400-403。

是象徵性的團結。

五全大會是實質性的團結，如蔣所云：「第五次全國代表大會，能得到如此完滿結果，不惟本黨四年之分裂，與十年來之糾紛，得到告一總段落；且開黨國未有之新紀元。」[31]

四全大會只做到蔣、汪合作，是局部合作。五全大會做到蔣、汪、胡、閻、馮五大領袖合作，是全面合作。而馮、閻皆得以誠相感，此皆成功之特點。[32]

團結與禦侮，密切相關，一體兩面，互為因果。九一八不抵抗，舉國憤慨，蔣氏下野。淞滬戰役，舉國振奮，蔣氏重握軍權。此為蔣、汪以及寧、粵局部合作的結果。但自塘沽協定與何梅協定以後，由於未能禦侮，即現分裂情勢。尤其何梅協定之不戰而屈，中央發生「反汪」政潮，地方發生「倒蔣」現象。後者更為嚴重，幾乎遍及全國。據徐永昌兩則《日記》：

1935年6月16日記：

> 早間周士楨來，出（示）陳季（濟）棠白綾書件（箋），並致其密意云：國家外患，深至如此，皆由內事不平所致。今擬請蔣下野，改組政府，廢除黨權，實行均權共治。發難由陳（濟棠），湘、桂已有契約，更請各方贊助。張漢卿（學良）早已同情，魯韓（復榘）、陝楊（虎城）等處，亦已另有人去說。對日外交，由陳中孚負責。月前土肥原（賢二）如粵，即偕陳同往。

---

31 《困勉記》，民國24年12月1日「反省11月份事」。上冊，頁481。

32 蔣中正總統檔案，《事略稿本》（34）（臺北：國史館，2009年），民國24年12月31日「本年反省錄」。頁786。

發難時期，似（擬）在11月五中某會（按：似指國民黨五全大會）前。」[33]

同年8月3日記：

> 劉定五與閻（錫山）先生談極洽，大意謂今日一通電報，蔣即下野。張漢卿（學良）已與西南同意，至時張電蔣同引罪下野，再由西南政（委）會留張逐蔣，請閻先生預備到南京組織政府云云。閻先生大為聳動。[34]

劉定五名治洲，在西北軍陣營工作，曾代表馮玉祥赴廣州，與陳濟棠密商「反蔣」，於返途中被南京方面捕獲監禁，經閻、馮索要釋放。時任宋哲元（第二十九軍軍長）之平津衛戍司令部高級顧問。彼之晤閻，當係宋之代表。此次醞釀「倒蔣」，宋亦主要成員之一，彼向徐永昌表示：「華北在日本壓迫、中央不管的處境下，不能不聯合閻先生為首領，向方（韓復榘）副之。咱們大家幫助辦（事）。」[35]

張學良素為蔣之「親信」，竟亦參與「倒蔣」，殊難想像。按張在兩年前不戰而失熱河，蔣免其軍委會北平分會代理委員長之職，對蔣抱怨。蔣以為「張學良尚無覺悟，不自知其喪失國土之罪，而一意怪人，以余（蔣）為對他不起。是誠以德報怨，不足與交也。」[36]張

33　《徐永昌日記》，民國24年6月16日。第三冊，頁271-272。

34　《徐永昌日記》，民國24年8月3日。第三冊，頁296。

35　《徐永昌日記》，民國24年10月2日。第三冊，頁312。

36　《困勉記》，民國22年3月31日記。上冊，頁378。又據《事略稿本》（24）（臺北：國史館，2005年），民國22年12月10日記：「漢卿決於本（12）月庚（8）日由歐啟程回國，聞彼言論間，對中（正）有不滿處。」頁75。

辭職出國，於1935年1月返國，先後任豫鄂皖勦共副司令代行總司令（蔣）職權、武昌行營主任。所部東北軍約二十餘萬，分駐冀、豫、鄂地區。在豫、鄂者，任勦共工作。這年4月，東北軍第六十七軍王以哲部尾隨共軍徐海東部進入陝南。華北事件後，駐河北之東北軍第五十一軍于學忠（冀省主席）部調往甘肅，于任川陝甘邊區勦共總指揮兼甘省主席。此舉使張懷疑蔣以甘誘于，係分裂其東北軍。張令于不聽，遂將其漢口後方全部移長安。[37]張之參與「倒蔣」，非無故也。

蔣對南北「倒蔣」之密謀，顯有所悉。在其四川勦共告一段落後，即著手處理。於10月12日在開封，與宋哲元商談「對倭作戰總綱」。13日到太原，與閻「詳商各種注意問題」。[38]邀閻入京參加國民黨中央全會，並派參謀次長熊斌去北平，轉達對日計劃，「抱定戰而不屈的對策」。[39]閻到京，與談外交問題，蔣曰：「對倭立於主動，與之談判。對國民，應宣布至最後犧牲之方針，或可轉移倭寇外交方針也。」[40]此「最後犧牲之方針」，即是蔣在國民黨五全大會「最後關頭」之宣示。

這是結束了自塘沽協定以來對日之軟弱政策，邁向強硬之道。對內團結禦侮精神之提升，頓見成效。隨之國民黨五屆一中全會，調整黨政人事，進一步落實大會的團結精神，汪辭行政院長，由蔣接任，

37 高存信、白竟凡，〈張學良開始聯共時間的探討及其作用淺析〉（論文稿）。資料引據彭德懷1936年1月16日致毛澤東電。電引王以哲1935年12月21日致彭函之內容。
38 《困勉記》，民國24年10月12日記。上冊，頁471。
39 《徐永昌日記》，民國24年10月15日。第三冊，頁318。
40 《困勉記》，民國24年10月29日記。上冊，頁473。

胡漢民任國民黨中央常務委員會主席，汪任中央政治委員會主席，蔣任兩會副主席。胡之出任中常會主席，象徵意義尤為重大。彼自四全大會後，堅持「在野」，實為西南「反蔣」之精神領袖。如今回向中央，顯示西南分離勢力趨於沒落。蔣之政治地位，更為鞏固。

（二）安內攘外

南京中央對內之另一重要政策，則為安內攘外。此策之確定，是在1932年3月4日淞滬戰役後，國民黨中全會決定以勦共掃除軍事之障礙。[41]此不僅針對中共，亦是針對地方割據勢力。故亦受到地方軍人的反對。淞滬戰役後，蔣對中共軍進行第四次之圍勦。因長城戰役而停止。塘沽協定後，為第五次之圍勦。到了1934年10月，共軍自江西突圍，中央軍隨共軍之「長征」，追勦至黔、滇、川三省，中央權力遂及於三省，此為近二十年未有之事。乃改定四川為抗日根據地。[42]此為蔣之對日備戰工作一大成就，其在1935年的〈反省錄〉指出：

> 今年中心工作是為勦匪，可說已達七分之成功。明年則可以抗倭為中心，而對匪僅著力於清勦也。

> 今年統制中（國）、交（通）兩銀行，實施法幣。發展川、黔、滇、陝、甘、豫連貫之公路，統一川、黔。完成本黨全國代表大會，改組行政院，團結內部。……而倭陰狠險阻，雖云已極，卒未得逞。最後華北自治，亦未發現。皆為精神之勝利。甚

---

41 〈中國國民黨四屆二中全會之施政方針報告〉，民國21年3月4日。《革命文獻》，第三十六輯，頁1584。
42 郭廷以，《近代中國史綱》，頁670。

矣！世人徒覺抗倭之難，而不知伐謀之戰更為難也。[43]

中共中央毛澤東等自江西突圍後，經過一年的「長征」，於1935年9月到達陝北，只剩下四千餘眾，與先到陝北之徐海東部會合，編為第一方面軍，以彭德懷為總司令，眾約一萬二千餘人。[44]其中央總部設於瓦窯堡，遵循共產國際決議，實行統一戰線，提出「抗日反蔣」口號。目的是結合國民黨的地方實力派，削弱蔣的勢力，以增強本身的力量。[45]

在中共軍到達陝北時，蔣即任張學良為西北「勦匪」副司令，代行總司令（蔣）職權，統一指揮陝、甘、寧、青、晉五省軍事。[46]惟張卻與中共「化敵為友」。自1936年1月，開始與共方代表接觸，4月9日，與周恩來會於延安，同意和中共「停止內戰，一致抗日。」贊同中共的「國防政府，抗日聯軍。」各派代表赴蘇聯接洽等。[47]同時，陝軍首領楊虎城亦與中共達成停戰、通商等協定。[48]

6月1日，兩廣陳濟棠、李宗仁、白崇禧以國民黨「西南執行部」名義，要求南京中央領導抗日。並即宣布「北上抗日」。[49]實即

---

43 《事略稿本》（34），民國24年12月31日「本年反省錄」。頁786。

44 姜任耕，〈關於長征結束後的紅軍人數問題〉，《中國現代史》，1983年，第九期，頁129。

45 中共〈中央為目前反日討蔣的祕密指示信〉，1935年10月。中共中央檔案館編，《中共文件》，第十冊，頁564。

46 《周恩來年譜》，1935年9月26日。頁293。

47 〈周恩來關於張學良商談各項問題致張聞天、毛澤東、彭德懷電〉，1936年4月10日。《中共黨史資料》，1990年，第三十三輯，頁3-4。

48 《周恩來年譜》，1936年3月中旬。頁303。

49 周美華，《中國抗日政策的形成》（臺北：國史館，民國89年），頁228。

「反蔣」。中共毛澤東迅即號召「抗日反蔣」，與兩廣相呼應。由其
6月16日及7月2日致共產國際的兩通電文，可知中共與兩廣及張學
良、楊虎城等，已形成「反蔣」聯合陣線。且與華北之宋哲元、韓復
榘有聯絡。計劃在兩個月內採取行動，「以接近蘇聯，與解決西北蔣
介石力量為原則。大體以一方面軍經於甘北，二、四方面軍經於甘
南，以東北軍一部入蘭州，解決朱紹良（中央軍），並控制蘭州到哈
密要道。」[50]因為「8月上旬，二、四方面軍可到甘南，那時是最好
時機。」[51]

去歲彼等「倒蔣」，是在日本關東軍特務機關長土肥原的策動
下，以行分離，是順日、助日「倒蔣」。這次「反蔣」，是在中共
「抗日」統戰下，以行分離，似乎有些號召力。

蔣之優越條件，是握有黨政機器。故其處理此事，於7月13日在
國民黨中央全會，再度宣示「禦侮之限度」。[52]此一對日態度，較在
五全大會宣示的「最後關頭」，更為強硬。隨即任命蔣廷黻為駐蘇聯
大使，改進對蘇關係；並由國民黨方面與共方代表進行談判。廣東方
面，以空軍及將領余漢謀之歸順中央，陳濟棠離粵出走。廣西李、白
亦願妥協。[53]西安內部迅有分化之情勢，張學良的部將王以哲軍長，
原是積極支持「聯共抗日」的，改變了態度，聲稱東北軍反蔣無出

---

50 楊奎松，〈中國紅軍打通國際戰略方針演變〉，《中共黨史研究》，1988年增
刊。

51 楊奎松，《西安事變新探》，頁112。原據資料：〈洛甫致王明、康生、陳雲同
志電〉，1936年7月2日。按中共紅二、四方面軍，於1936年10上旬始到隴
東。

52 蔣中正，〈禦侮之限度〉，民國25年7月13日。《緒編》（三），頁666。

53 周美華，《中國抗日政策的形成》，頁239。

路。力言當初擁蔣，今又反蔣，是無信義，他絕不贊成。張之態度，亦現猶豫。當中共代表潘漢年到西安時，張托病拒見。經過多日的努力，始得見面。潘轉達了毛澤東致張的信，要張配合紅軍發動「抗日局面」。但張表示：在具體行動上，有所顧慮，一是怕蔣知道，二是怕引起東北軍內部的恐慌。[54]楊虎城的態度，也有動搖。毛澤東派張文彬到西安見楊，楊亦托病拒見。差不多拖到十天以後，始得見面。楊表示：不能與紅軍走一條路，願走「人」字路。[55]

　　看來，西南、西北、中共之「抗日反蔣」聯合陣線，勢難持續下去了。適於此時，莫斯科方面命令中共拋棄張學良，與蔣聯合。關於聯蔣，電令說：「中國共產黨和紅軍司令部必須正式的向國民黨和蔣介石提出建議，立即就停止軍事行動和簽訂共同抗日具體協議進行談判。」關於棄張，電令說：「不能把張學良本人，看成可靠的盟友；特別是在西南失敗之後，張學良可能再次動搖，甚至直接出賣我們。」對於中共中央「打算接收張學良入黨」要求，說是「某些野心家鑽入黨內的決定」。[56]這是批駁不准張之要求，作為中共的黨員。[57]毛澤東乃將「抗日反蔣」，變為「逼蔣抗日」。認為過去的「抗日反蔣」口號，是不適當的。但「在逼蔣抗日的方針下，並不放棄同各派反蔣

54　楊奎松，《西安事變新探》，頁149-151。原據資料：潘漢年致毛澤東、張聞天信，1936年8月25日。

55　張文彬，〈給毛澤東的報告〉，1936年9月6日。《中共黨史資料》，第三十三輯，頁11-16。

56　〈共產國際執委會書記處致中共中央書記處電〉，1936年8月15日。《中共黨史研究》，1988年，第二期，頁86-87。

57　西安事變前，張學良為中共之祕密黨員問題，大陸方面有若干資料予以承認。

軍閥進行抗日的聯合。」[58]這是說，仍與張學良等保持聯合。如此，張之地位，卻被視為「反蔣軍閥」了。

10月上旬，中共紅二（朱德）、紅四（張國燾）兩方面軍由川康地區到達隴東，與紅一方面軍會合，約計兵方七萬之眾。[59] 8日，莫斯科方面通知中共中央，要他們到寧夏定遠營，準備接運俄援，數量是一百五十輛汽車，並提供司機及所需的汽油；軍火物資大約五百五十噸到六百噸。[60]因此，中共的「逼蔣抗日」籌碼，大有增進。

20日，張學良密至太原，與閻錫山協商「聯共抗日」。據張回西安告知留在西安的紅一方面軍參謀長葉劍英說：閻有意「聯晉軍、東北軍、紅軍，全力抗戰；並將綏遠之固陽、包頭、五原、安北、臨河五縣給紅軍；同時支持宋哲元抗日。」惟其條件，如蔣不領導抗日，他始不顧一切去「犧牲」。[61]

蔣於和平統一兩廣後，於22日來到西安，督飭勦共。此時正是紅軍西渡黃河進攻寧夏，指向定遠營，以便接取俄援。被胡宗南、毛炳文、王均、關麟徵的中央軍擊退。紅軍奪取寧夏計劃，被迫中止，主力東移。[62]莫斯科方面遂即通知中共，取消寧夏接運計劃。[63]

蔣於西安督飭勦共時，並策劃綏遠戰役，派陳誠赴太原，與晉綏

58 《毛澤東年譜》，1936年9月1日。上卷，頁575。中共〈中央關于逼蔣抗日問題的指示〉，1936年9月1日。《中共文件》，第十一冊，頁89-90。

59 楊奎松，〈中國紅軍打通國際戰略方針演變〉，《中共黨史研究》，1988年增判。記為七萬人。張魁堂，《張學良傳》，頁189。記為五至六萬人之間。

60 楊奎松，《西安事變新探》，頁219。

61 楊奎松，《西安事變新探》，頁231。

62 《毛澤東年譜》，1936年10月30日。上卷，頁605。

63 楊奎松，〈中國紅軍打通國際戰略方針演變〉。

當局協商「綏防問題」。陳主張以湯恩伯之中央軍，假晉軍旗幟，襲取張北，同時以傅作義部襲取商都。蔣亦來電催促實行。議久不決，閻錫山擬赴陝與蔣面議。[64]陳回西安，與蔣商談殘共渡河北竄之方向及處置辦法，蔣告之曰：「增加中央部隊於綏遠，可對華北倭軍形成脅制之勢。」[65]

29日，蔣移駐洛陽，指揮綏遠戰役。31日為蔣五十誕辰，閻錫山、張學良、傅作義等，均到洛陽，為蔣祝壽。蔣則藉此與彼等商討戰事。與傅商決收復百靈廟之準備部隊與下令時期。與閻、張商勘共策略：

> 甲、限制其向東奔竄，勿使挑起中日戰爭，貽害黨國。
> 乙、限制其向北竄，勿使與外蒙聯絡，打通接濟之路。
> 丙、限制其在寧、甘、阿拉善邊境，而設法解決之。[66]

上項策略，適與張之意圖相反，無異秘知中共也。11月16日，傅作義電閻，請襲取百靈廟及商都。徐永昌主慎重，閻電蔣請裁決。[67]蔣即飛太原，與閻商討，決取攻勢，佯攻商都，主攻百靈廟。並對閻說：「如再延時間，則陝北殘匪，雖不欲竄綏，亦必藉抗日而竄綏矣。至此，則赤匪與偽蒙同來，更難應付。」閻乃允可出擊。[68]　24日，傅作義部光復偽蒙的重要根據地百靈廟。

---

64 《徐永昌日記》，民國25年10月27日。第三冊，頁484。
65 《困勉記》，民國25年10月27日記。下冊，頁520。
66 《困勉記》，民國25年10月31日記。下冊，頁521。
67 《徐永昌日記》，民國25年11月16日。第三冊，頁493。
68 《困勉記》，民國25年11月17、18日。下冊，頁523。

於此可以了解綏遠戰役，主動發之於蔣，名為對日偽蒙軍作戰，實際目的，是為防止共軍入據綏遠，乃一石兩鳥之計也。

傅部光復百靈廟後，張學良向蔣上書「請纓抗敵」，謂「今者前鋒既接，大戰將臨，就戰略言，自應厚集實力，一鼓而挫敵氣。則調良部北上，似已其時。」[69]顯然的，這是張要以其東北軍夥同共軍進兵綏遠，以行彼等「抗日聯軍」之約。為此，毛澤東兩次致電其在北方的負責人劉少奇，要他急須同晉綏當局成立友好關係，以便利紅軍行動。條件是：晉綏容許紅軍參加抗日戰線，劃定一定防地；紅軍願意服從閻的統一指揮；派出代表駐在晉閻、綏傅處。[70]

蔣對張之要求，未能允之；毛之目的，自難達成。西安事變由此起也。惟張終於幫助中共達成了「逼蔣抗日。」

西安事變後，中共再度改變統戰策略方針，由「逼蔣抗日」，變為「聯蔣抗日」。從此結束內戰，一致對日。至此國內政局，大有轉機。王世杰記曰：

今年（1937）新歲，政府中人乃至一般社會的感觸，頗與過去三、四年異。舒慰之情，頗顯著而普遍。蓋過去一年間，國家雖遭受幾次絕大凶險，迫舊歲除，均獲一種意外結局也。日人之外交與軍事壓迫，一時雖有釀成戰爭之危，終究則中日外交談判，並未產生任何協定；綏遠方面，日人助匪偽進攻，終究則為我軍戰敗。兩粵反抗中央，終究以和平方法，促成一個新的統一

---

69 張學良，〈請纓抗敵書〉，1936年11月27日。畢萬聞編，《張學良文集》，第二冊，頁1050。

70 《毛澤東年譜》，1936年12月2日。上卷，頁617-618。

局面。12月12日（1936）西安事變，張（學良）、楊（虎城）叛
變，終究因全國輿論之攻擊與各方之斡旋，蔣院長中正于同月25
日出返首都。這都是大眾引為欣幸的大事。而全國豐收，開民國
以來新紀錄，尤于全國人民以絕大之安慰。[71]

國共和解，中國統一。蔣對日本，不再退讓，1937年7月7日盧
溝橋事變發生，蔣於9日即令軍事委員會辦公廳主任徐永昌：「我軍
應全部準備動員，各地皆令戒嚴，並準備宣戰手續。」[72] 17日的盧山
談話，雖然表示「抗戰到底」[73]但是硬中有軟，仍不閉交涉之門。迨
平、津失陷，和平絕望。蔣曰：「平、津既陷，人民荼毒至此，雖不
欲戰，亦不可得；否則，國內必起分裂之禍；與其國內分崩，不如抗
倭作戰。」[74]因於8月7日，開國防黨政聯席會議，「決定主戰」。[75]
於此亦可了解，蔣於此時「決定主戰」，乃迫於內外情勢也。

對日戰略方針，不再是一面抵抗、一面交涉，而是持久抵抗，抗
戰到底了。

所謂抗戰到底之「底」，並非「戰到日本亡了的時候，才是到
底。」亦非「戰到中國亡了的時候，才是到底。」而是「假使能夠恢
復盧溝橋事變以前的狀態，可以開始談判，以外交的方法，解決東北

---

71 《王世杰日記》，民國26年1月3日。第一冊，頁18-19。

72 《徐永昌日記》，民國26年7月9日。第四冊，頁73。

73 〈蔣委員長對於盧溝橋事件之嚴正表示〉，民國26年7月17日。《言論總集》，
　　卷十四，頁583。

74 《困勉記》，民國26年8月4日記。下冊，頁570

75 《困勉記》，民國26年8月7日記。下冊，頁570。

問題。」此為1939年1月，蔣在國民黨五屆五中全會的說明。[76]這仍不脫離抵抗與交涉的老路。可謂不徹底之「底」，這是因為中國孤軍作戰之故。迨至珍珠港事變，太平洋戰爭爆發，中國對日宣戰，廢棄中日之間過去所有條約、協定，當然包括《馬關條約》在內。才是徹底的到「底」。

四、對外：國際路線公理戰勝

九一八事變發生，蔣曰：「注重外交」，「力禦外侮」。隨即提出「應先提國際聯盟及非戰公約各國，以求公理之戰勝。」惟張學良主張「急謀與日交涉，早日解決」。蔣不以為然。[77]其時主張與日單獨交涉或直接交涉者，非僅張學良，學者胡適，以及尚在南京被監禁的胡漢民亦主張之。日本外交當局，除拒絕國聯撤兵決議外，亦要直接交涉。蔣則堅持訴諸國聯，理由是：

> 世界非僅一日本，國際非僅恃強權。日本占領東三省，就是破壞東亞和平，破壞世界和平。日本軍閥不明此理，無異自絕於世界。[78]

實際上，國聯對中日問題，已無能為力。1933年2月14日，國聯大會以二十四票對日本的一票，通過十九國委員會報告書，接受該會

76　蔣中正，〈外交趨勢與抗戰前途〉，民國28年1月26日。在國民黨五屆五中全會講詞。國民黨黨史館藏檔。
77　《困勉記》，民國20年9月21、23日記。上冊，頁302、303。
78　蔣中正，〈擁護公理抗禦強權〉，民國20年10月12日。《緒編》（一），頁294。

不承認「滿洲國」的建議。[79]算是最大成就了。日本亦自此退出國聯，以為不受國際約束，對華侵略，更是肆無忌憚。長城戰役之抵抗，雖較淞滬戰役為壯烈，終不敵日軍砲火之猛烈。是以戰敗後的塘沽協定，不啻「城下之盟」。自此以後兩年多的時期內（綏遠戰役前），對於日本之壓迫，只有消極的退守，而無積極的抵抗。據汪精衛是年11月在國民黨中央之外交報告稱：

> 自九一八事變至本年（1933）5月（塘沽協定）前，外交工作，全為「打鑼求救」。然國際方面已明示吾人：除道義上同情外，即經濟封鎖（對日）亦難辦到。則實力之救助，已成空想。故自5月以來，外交上態度已易為「困守待援」。蓋就國際形勢觀之，美、俄復交，足以促成日、俄之對峙，不久將來，勢必發生變化；變化之結果，或即為中國求得一新生之機運。與其打鑼求救而救兵終不到；且因打鑼更足引敵之侵略，孰若困守以待援之為得計。[80]

其後大灘口約、何梅協定、秦土協定，皆是此「計」的後遺症。據當時的教育部長王世杰之記述，謂「今後政府之對日政策，大有走上另一途徑之趨勢，時局之危，至為可慮。」王且認為「近日政府中人頗傾向於『中日共存共榮』之說，汪先生（精衛）亦頗為所動」。[81]

79　郭廷以，《中華民國史事日誌》（臺北：中央研究院近代史研究所，民國73年），第三冊，頁229。

80　汪兆銘，「報告外交情況」，民國22年11月29日。國民黨中央政治會議第三八六次會議速紀錄。國民黨黨史館藏檔。

81　《王世杰日記》，民國22年6月3日及13日。第一冊，頁5-6。

　　但據汪以後的追述，他於長城停戰後，與蔣在廬山熟商，發表通電，主張「治標莫急於清除共匪，治本莫急於生產建設。」從那時起，數年之間，勦共與建設，多少有所成就。同時對於日本表示，不願用和平以外的手段解決問題。交涉之門，隨時打開。於是醞釀出一個根本解決的方法，就是廣田三原則中「共同防共」問題。[82]

　　蔣之態度，則較汪為積極，其自記曰：「當此停戰蒙恥之時，應使高級將領，臥薪嘗膽，而不自餒自逸；尤應確定建設步驟，以期十年之內，湔雪此恥。」[83]

　　學者胡適頗不以汪之主張為然，他致函汪氏：「我們的將來，無疑的必須倚靠一個可以使丹麥、瑞士和英吉利、法蘭西同時生存的世界組織，我們必須有這種信心，然後可以決定我們的外交政策。」「兩年來，世界人士、歐美國家，對我們的同情，都是這個理想主義受威脅的喊聲，我們不可認錯了。」[84]因此，胡之主張為：「中國的外交，必須顧到四條路線：一是日本，二是蘇俄，三是美國，四是國聯（代表西歐和英帝國）。最上策是全顧到這四線，不得而思其次，也要顧到四線中的三線。」[85]

82 汪兆銘，〈十年來和平運動的經過〉，1943年在南京演講原稿。國民黨黨史館藏檔。
83 《困勉記》，民國22年6月6日記。上冊，頁385。《事略稿本》（20），民國22年6月6日記，用詞略異。頁380。
84 〈胡適致汪精衛函〉，民國22年12月20日。《胡適來往書信選》（香港：中華書局香港分局，1983年），中冊，頁225-227。
85 胡適，〈世界新形勢裡的中國外交方針〉。《獨立評論》，第七十八號，民國22年11月26日。轉引胡頌平編，《胡適之先生年譜長編初稿》，第四冊，頁1175。

蔣中正的主張，並不反對對日妥協，認為「外交方面，歐美有不能顧及東方之勢，而倭、俄衝突，則終無定時，我國於此，不能不拖延時日，以為沉機觀變之地。」至於國際路線，且較胡氏更進一步：「吾（蔣）對外交，一為中、德、意之聯合，一為中、美、俄之聯合，一為中、俄、德之聯合。而土耳其（按：為國聯重要成員之一，次年代表亞洲當選國聯非常任理事）亦宜設法預交。總須努力打破僵局，以喚醒歐美之注意於東方也。」[86]

因此，中國對於國聯，儘管頗多失望，仍然與之盡量合作。凡屬維持和平、主張正義之建議，中國仍予參加。[87]在此國際姑息主義的瀰漫氣氛下，中國唯一能做的，只有在言論上，來督促國聯會員各國，責備他們，應實行應盡之義務；否則，即不能保障國際和平，結果連本身生存與安全，亦不能保。這是利用國聯機構，作為宣傳工具，喚起世界對中國之同情，暴露日本之罪惡。[88]這種方法，看起來雖很消極，但也有其積極的作用，就是利用外交作為武器，以孤立敵方。蔣在國民黨中央全會曾有詳細之說用，要義為：

我們的外交方針，是拿什麼東西來做我們的外交武器？第一是九國公約，第二是國聯盟約。有了這兩種武器，我們的抗戰，是光明正大的，更多了一種保障。這種武器的使用，自九一八以後，我們的外交路線，就在國聯。我們的武器，正是敵人所懼怕的東西。所謂「敵

---

86 《困勉記》，民國22年3月26日記。上冊，頁377。

87 汪兆銘，〈擬口頭報告外交問題綱要〉，民國26年7月17日。廬山談話會速紀錄。國民黨黨史館藏檔。

88 汪兆銘，〈最近外交方針〉，民國27年9月20日。對法官訓練所講詞原稿。國民黨黨史館藏檔。

之所害，即是我之所利；敵之所利，即是我之所害。」九國公約、國
聯盟約，敵人既然要用很大的力量，來破壞它，毀滅它。我們如棄之
不顧，正是中了敵人之大欲，正是敵人求之不得的。所以我們擁護九
國公約、國聯盟約，正是保存我們的力量。如何促成兩約之聯合使
用？必須持久抗戰。國際形勢一定會依著我們抗戰與否而轉變。促進
英、美一致，俄、美一致，是我們外交重要的目標。[89]

蔣氏堅信：侵略國家對面，一定會產生一個中、英、美、蘇的反
侵略聯合陣線出來。如我繼續努力抗戰下去，定可達到各國在遠東敵
視日本，包圍日本的目的，使日本陷於絕對的孤立。[90]

到太平洋戰爭發生，中、美、英聯合對日作戰，終於達到這個目
標。正是蔣前面所說的他有所謂「高明的策略」。即是戰略和政略的
戰勝也。[91]

五、結論

從瀋陽九一八事變到盧溝橋事變，是為國難時期。應變之策，不
外三大方針：對日：一面抵抗，一面交涉；對內：團結禦侮，安內攘

89　蔣中正，〈外交趨勢與抗戰前途〉，民國28年1月26日。國民黨五屆五中全會
　　速紀錄。國民黨黨史館藏檔。

90　蔣中正，〈國府遷渝與抗戰前途〉，民國26年11月19日。《言論總集》，卷十
　　四，頁654-655。

91　據蔣對策略的解釋，謂「策略上的運用，有所謂政略（原注：即國策和戰略兩
　　種」。蔣中正，〈論政略與戰略之運用〉，民國24年12月12日。《言論總
　　集》，卷十三，頁559；「兩國戰爭，最後勝敗，關鍵即在政略與戰略」。蔣中
　　正，〈抗戰檢討與必勝要訣（上）〉，民國27年1月11日。《言論總集》，卷
　　十五，頁9。依此解釋，策略為政略和戰略的實施，政略和戰略為策略的指導。

外；對外：國際路線，公理戰勝。三者有相互為用之關係。就抵抗與交涉而言，當政府態度趨於強硬時，內部團結精神則現升高；反之則形低落，例如九一八之不抵抗，舉國憤慨，抗議聲勢，社會為之動盪不安，政府地位為之動搖。淞滬戰役，國軍英勇奮戰，舉國振奮，政府形象為之改觀。但自塘沽協定而至何梅協定時期，抵抗與交涉表現軟弱，地方分離聲勢為之升高。迨國民黨五全大會宣示「最後關頭」禦侮限度後，不惟國民黨四年來之分裂，為之復合；即十年來國內之糾紛，亦告段落。

團結有成，抵抗與交涉，始有力量。調整中日關係之交涉，談而不讓；綏遠戰役，戰而不屈，即是明證。且此戰役，名為攘外，實為安內。中共之統戰路線，由於安內攘外之進展，一再改變，由「抗日反蔣」而「逼蔣抗日」。西安事變後，再變為「聯蔣抗日」，結束內戰，一致對日。

國共和解，中國統一，對日不再退讓。盧溝橋事變，蔣氏立即命令「我軍應全部動員，各地皆令戒嚴。」對日不再是一面抵抗，一面交涉，而是持久抵抗，抗戰到底。惟此一到底之「底」，並非戰到一兵一卒而不止，乃是以「恢復盧溝橋事變以前狀態」為底限，仍是不廢交涉也。這是因為中國孤軍作戰之故。迨珍珠港事變，對日宣戰，廢棄中日所有條約、協定，當然包括甲午戰敗的《馬關條約》在內，乃是徹底的到「底」。

外交之走國際路線，擁護國聯盟約與九國公約，雖未達到制裁敵人之目的，然而以之作為宣傳工具，暴露日本之罪惡，孤立敵人，仍見成效。而其更重要的目標，則為促成中、美、英、蘇的聯合，來包圍日本。終於達到這個目標。

　　這是蔣氏戰略和政略的致勝，伐謀的成功，即本文所述三大方針之成就也。

後記

　　著者與劉維開教授合著《蔣介石與國共和戰》（1945-1949）及其修訂本，先後由臺灣商務印書館出版後，商務有三版之議，適著者就原著大幅度的修正和補充；一至五章大事調整，六至七章亦有變動，與原著內容，大異其趣，擬供三版之需。

　　劉維開教授以為一修再修，易增讀者的困擾。建議作為新著，較為恰當。著者是之。乃將本著定名為《蔣介石、毛澤東的談打與決戰》，另增附錄〈從「抗日反蔣」到「擁蔣抗日」〉一篇。此篇由拙撰的三篇舊作（註）揉合及修訂而成。是探討抗戰前到抗戰發生時，中共統戰方針的變化，亦即蔣介石和毛澤東由戰而和，與本著所探討的蔣介石和毛澤東由和而戰，恰恰相反。前者兩得其利，後者雖然一勝一負，但其後果，卻造成兩岸長期的分裂。且當年中共所提出的政治民主化、軍隊國家化、黨派平等合法三大原則，早在臺灣實現了，中共方面尚待兌現。究竟誰輸誰贏，甚難言也。惟當年毛氏所強調的「中國只有一條路：就是和，和為貴。其他一切打算，都是錯的。」雖「自食」之，仍有其永恆之價值也。

　　本著出版後，發現頗多「手民」之誤，至感歉疚。如今修訂既

竣，即將付梓，主編許景理小姐謂余曰：今年（2015）為抗戰勝利七十週年，兩岸連結逾發緊密，希增一章作為七十年後今日之影響。余以為影響最大者，莫若本著第八章所述「蔣毛與抗戰」所云「抗戰八年，贏得勝利」。今兩岸學者無不認為蔣介石之功最大，即中共官方著作亦承認「國民黨最高領導人（蔣介石）……實行抗日戰爭，是為國家民族立了一個大功。」中華民國國史館為紀念抗戰勝利七十週年，亦將出版《中國抗日戰爭史新編》，著者承邀為此《新編》首編撰寫〈總論〉，題為〈蔣介石應變國難三大方針〉，此三大方針，實為贏得抗戰勝利之關鍵。謹以此文列為本著之「附錄」二。

　　本著一如《蔣介石與國共和戰》，除充分利用蔣氏及其相關當事人的《日記》外，並以國、共兩方已刊布的大量檔案資料為基礎，以及參考有關著述而成。疏漏之處，仍所不免。尚祈讀者的指正。

蔣永敬，2015 年 1 月于新北市淡水

註：拙撰三篇舊作為：

1. 〈西安事變前張學良與中共之關係〉，國父建黨一〇〇週年學術討論會論文，民國83年11月，臺北。
2. 〈論中共抗日統戰初期的「抗日反蔣」方針〉，慶祝抗戰勝利五〇週年兩岸學術討論會論文，民國84年8月，臺北。
3. 〈西安事變前張學良諫蔣的背景與經過〉，西安事變六〇週年學術研討會論文，民國85年12月12日，臺北。

重要記事表

※1945 年之前

時間	事件
1936 年 12 月 12 日	西安事變
1937 年 7 月 7 日	盧溝橋事變
1941 年 12 月 8 日	珍珠港事變，太平洋戰爭爆發

※1945 年

時間	事件
2 月 11 日	美英蘇三國領袖在雅爾達祕密會議結束，成立《雅爾達協定》
8 月 6 日、9 日	美於廣島、長崎投下原子彈
8 月 9 日	蘇聯對日宣戰
8 月 14 日	中蘇簽訂《中蘇友好同盟條約》
8 月 15 日	日本宣布投降
8 月 28 日	毛澤東抵重慶，進行 42 天的「重慶會談」
9 月 17 日	中共確立「向北推進，向南防禦」戰略方針
10 月 10 日	國共簽訂《國民政府與中共代表會談紀要》，簡稱《雙十協定》或《會談紀要》
11 月 15 日	蔣中正於林園召開「綏靖會議」

12 月 1 日	昆明西南聯大「一二‧一」學潮
12 月 15 日	美總統杜魯門發表對華政策聲明
12 月 18 日	美特使馬歇爾抵達上海，為調停國共糾紛

※1946 年

時間	事件
1 月 10 日	蔣委員長頒布停戰令 舉行政治協商會議（1 月 10 日至 31 日，通過五大決議案）
2 月 10 日	重慶較場口事件
2 月 22 日	重慶沙坪壩各校學生，二萬餘人在市區大遊行，抗議中共分裂中國，要求蘇聯撤兵
2 月 25 日	軍事三人小組通過成立「整軍方案」
3 月 13 日	蘇軍開始自東北撤退
3 月 27 日	軍事三人小組會議簽訂《調處東北停戰的協議》
5 月 19 日	國軍收復四平街
6 月 7 日	蔣委員長頒布第二次停戰令
6 月 8 日	毛澤東令共軍報復作戰
7 月 13 日	內戰全面開始
10 月 11 日	國軍進占張家口
11 月 12 日	國共談判決裂

※1947 年

時間	事件
1 月 1 日	為沈崇事件，各大都市學生反美遊行示威
1 月 2 日	魯南戰役
2 月 21 日	萊蕪戰役
2 月 28 日	臺灣發生「二二八」事件
5 月 13 日	東北共軍發動第五次攻勢
5 月 16 日	孟良崮戰役
5 月 20 日	「五二〇」事件，學生反內戰運動
6 月 22 日	共軍收入四平街，30 日撤退
7 月 4 日	國民政府國務會議通過《厲行全國總動員戡平共匪叛亂方案》
8 月 29 日	參謀總長陳誠兼東北行轅主任

※1948 年

時間	事件
1 月 5 日	東北共軍發動冬季攻勢
1 月 17 日	設東北「剿匪」總司令部，衛立煌為總司令，陳誠病辭行轅主任
3 月 19 日	國軍攻占延安
3 月 29 日	第一屆國民大會開幕
4 月 19 日	蔣中正當選總統
4 月 21 日	國軍撤出延安

8月19日	國民政府頒布財政經濟緊急處分令，廢法幣、發行金圓券
9月24日	共軍攻占濟南
9月12日至 11月2日	遼瀋戰役，國軍退出關外
11月6日至 1949年1月10日	淮海戰役（徐蚌會戰）。國軍黃百韜、黃維、邱清泉、李彌、孫元良等兵團被殲
11月29日至 1949年1月31日	平津戰役，傅作義「局部和平」
12月26日	華中「剿匪」總司令白崇禧電蔣，促與中共言和

※1949年

時間	事件
1月21日	蔣總統中正下野
10月1日	中共在北平成立中華人民共和國政府
12月7日	國民政府遷臺北

※1949年之後

時間	事件
1950年3月1日	蔣中正總統復行視事
1950年6月25日	韓戰爆發，美國第七艦隊協防臺灣
1950年10月25日	中國志願軍參加抗美援朝
1951年1月	毛澤東掀起鎮反運動

1952 年 4 月 28 日	《中日合約》在臺北簽訂
1954 年 12 月 3 日	《中美共同防禦條約》在臺北簽訂
1958 年 8 月 23 日	金門八二三砲戰
1958 年	毛澤東發起大躍進造成三年（1958-1960）大饑荒
1966 年 5 月	大陸十年文化大革命開始
1966 年 11 月 12 日	蔣中正發起中華文化復興運動
1975 年 4 月 5 日	蔣中正逝世
1976 年 9 月 9 日	毛澤東逝世

歷史 中國史

蔣介石、毛澤東的談打與決戰（增修版）

作　　者—蔣永敬
發 行 人—王春申
總 編 輯—李進文
編輯指導—林明昌
主　　編—王育涵
封面設計—吳郁婷

營業組長—陳召祐
行銷組長—張傑凱
出版發行—臺灣商務印書館股份有限公司
　　　　　23141 新北市新店區民權路 108-3 號 5 樓（同門市地址）
電話 ：(02)8667-3712　傳真：(02)8667-3709
讀者服務專線 ：0800056196
郵撥 ：0000165-1
E-mail：ecptw@cptw.com.tw
網路書店網址 ：www.cptw.com.tw
Facebook：facebook.com.tw/ecptw

局版北市業字第 993 號
初版：2014 年 1 月
二版一刷：2015 年 5 月
二版五刷：2019 年 8 月
印刷：沈氏藝術印刷股份有限公司
定價：新台幣 380 元
法律顧問：何一凡律師事務所

蔣介石、毛澤東的談打與決戰（增修版）╱蔣永敬著.
  -- 二版. -- 新北市：臺灣商務, 2015.05
    面；公分 .--（歷史）
  ISBN 978-957-05-2992-0（平裝）
  1. 國共和談   2. 國共內戰   3. 文集

628.607   104002812